علم المكتبات والمعلومات المعاصر

الدار المصرية اللبنانية

أبو سعدة ، أحمد أمين .

الدليـل العلمـي لمتطلبـات تطبيـق تكنولوجيا المعلومات في المكتبات

ومراكز المعلومات / أحمد أمين أبو سعدة . ــ ط1. ــ القاهرة

: الدار المصرية اللبنانية ، 2008.

416 ص ؛24 سم . ــ (علم المكتبات والمعلومات المعاصر)

تدمك : 3 ــ 456 ــ 427 ــ 977

1 ــ الخدمة المكتبية

أ ــ العنوان   025.5

ب ــ السلسلة

©

الدار المصرية اللبنانية

16 عبد الخالق ثروت القاهرة .

تليفون: 23910250   202 +

فاكس: 23909618   202 + ــ ص.ب 2022

E-mail:info@almasriah.com

www.almasriah.com

رئيس مجلس الإدارة : محمد رشاد

المشرف الفني : محمد حجي

علم المكتبات والمعلومات المعاصر

هيئة التحرير

أ.د. محمد فتحي عبد الهادي

أ.د. مصطفى أمين حسام الدين

رقم الإيداع : 25141 / 2008

الطبعة الأولى : ربيع آخر 1430هــ ــ أبريل 2009م

م. أحمد أمين أبو سعدة

مهندس كمبيوتر

دراسات عليا في المكتبات والمعلومات

الدليل العملي لمتطلبات تطبيق تكنولوجيا

المعلومات في المكتبات ومراكز المعلومات

م. أحمد أمين أبوسعدة

الدليل العملي لمتطلبات تطبيق تكنولوجيا المعلومات في المكتبات ومراكز المعلومات

علم المكتبات والمعلومات المعاصر

بِسْمِ الـلـه الرَّحْمنِ الرَّحِيمِ

﴿وقل ربي أدخلني مدخل صدق وأخرجني مخرج صدق واجعل لي من لدنك سلطانا نصيرا﴾

صدق الـلـه العظيم

سورة الإسراء (80)

إهـــداء

إلى..

ماضٍ أعتز به ، وحاضر أهتم بـه ، ومسـتقبل أحلـم بـه .. جـدتي ومـن ربيـاني صغيراً أبي وأمي، أطال اللـه أعمارهم، أخي الأكبر المهندس ماهر، أول مـن سـاعدني في تعلـم تكنولوجيـا المعلومـات .. مـن منعـتهم وقتـي فمنحـوني وقـتهم ؛ زوجتـي وأولادي .. روح الأستاذ فؤاد أحمد إسماعيل - جلست معه قليلاً وتأثرت به كثـيراً.. الدكتور موريس أبو السعد مستشار المكتبات والمعلومات .

م. أحمد أمين أبو سعدة
ahmedamin@hotmail.com

شكر وتقدير

أتقدم بالشكر للمكتبة القومية الزراعية ، ومكتبة مبارك العامة ، وقسم المكتبات والمعلومات والوثائق بكلية الآداب بجامعة بالقاهرة الذي تعلمت فيه مرحلة دبلوم الدراسات العليا ، وقسم المكتبات والمعلومات بجامعة المنوفية الذي تعلمت فيه مرحلة الماجستير، وكلية الهندسة الإلكترونية التي حصلت منها على درجة البكالوريوس ، وكلية الهندسة الإلكترونية التي حصلت منها على درجة البكالوريوس.

يُعنى علم المكتبات والمعلومات بالذاكرة الخارجية للإنسان حصرًا وتجميعًا، تحليلاً وإتاحةً وبثًّا، ويرصد المبادئ والقوانين النظرية، التي تحكم بنية هذه الذاكرة وتطوراتها وتفاعلاتها، وأبعادها، وما بين هذه الأبعاد من علاقات، ويسعى إلى تطبيق التكنولوجيات، التي تحقق أقصى إفادة منها لسد حاجات الإنسان من المعلومات، متجاوزًا حدود الزمان والمكان والمساحة والحيز.

ويواجه تخصص المكتبات والمعلومات في وطننا العربي تحديات عدة، في مقدمتها: النمو المتسارع، والتنوع الكبير في المعارف والاتجاهات النظرية والتطبيقية المعاصرة، التي تعكس تحول المجتمع الإنساني نحو (مجتمع المعلومات)؛ فضلاً عن الحاجة إلى تحديد ملامح المدرسة العلمية العربية في هذا التخصص وقسماته؛ خصوصًا بعد مرور خمسين عامًا على ولادته الأكاديمية على أرض مصر الطيبة.

وفي إطار الجهود الحثيثة التي تبذلها الدار المصرية اللبنانية بالقاهرة، في تطوير حركة النشر العربية، وإثراء المكتبة العربية بكل ما هو جديد ونافع في مختلف المعارف والعلوم والفنون، فقد قررت - الدار - إصدار هذه السلسلة؛ إسهامًا منها في فتح نافذة جديدة، تقدم من خلالها الكتابات العربية التي تتناول القضايا والموضوعات المعاصرة في تخصص المكتبات والمعلومات، والتي تعكس التحديات التي يواجهها هذا التخصص، وتستشرف آفاق مستقبله ودوره في خدمة حق كل المواطنين في المعرفة والتنمية الشاملة والمستدامة.

وتتميز الملامح العامة لهذه السلسلة، التي تفتح أبوابها لكل المعنيين بتخصص المكتبات والمعلومات في وطننا العربي، بما يلي:

- المعالجة المنهجية التي تلتزم أصول المنهج العلمي وقواعده.

- إبراز الإسهامات العربية في التخصص فكرًا وتطبيقًا.

- التركيز على الاتجاهات والموضوعات والقضايا المعاصرة في التخصص.

- الإسهام في تقديم الحلول أو البدائل أو الأولويات، التي تمكن المعنيين بهذا التخصص والعاملين فيه من تعظيم الإمكانات واستثمار القدرات المتاحة؛ لرفع مستوى أداء المكتبات ومرافق المعلومات في وطننا العربي.

- التوجه نحو المستقبل من خلال تقديم الرؤى أو الابتكارات أو الإسهامات في تطوير الاستراتيجية أو السياسات، التي تحقق تحول المجتمع العربي إلى (مجتمع المعلومات) المنشود.

والدار إذ تقدم هذه السلسلة، إنما يحدوها أمل كبير في أن تلقى قبول قارئها العزيز، وأن تكون لبنة ثرية في الصَّرح الثقافي للمؤلفات المكتبية، والتي أخذت الدار المصرية اللبنانية على نفسها أن يكون لها قصب السبق والريادة في مجال المكتبات ومصنفاتها..

الناشـر

ينتمي موضوع هذا الكتـاب إلى مجـال تطبيقـات تكنولوجيا المعلومات في المكتبات ومراكز المعلومات؛ أي استخدامات تكنولوجيا الحاسبات الإلكترونية وتكنولوجيا الاتصالات وما نشأ نتيجة الدمج بينهمـا من تقنيات، تتعلق بتسجيل المعلومـات، واختزانهـا، ومعالجتهـا، وإتاحتهـا، في أداء وإدارة مـا تضطلع بـه المكتبات ومراكز المعلومات من أنشطة ووظائف وخدمات؛ حتى تتمكن هـذه المكتبات ومراكز المعلومات في النهاية من تـوفير إمكانـات غيـر مسبوقة، تتيح للمستفيدين منهـا الوصول إلى ما يحتاجون إليه مـن معلومـات بطريقـة سـهلة وسريعة، وتيسر لهم الإفادة منها بطريقة اقتصادية وفعالة.

وقد اختار المؤلف زاوية غاية في الأهمية، ضمن زوايا هـذا الموضـوع، وهـي زاوية تحديد المتطلبات المادية H/D، والبرامجية S/W والبشرية M/W اللازم توافرها في المكتبات ومراكز المعلومات؛ حتى تستطيع تحقيق هـذه التطبيقـات في أنشطتها ووظائفها وخدماتها. فقد تناول تحديد المتطلبات مـن الحاسبات الإلكترونية وملحقاتها من خوادم، ومحطات عمل طرفية، وطابعات وماسحات ضوئية، وكاميرات رقمية، وقارئات أعمدة... إلخ، ثم تناول تحديد المتطلبات من الشبكات الحاسوبية الداخلية والواسعة السلكية واللاسلكية، والافتراضية؛ كمـا تناول تحديد المتطلبات مـن البرمجيـات، وأفرد قسـمًا للنظم الآليـة المتكاملـة لإدارة المكتبات ومراكز المعلومات سواء أكانت تجارية، أم مفتوحة المصـدر؛ ثم تناول المتطلبات اللازمـة لبنـاء مواقع المكتبات عـلى الويـب، وإتاحـة المصـادر الإلكترونية عليهـا، ثم انتقل إلى كيفيـة تـدريب العـاملين وإكسابهم مهارات التعامل مع هذه المتطلبات، وأخيرًا قدم دروسًا مستفادة في التعامل مع موردي هذه التقنيـات، كـما تنـاول الاختصاصـات والهيكـل الإداري في إدارة تكنولوجيا المعلومات بالمكتبة.

15

وترجع أهمية هـذا الكتـاب إلى أنـه يمثـل محاولـة غـير مسـبوقة لتجميـع المعلومات عن المتطلبات المادية والبرامجية والبشرية، اللازم توافرهـا مـن أجـل تطبيقات تكنولوجيا المعلومات في المكتبـات ومراكـز المعلومـات، عـلى اخـتلاف تنوعها وجوانب التطبيقات فيها.

يقدم هـذه المعلومـات في شـكل بيانـات دليليـة، تهـتم بتحديـد مواصـفات الأجهزة والتجهيزات والبرمجيات، وأماكن الحصول عليها، وكيفية إدارتهـا بنجـاح كما يتيح للمبتدئين من العاملين في المكتبات ومراكز المعلومات اكتساب خـبرات التعامـل مـع التقنيـات المختلفـة، اللازمـة لتطبيقـات تكنولوجيـا المعلومـات في المكتبات ومراكز المعلومات بطريقة مباشرة وميسورة.

وفضلاً عن هذا يقدم الكتاب خلاصة تجربة المؤلف في التعامـل مـع مـوردي هذه التقنيات، سواء أكـانوا مـن مـوردي الأجهـزة والتجهيـزات أم مـن مـوردي البرمجيات.

لذلك.. فمن الطبيعي أن ما يحتوي عليه هذا الكتاب من معـارف وخـبرات، يمثل حاجة ضرورية لكل الأطراف المعنيـة بتطبيقـات تكنولوجيـا المعلومـات في المكتبات ومراكز المعلومات، والتي لم تعد ترفًا نملك حرية اختيـاره مـن عـدمها، هذه الأطراف تتعدد ابتداء من صـانعي القـرارات ومخططـي تطـوير المكتبـات ومراكز المعلومـات، إلى مـديريها وإلى العـاملين فيهـا، وإلى الدارسـين والمدرسـين المعنيـين بتكنولوجيـا المعلومـات في أقسـام المكتبـات والمعلومـات بالجامعـات العربية.

هيئة الإشراف العلمي

كم هو جميل أن تجد ثمرة المعلومات فتعمل بها، ولكـن الأجمـل منـه أن تزرع شجرتها فيجني غيرك ثمارها فيعلم ويعمل ويتوالى الـزرع وتكـثر الـثمار، حتى تصبح المعلومات حديقة غنَّاء يفد إليها الباحثون عنها .

وهذا الكتاب ثمرة شجرة غرست منذ خمس عشرة عامًا، وارتـوت علميـًّا وعمليـًّا من ينابيع تكنولوجيا المعلومات وعلوم المكتبات .

امتدت تكنولوجيا المعلومات إلى كافة المجـالات العلميـة والعمليـة ومنهـا المكتبات ومراكز المعلومات ، ولكن تطبيـق تكنولوجيـا المعلومـات بالمكتبـات ومراكز المعلومات يحتاج إلى دراسة ومعرفة لاختيار أنسـب المتطلبـات التـي تؤدي إلى تطوير الخدمات بأنسب تكلفة، ونحاول في هذا الكتاب وضع بعض العنـاصر الأساسـية التـي يجـب مراعاتهـا في تطبيـق تكنولوجيـا المعلومـات بالمكتبات ومراكز المعلومات مع سرد المواصـفات الفنيـة التـي يسـتفيد منهـا القائمون على التطبيق عند الحاجة لهذه العناصر .

وبعد؛ نتمنى أن يحمل الكتاب بين طياته دليلاً عمليًّا لتطبيق تكنولوجيـا المعلومات بالمكتبات ومراكز المعلومات. وإن كان مـن توفيـق فمـن الله، وإن كان غير ذلك فمن نفسي، وما توفيقي إلا بالله.

لاشــك أن تكنولوجيـا المعلومـات باتــت ومازالــت مــن الأدوات المهمــة بالمكتبـات، بمـا تمثلـه مـن مقومـات رئيسـية للخـدمات التــي تقـدمها تلـك المكتبات، وأصبحت من السمات الرئيسية لأي مكتبة تود أن يكون لهـا كيـان عـلى المسـتوى المحـلي و الـدولي، ولا يكتمـل دور تكنولوجيـا المعلومـات إلا بتواجد إدارة عليا بتلك المكتبات- حديثة ومتطـورة- تـؤمن بـدور تكنولوجيـا المعلومات، وتقدر أهمـيتها كوسيلة ضرورية للتقدم والرقي وتنمية المجتمـع المحيط، وتوفر لها الإمكانات اللازمة سـواء أكانت مادية أم عينية.

وقد يبدو الأمـر معقدًا........ويبدو التساؤل ؟

وما متطلبات تكنولوجيا المعلومات بمكتبة ما ؟

فتكنولوجيا المعلومات هي من الأدوات المهمـة في حياتنـا، والتـي لا غنـى عنها في كثير من تعاملاتنا حتي مع الذين لا يجيدون استخدامها، ولكننا نجـد وبصفة خاصة تلك الأهمية داخل المكتبات ومراكز المعلومات لما للمعلومـات من أهمية داخلها، حيث إنها الهدف المنشـود لـدى كـل زائـر لتلـك الأمـاكن. وهي الأدوات التي يمكن استخدامها للقيام بكافـة وظائف المكتبـة المختلفـة والتعامل مع البيانات وإتاحتها في صورة معلومات بسرعة ودقة.

وهـذا المفهـوم يصـل بنـا إلى أكـثر مـن مصـطلح ذات الصـلة بتكنولوجيـا المعلومات وتطبيقاتها، ومن هذه المصطلحات: الميكنـة، والحوسـبة، والأتمتـة. وكلها قريبة في المعنى إن لم تكن تتفق.

الحوسبة **Computerized**: وهـي التـي يمكـن تعريفهـا بأنهـا اسـتخدام الحاسـب الآلي وتطبيقاتـه في أداء جميـع عمليـات المكتبـة الفنيـة وأعمالهـا الإدارية.

الميكنة Machinery : وهي التي يمكن تعريفها بأنها استخدام الماكينات (أجهزة الحاسب الإلكتروني وملحقاتها) مجازًا في القيام بجميع أعمال المكتبة الإدارية والعمليات الفنية بطريقة آلية بدلاً من الطريقة اليدوية ، ويمكن القول بأنها استخدام تكنولوجيا المعلومات والاتصالات بدلاً من الأنظمة التقليدية في جميع عمليات المكتبة.

الأتمتة Automation : فهي أيضًا تدور حول نفس المفهوم، ويمكن تعريفها بأنها القيام بجميع عمليات المكتبة الفنية و أعمالها الإدارية بطريقة أتوماتيكية وتلقائية وتتابع بناء على منهج العمل المعد من قبل.

ويعتقد أن الفرق بين هذه المصطلحات (الحوسبة، الميكنة، الأتمتة) ونشأتها يرجع في المقام الأول إلى مرحلة التطور في تكنولوجيا المعلومات (الزمان والمكان) الذي نشأت به. فالميكنة ظهرت أولاً حيث ارتبطت باستخدام ماكينات وليس بالضرورة أجهزة حاسب إلكتروني بالشكل المتعارف عليه، ولأن هناك من اعتبر الحاسب الإلكتروني ماكينة تقوم بالأعمال بدلاً من الإنسان أو بمساعدته، ثم تلتها الحوسبة مع ظهور أجهزة الحاسب الإلكتروني بالشكل المتعارف عليه وتمكنها من القيام ببعض الأعمال، ثم تلتها الأتمتة وهي استخدام الحاسب الإلكتروني وملحقاته وكذلك أية آلات لتساهم في إتمام العمل بطريقة أتوماتيكية بناء على ترتيب من المستخدم ، وفي المقام الثاني نجد أن هذه المصطلحات اختلفت باختلاف المكان الذي ظهرت به وطريقة الترجمة التي تم اعتمادها.

ونجد أن كلمة Computer أثرت بشكل عام على المصطلحات السابقة وغيرها، فالبعض في وقت ما ترجمها على أنها الحاسب الآلي، والبعض في وقت آخر اعتبرها الحاسوب وآخرون ترجموها إلى الحاسب الإلكتروني فنشأت كلمة «حوسبة» وفي البداية كان العقل الإلكتروني ، وهكذا نجد أن

كل المفاهيم والمصطلحات المشار إليها سواء أكانت أتمتة أم ميكنة أم حوسبة للمكتبات يمكن أن يعبر عنها في الوقت الحالي على أنها استخدام الحاسب الإلكتروني في القيام بعمليات المكتبة المختلفة، وليست فقط العمليات المكتبية الفنية مثل البحث الآلي والفهرسة والتصنيف والإعارة والتزويد وضبط الدوريات والجرد والتقارير (الأنظمة الآلية المتكاملة للمكتبات)، ولكن أيضًا أعمال الشئون المالية والإدارية والعلاقات العامة والاتصالات بل والمراسلة أي كل المهام التي تقوم بها المكتبة وليست عمليات فنية مكتبية فقط لأخصائي المكتبات ، وكل ذلك يتم لتحقيق الدقة والسرعة في الأداء بما يعود بالنفع على المكتبة والمستفيدين والمجتمع بصفة عامة.

ولأن العمل باستخدام الحاسب الإلكتروني في المكتبات يحقق تكاملاً ليس في العمليات الفنية فقط ولكن في جميع الأعمال بما فيها الشئون المالية والإدارية وغيره؛ فاختلفت طرق الأتمتة حسب المراحل التي مر بها تطور الحاسب الإلكتروني وتطبيقاته شأنها في ذلك شأن تطور المصطلحات والمفاهيم التي تم الإشارة إليها.

ودعونا نتفق على استخدام مصطلح واحد فقط من تلك المصطلحات وليكن هو «الأتمتة»، وبمعنى أشمل يمكن القول بأنها استخدام تكنولوجيا المعلومات والاتصالات بالمكتبات .

ويبدو سؤال وهو هل الأتمتة بالمكتبات مهمة ؟

والإجابة بالطبع نعم ، فيبدو تساؤل آخر وما الأهمية لتطبيق تكنولوجيا المعلومات والاتصالات بالمكتبات ؟

والإجابة: إن تطبيق تكنولوجيا المعلومات والاتصالات له أهميته على عدد من المستويات منها المكتبة ومجتمع المستفيدين:

أ- على مستوى المكتبة تتمثل الأهمية في العديد من العناصر منها:

- تقديم خدمات متطورة تتناسب مع مستوى عصر المعلومات والاتصالات.

- توفير الوقت والجهد في القيام بأعمال المكتبة.

- إتاحة الاستفادة من أعمال الآخرين سواء داخل المكتبة أو خارجها.

- المشاركة والتعاون بين المكتبات وبعضها.

- إتاحة المعلومات وبيانات المقتنيات وأحيانًا محتواها.

- إنجـاز بعـض الأعمـال التـى تسـاهم في اتخـاذ القـرارات مثـل التقـارير والإحصائيات.

- سرعة ودقة في إتمـام العمليـات المكتبيـة التـي تسـاهم وبشـكل فعَّـال في الإتاحة والاسترجاع.

- المشاركة في البيانات بين أقسام المكتبة المختلفة.

- توفير المعلومات العامة عن المكتبة في صورة إلكترونية.

- المرونة في تقديم الخدمات مـن حيـث المكان والزمان، فيمكن تقديم بعض الخدمات أثناء غلق المكتبـة وذلـك مـن خـلال موقـع المكتبـة عـلى سبيل المثال.

- تقديم المكتبة كمؤسسة متطورة تساهم في منظومة المجتمع.

- رفع وتحسين كفاءة العمل.

- التقليل من الحيز المسـتهلك في الورقيـات والسـجلات والـدفاتر والأضابير بالمكتبات.

- تقلل من العمالة التقليدية ولكن تحتاج لعمالة مدربة على استخدام أدوات تكنولوجيا المعلومات والاتصالات ، ويحقق الاستفادة بالأعداد الموجودة في تقديم عدد أكبر من الخدمات.

- تحفز العاملين على التدريب ومسايرة التطور في تكنولوجيا المعلومات والاتصالات كل فيما يخصه.

وهذه العناصر على سبيل المثال لا الحصر. ففي كل وقت يمكن أن يظهر عنصر من عناصر الأهمية، وحسب طبيعة كل مكتبة والمجتمع المحيط بها.

ب – أما على مستوى المستفيدين، فتتمثل الأهمية في العديد من العناصر منها:

- احترام عقلية المستفيد ومساعدته على مسايرة العصر.

- إتاحة الفرصة للمستفيد للحصول على المعلومات التي يطلبها بنفسه من خلال الفهارس الآلية.

- توفير وقت المستفيد في سهولة وسرعة الحصول على المعلومات.

- عدم تقيد المستفيد بأوقات عمل المكتبة في الحصول على بعض الخدمات التي يمكن تقديمها عبر المكتبة على شبكة الإنترنت أو موقع الفهرس أو خدمات قواعد البيانات .. إلخ.

- تحقيق التواصل بين المستفيد والمكتبة عبر وسائل اتصال مختلفة منها البريد الإلكتروني و الحوارات والدردشة .. إلخ.

- مساعدة المستفيد في التجول بين المعلومات واختيار ما يريده، خاصة إذا كان غير محدد لنوع الوعاء أو نوع المعلومة.

- تقليل وقت الحصول على المعلومة.

- إمكانية التعرف على المكتبة قبل الوصول إلى مقرها.

- تحقيق الاتصال بين مجتمع المستفيدين وبعضهم البعض من خلال تكوين مجموعات أو أصدقاء للمكتبة.

- توصيل آراء المستفيدين للمكتبة.

- تقليل المراحل التي يمر بها المستفيد للحصول على الخدمة.

- يمكن للمستفيد الحصول على نفس المعلومات في نفس الوقت مع مستفيد آخر؛ أي المشاركة في المصادر المتوفرة بالمكتبة.

- تلقي المستفيد لخدمات متطورة دائمًا.

- زيادة رضاء المستفيد.

- حصول المستفيد على المعلومات بأكثر من صورة.

ومما سبق ندرك أهمية تكنولوجيا المعلومات والاتصال بالمكتبات، ولكن على كل مكتبة دراسة الجدوى بينها وبين المستفيدين بها ومدى الاحتياج ومراحله، ويدخل في ذلك حساب التكلفة في تقديم الخدمات عن طريق تكنولوجيا المعلومات والاتصالات وما يتطلبه المستفيد ويتطلع إليه من المكتبة و مدى العائد الذي يعود على المكتبة جراء ذلك، وليس بالضرورة أن يكون العائد ماديًا وإن كان مطلوب من خلال الاشتراكات والتصوير والغرامات... ولكن يمكن أن يكون العائد اكتساب ثقة المستفيد ورضائه، وتلبية احتياجاته وتطوير المجتمع المحيط بالمكتبة، وأن يكون للمكتبة دور رائد.

والأمر ذو الأهمية هو حدوث الخلط بين الأتمتة وتطبيق تكنولوجيا المعلومات والاتصالات بالمكتبات واستخدام الأنظمة الآلية المتكاملة بها، حيث إن استخدام الأنظمة الآلية المتكاملة بالمكتبات يمثل فقط أتمتة أحد

أعمـال المكتبـة وهـي العمليـات الفنيـة مثل البحـث الآلي والفهرسـة والتصنيف والإعارة والتزويد وضبط الدوريات والجرد والتقارير..... ولكـن في الوقت الحالي لا تمثل كل أعمال المكتبة؛ فهناك مثلاً أعمال الشئون الإداريـة والمالية ، فأعمال شئون العاملين والمرتبات والاستحقاقات والمرتبات والإعلام والدعايـة والجرافيـك والتـدريب كلهـا تعتمـد علـى الحاسـب الإلكتـروني وتطبيقاته.

إن تكنولوجيا المعلومـات بالمكتبـات لأمـر مهـم وهـين و يسـير توضحه السـطور التاليـة بشـكل عـام وتفصيله مطلوب عند التطبيـق، حيـث إن تكنولوجيا المعلومات في تطور مستمر فما هو موجود الآن قد لا يصلح للغـد. ولكن بشـكل عام تنقسم متطلبات تكنولوجيا المعلومات بالمكتبة إلى عشرة عناصر رئيسية وهي:

1- أجهزة الحاسب الإلكتروني وملحقاتها.

2- شبكة المكتبة الداخلية LAN وأجهزتها.

3- الشبكة الموسعة و خدمة الإنترنت.

4- البرمجيات.

5- نظام مكتبات آلي متكامل .

6- موقع المكتبة على شبكة الإنترنت.

7- قواعد البيانات.

8- إتاحة مصادر المعلومات غير الورقية.

9- تدريب العاملين.

10- متطلبات أخرى.

وبقليل من التفصيل نوضح مدى الأهمية لتلك العناصر، فضلاً عن أهميـة توافرها معًا كمنظومة عمل داخل المكتبات ومراكز المعلومات.

1 - أجهزة الحاسب الإلكتروني وملحقاتها:

من بديهيات تطبيق تكنولوجيا المعلومات بالمكتبات ضرورة تواجد أجهزة الحاسب الإلكتروني، فهي العامل الأول الذي يساعد على إنجاز الأعمال، وهي تختلف من جهاز لآخر تبعًا للوظيفة الذي يقوم بها، فهناك جهاز الخادم Server الذي تحمل عليه قاعدة بيانات المكتبة وأعمال مركزية أخرى من خلال اتصاله بشبكة المكتبة، وبالتالي يختلف في المواصفات الفنية وينتج بناء على تكنولوجيا معينة تتناسب مع مهمته في استقرار العمل، وأهم عنصر به هو المعالج Processor ، وهناك نوعان رئيسيان هما:

RISC: Reduced Instruction Set Computer

وهو من أقوى فئات المعالجات والأكثر استقرارًا وسيأتي تفصيل ذلك.

CISC : Complex Instruction Set Computer or Computing.

وهو أقل كفاءة في العمل عن النوع من الفئة السابق ذكرها.

- ويجب ألَّا نتجاهل أجهزة الحاسب الإلكتروني للخدمات الأخرى المختلفة أو لمنسوبين المكتبة، وهي أجهزة لتقديم خدمات المكتبة المختلفة منها البحث والاسترجاع والإعارة والفهرسة والتزويد ، وتكون هذه الأجهزة لها مواصفات فنية مختلفة عن مواصفات جهاز الخادم ، وفي الغالب تستخدم معالج من فئة SISC، ومن أشهرها المعروف باسم Pentium أو AMD ويفضل تواجد عدد من الأجهزة ملحق بها قارئ وناسخ أقراص مليزرة R/W CDROM و DVD لتحميل أية بيانات عليها لاستخدامها على الأجهزة وفي أوقات أخرى.

- وأيضًا كذلك يجب تواجد عدد من أدوات تكنولوجيا المعلومات الملحقة أو المساعدة في إتمام الأعمال مثل الطابعات سواء أكانت تطبع مستندات ملونة أم أبيض وأسود (Printers (Color and B&W و ماسح ضوئي Scanner وكاميرا رقمية لإدخال الصور والمستندات Digital Camera.

- وهناك بعض الأدوات التي يجب تواجدها بالأقسام المعنية بالتعامل مع المقتنيات وخاصة الإعارة والفهرسة، مثل قارئ بار كود Barcode Reader للتعامل مع الترميز العمودي (البار كود)، وهو أنواع مختلفة تتناسب مع كافة المكتبات وكافة الميزانيات بها؛ أي توجد بأسعار مختلفة، وقد يلزم ذلك تواجد طابعة بار كود Barcode Printer لطباعة الترميز العمودي (البار كود) الذي يتم استخدامه بالمكتبة أو أن تقوم المكتبة بطباعة ملصقاتها بخارج المكتبة لدى شركة من الشركات المتخصصة.

- وباستخدام أدوات التكنولوجيا السابقة نجد أننا قد نكون بحاجة لطريقة سهلة في جرد المقتنيات وتجميع بياناتها بصفة عامة، ويستخدم في ذلك جهاز جامع للبيانات Data Collector.

وتفصيل ذلك نجده في الفصل القادم إن شاء الله.

2 - شبكة المكتبة الداخلية LAN وأجهزتها:

وهي العمود الفقري لاتصال أجهزة المكتبة ببعضها البعض وتواصل الخدمات، وهي تشمل أجهزة عديدة وأدوات مختلفة وبرمجيات لا غنى عنها يذكر من ذلك كله أجهزة ربط شبكة اتصال LAN داخلي لربط أجهزة المكتبة مثل جهاز Hub أو Switch ، ويفضل وضع تلك الأجهزة في كابينة لضم كوابل وأجهزة الربط بالشبكة تحتوي على Batch Panel لتجميع الكابلات من مخارج الشبكة و جهاز الربط بشبكة الإنترنت مثل الـ Routers .. ، أو حسب طريقة الاتصال بشبكة الإنترنت والسرعة المستخدمة في الاتصال.

3 - الشبكة الموسعة و خدمة الإنترنت: وبعيد عن أجهزة الشبكة ومكوناتها نجد أنفسنا أمام الهدف من إنشائها وطرق الاتصال التي يمكن بناء الشبكة عليها حتى تستمر لسنوات دون الحاجة إلى اتساع، أو إعادة هيكلة ولذلك سنتعرض لمسميات هامة في الشبكات من حيث التركيب ونوع وطريقة الاتصال

مثـل الشـبكة المحليـة (LAN (Local Aria Network ، أو مـا يسـمى الشبكة الموسعة أو العريضـة (WAN (Wide Aria Network وهـي تتيح الاتصـال بشـبكات منـاطق جغرافيـة مختلفـة ومتباعـدة أو مـا يسـمى MAN (Metropolitan Area Network) وهي تمثل الشبكة داخل مدينة واحـدة أو منطقة كبيرة نسبيًا أما شبكة الإنترنت فهي شـبكة الشـبكات أو الشـبكة الدوليـة International Network وهي الأكثر اسـتخدامًا لـدى المتعـاملين مـع أجهـزة الحاسب الإلكتروني وبخاصة من المنازل، وإن كان هناك مسـميات أخـرى للعديـد من الشبكات لكنها غير شائعة الاستخدام أو الوصف، ولكـل مـن هـذه الشـبكات طرق توصيل وأدوات رئيسية لابد من تواجدها كوسـائل اتصـال ويـتم تحديـدها حسب نوع الخط المستخدم والخدمة المقدمة عليه، هذا في حالة شبكة الإنترنـت ، فالاتصال يمكن أن يتم من خـلال خـط تليفـون أو مـن خـلال الشـبكة الرقميـة للخـدمات المتكاملـة (ISDN) Integrated Services Digital Network أو مـن خـلال الخـط الرقمـي غـير المتـزامن ADSL (Asynchronize Digital Line Subscribe) أو مــن خــلال الخــط الرقمــي المتــزامن SDSL (Synchronize Digital Line Subscribe).

4 - البرمجيـات: وهـي اللازمـة للانتفـاع بكـل الأدوات السـابقة وإمكانيـة إداراتها والتحكم فيهـا وتوزيـع الأعـمال وتخصـيص الوظـائف والمهـام، سـواء للأجهـزة أو للأفـراد مـن الأعضـاء بالمكتبـة أو المنسـوبين، وهنـاك برمجيـات كأنظمة التشغيل لجهاز الخادم ، وأنظمة تشغيل لأجهزة الخدمات ومنسوبين المكتبة فهو في الغالب يكون MS Windows XX.

ولا يقف الأمر عند أنظمة التشغيل ولكن هناك تطبيقات مختلفة عبارة عن برامج لخدمات التشغيل مثل معالجة الكلمات Word processing(Microsoft Word, Word perfect,..)والجداول الإلكترونية (Microsoft Excel, Louts,..) والحسابات وبرامج العرض Presentations

وقواعد البيانات (..Database(Microsoft Access, Fox Pro) و برامج رسوم وخلافه مع ضرورة تواجد تصاريح استخدام كافة البرامج والتطبيقات.

5 - نظام مكتبات آلي متكامل: وهو صاحب المهمة الرئيسية في المكتبة؛ حيث أن تواجد النظام الآلي بمكتبة أحيانًا يفهم على أنه أتمتة المكتبة دون النظر لبقية الأعمال والمعاملات التي تقام بها و كأن الأعمال الأخرى لا تؤثر على سير المكتبة، وهذه الأنظمة تختلف حسب طبيعة المكتبة وحجمها وعدد العناوين بها، بل وأعضائها والشركات المنتجة لأنظمة المكتبات عديدة. وسيأتي تفصيل لهذا الأمر المهم ولمزيد من المعلومات حول ذلك، يمكنك زيارة موقع http://www.libdex.com، وتوجد كتب كثيرة تتحدث عن هذا العنصر المهم فقط.

ولقد ظهرت هذه النظم في نهاية السبعينيات و أخذت تتطور مرحلة بعد أخرى حتى وصلت إلى الوضع الحالي، ويتكون من عدة نظم فرعية تستخدم كلها قاعدة بيانات واحدة.

وجدير بالذكر أن مصطلح النظام الآلي المتكامل قد مر بعدة مراحل، حيث اعتبر استخدام نظام آلي بالمكتبات هو ميكنة للمكتبات وقد تم توضيح الملاحظات على هذا المفهوم في الصفحات الأولى من هذه المقدمة ، أما مصطلح نظام المكتبة الآلي فيرمز إلى برنامج تم تطويره لمعالجة وظيفة معينة بالمكتبة ويطلق عليها أيضًا نظم الغرض الواحد، فقد كانت كل وظيفة بالمكتبة لها برنامج مفصل وخاص بها (برنامج للفهرسة وآخر للإعارة وآخر لضبط الدوريات والبحث على الخط المباشر وهكذا...) وقد كان لهذا الأمر سلبيات كثيرة من تضييع للوقت والجهد وتكرار للعمل أحيانًا وبطء في سير العمل وصعوبة الحصول على المعلومات وعدم التكاملية.

أما النظام الآلي المتكامل فهو المقصود حاليًا والشائع الاستخدام، وهو نظام يشتمل على نظم فرعية تخدم الوظائف الفنية المرتبطة بمقتنيات المكتبات وهذا النظام المتكامل يقضي على كل سلبيات مرحلة نظام الغرض الواحد، فأصبحت التسجيلة الببليوجرافية الواحدة لها ارتباط بقائمة المقتنيات ولها علاقة مع المستفيدين ولها ارتباط بحالة ونوع الوعاء.

ويعرف النظام الآلي المتكامل على أنه نظام آلي يحتوي على عدة نظم تؤدي وظائف فرعية ولكنها متكاملة معًا بحيث إن أي تغيير من خلال أي وظيفة فرعية يسايره تغيير في وظيفة فرعية أخرى إذا كان هناك ضرورة للارتباط بينهما.

ومما سبق تبدو أهمية تواجد النظام الآلي المتكامل بالمكتبة، وتوجد كتب كثيرة تتحدث عن النظم الآلية المتكاملة بشكل تفصيلي، وإن كنا سنتناول نقاط محددة في الفصل المخصص له.

6 - موقع المكتبة على شبكة الإنترنت: بعد أن أصبحت لدى المكتبات ومراكز المعلومات أدوات تكنولوجيا المعلومات من أجهزة الحاسب الإلكتروني، وهناك شبكة داخلية وشبكة موسعة ووسائل اتصال بشبكة الإنترنت، و استخدام نظام آلي متكامل للمكتبات يحتوي على وظيفة البحث على الخط المباشر (OPAC (Online Public Access Catalog)، يتيح فهرسها ومقتنياتها وخدماتها على شبكة الإنترنت لم يعد غريبًا عليها أن تمتلك موقعًا على شبكة الإنترنت يعبر عنها، ويعلن خدماتها لمجتمع المستفيدين ويحقق التواصل عن بعد، وينمي أعضاء للمكتبة، ربما لم ولن يزوروا مقرها الكائن ولكن يمكنهم زيارة الموقع على الإنترنت مرات ومرات خاصة إذا كان هذا الموقع بأكثر من لغة فيستطيع جذب أعضاء من مختلف أنحاء العالم.

وتكمن الأهمية لوجود موقع على شبكة الإنترنت في أنه:

- يحقق التواصل بين المستفيد والأعضاء.
-يتيح الاتصال عن بعد في كافة الأوقات.
- يمكن تقديم بعض الخدمات من خلال الموقع.
- إتاحة مكتبة إلكترونية وافتراضية ورقمية.
- متابعة الأنشطة والجديد من كل شيءٍ وقرارات المكتبة.
- تربط بين الأعضاء والعاملين بالمكتبة أو مراكز المعلومات.
- إتاحة فهرس المكتبة من خلاله.
- وفوائد أخرى...

7 - قواعد البيانات: ولا يقصد بها هنا قاعدة بيانات المكتبة التي تضم مقتنياتها أو الفهرس الآلي للمكتبة، أو النظام الآلي المتكامل بالمكتبة، ولكن يقصد بها قاعدة البيانات التي تعرف بأنها مجموعة من البيانات المنظمة التي يمكن الوصول إلى محتوياتها وإداراتها وتحديثها بسهولة ، ويمثلها في ذلك مجموعة التسجيلات وهذه القاعدة مهما اختلفت مسمياتها أو تعريفاتها فهي عبارة عن مجموعة من الملفات مرتبطة مع بعضها البعض ، وأحيانًا يطلق على قاعدة البيانات قاعدة المعلومات، وفي الغالب هذه القواعد والأكثر أهمية هي تلك التي يقبل عليها الباحثون، والتي تحتوي على ملخصات أو النصوص الكاملة للدراسات العلمية المتخصصة مع إعطاء البيانات الكاملة لإتاحة الوصول إلى مصدر المعلومات الرئيسي. وتكتسب أهميتها لدى الباحثين والعاملين في مجال البحث العلمي، وهناك طرق عديدة للاتصال أو لمعرفة طريقة الاتصال بقواعد البيانات، ومن هذه القواعد وحسب طبيعة وسمات المستفيدين يمكن القول بأنها قواعد بيانات مشتركة أو قواعد بيانات موزعة أو قاعدة بيانات عامة، وسيأتي تفصيل ذلك في الفصول التالية.

بل ويعتبر النظام الآلي المتكامل هو قاعدة بيانات أيضًا لكنها فيما يختص بمقتنيات المكتبة، كما أن هناك إعداد قواعد بيانات لمختلف وظائف وخدمات المكتبة يمكن من خلالها تقييم هذه الخدمات ويكون لكل خدمة قاعدة خاصة بها، فنجد قاعدة بيانات العاملين وقاعدة بيانات خدمة الإنترنت ، وهذه القواعد الهدف منها الوقوف على مستوى الخدمة، وبمعنى أشمل تقييم الخدمة واتخاذ القرارات المناسبة تجاه تلك الخدمات فكم من خدمات بالمكتبات غير مستخدمة لعدم الإعلام بها ، وكم من خدمات غير مستخدمة لعدم أهميتها، وكم من خدمات مهملة بالمكتبات رغم أهميتها للمستفيدين، نظرًا لعدم وجود تقييم لتلك الخدمات.

8 - إتاحة مصادر المعلومات غير الورقية: وهذه المصادر يقصد بها كل المصادر ماعدا مصادر المعلومات التقليدية، وبشكل أدق يقصد بها المعلومات المتاحة في صورة إلكترونية أو رقمية، وبشكل أكثر دقة أي يمكن التعامل المباشر مع محتواها من خلال أدوات تكنولوجيا المعلومات والاتصالات السابق ذكرها، ولقد أثار هذا المفهوم جدلاً كثيراً، بل وساعد على ظهور مفاهيم جديدة تمس بشكل مباشر تسمية نوع المكتبة. وباختصار ظهر مفهوم المكتبة الرقمية ، والمكتبة الإلكترونية ، والمكتبة الافتراضية، وهذه المسميات الثلاثة السابقة نجد أن وجه الاتفاق بينها هو وجود محتوى غير تقليدي وغير ورقي يمكن التعامل معه، أما أوجه الاختلاف فقد تتعدد تبعًا لاقتناع كل مؤيد لأي من المسميات، وليس هذا هو محور الحديث ولكن هناك العديد من الإصدارات التي تناولت ذلك. وسيأتي تفصيله في فصل مخصص له، ولكننا بصدد الحديث عن أهمية تواجد تلك المصادر بالمكتبة ومنها:

- إتاحة مصدر المعلومات لأكثر من مستفيد في نفس الوقت داخل مقر المكتبة.
- تقليل الحيز الذي تشغله المصادر التقليدية من الرفوف والأدراج.
- تشجيع المستفيدين على التعامل مع أدوات تكنولوجيا المعلومات.
- إتاحة خدمة جديدة لمجتمع المستفيدين.
- تساهم في تطور المكتبة.
- إمكانية الإتاحة لهذه المصادر على شبكة الإنترنت.
- سهولة الوصول إلى معلومات معينة داخل المصدر بإمكانية البحث الآلي.
- سهولة التصفح للمحتوى والتركيز على المعلومات المطلوبة منه.
- توفر الوقت للمستفيد في التعامل مع هذه المصادر دون اللجوء لإخصائي المكتبات.
- تحث المكتبة على التزويد بمثل هذه المصادر غير التقليدية.
- تساعد الناشرين على تنمية الإنتاج للمصادر بطريقة أخرى غير تقليدية.
- تساهم في تطوير مؤسسات النشر غير التقليدي وغير الورقي.
- تقلل من نسبة فقد المقتنيات المتعارف عليها في المصادر التقليدية.
- تدعم فكرة حقوق الملكية الفكرية؛ لأن الإتاحة أصبحت بلا حدود خاصة إذا كانت على شبكة الإنترنت فيسهل متابعة كل من له حق فكري لحقه .
- إمكانية توفير نسخ احتياطية من مصدر المعلومات لاستخدامها في حالة تلفها أو فقدها.
- سهولة الاستغناء والحذف والاستبعاد لتلك المصادر غير الورقية.

ومما سبق رغم وجود عناصر أخرى للأهمية يتبين أن الأمر جد مهم، وأنه ينبغي على المكتبات ومراكز المعلومات أن تتسابق إليه، حيث إن ذلك سيشجع الناشرين على مسايرة العصر ـ وتجنب كثير من المخاطر التي قد تواجههم من قلة الطلب وزيادة التكلفة مقارنة بمصادر المعلومات التقليدية أو الورقية.

9 - تدريب العاملين: وما سبق يوضع في كفة وهذا العنصر ـ يوضع في الكفة الأخرى حتى تتوازن الأمور وتصل الفائدة إلى مستحقيها. ورغم كل الإمكانيات وأدوات تكنولوجيا المعلومات و الاتصالات بالمكتبات ومراكز المعلومات والسابق ذكرها إلا أنها بدون العنصر البشري والمتمثل في العاملين بالمكتبة وتنميتهم وتدريبهم وتأهيلهم للتعامل مع تلك الإمكانيات فلن يمكن تحقيق الاستفادة المرجوة منها، وبالتالي يصير الأمر عبث وإهدار للأموال وإنفاق في غير محله، بل يجب أيضًا حث المستفيدين وتوضيح أهمية التدريب حتى يمكنهم الاستفادة مما تقدمه لهم المكتبة من خدمات متطورة أو عليهم أن يرضوا بالقليل من الكثير وأن يظلوا قانعين بما يحصلون عليه من فتات المعلومات وأن يرضوا بالغث منها تاركين السمين لغيرهم. فأهمية التدريب في كل مجال لاشك مهمة، وبالنسبة للعاملين والمهتمين بالحصول على المعلومات وبخاصة من المكتبات ومراكز المعلومات لها أهمية خاصة وتنبع هذه الأهمية من:

- أعضاء المكتبة وخاصة المكتبة العامة على مختلف المستويات العلمية والاجتماعية والعمرية فهناك الأطفال والشباب والكبار والشيوخ ، وأعضاء التدريس بالجامعات والطلبة بالجامعات والمدارس بل وغير الحاصلين على مؤهلات علمية من النساء والرجال أغنياء وفقراء و بينهما، لذا كان على العاملين بالمكتبة التدريب على كيفية التعامل مع كل هؤلاء، وإمكانية

مساعدتهم في الحصول على ما يرغبونه في المكتبة سواء باستخدام أدوات تكنولوجيا المعلومات والاتصالات أو بغيرها.

- التدريب مهم في تقريب وجهات النظر بين المستفيدين والعاملين بالمكتبة.
- يجب ربط التدريب بما تقدمه المكتبة من خدمات، فيمكن تقديم محاضرات مجانية مثلاً في كيفية استخدام فهرس المكتبة والاستفادة منه، والتعامل مع موقع المكتبة على شبكة الإنترنت.
- تشغيل مركز التدريب بالمكتبة و الحصول على عائد يساهم في دعم المكتبة ماليًّا.
- يساعد العاملين على تطوير أفكارهم والتوائم مع تقديم خدمات جديدة متطورة.
- ينمي لدى العاملين أهمية التكنولوجيا وكيفية الاستفادة منها.
- ينمي لدى العاملين والأعضاء ضرورة الحفاظ على أدوات تكنولوجيا المعلومات والاتصالات وعدم العبث بها سواء عن قصد أو عن سوء استخدام لتلك الأدوات وقد يتمثل ذلك في الاستغلال الخاطئ لأجهزة الحاسب الإلكتروني وملحقاتها وأيضًا شبكة الإنترنت، أو الشبكة الداخلية.
- يحسن من نظرة المجتمع للمكتبة ويوضح دورها في خدمة المجتمع خاصة عندما تقدم المكتبة دورات تدريبية في مجال الحاسب الإلكتروني أو اللغات أو التنمية البشرية وخلافه.
- يساعد على التفكير الإبداعي مما يساهم في نهضة المكتبة والسمو بها.

ولكن ما نقصده في هذا الكتاب هو فقط كيفية تأهيل العاملين بالمكتبة على الأقل للتعامل مع أدوات تكنولوجيا المعلومات والاتصالات بما يساهم في تطوير المكتبة، وفي الفصل المخصص للتدريب سنتطرق لتفاصيل أكثر.

10 - متطلبات أخرى: ويقصد بها كل ما يستجد غير العناصر السابقة وهي في الغالب تكون مكملة لتمام تلك العناصر أو لضمان استقرار عملها.وهي تتمثل في عقود الصيانة للحفاظ على استقرار العمل وتعيين العاملين التي تتعامل مع هذه التكنولوجيا وتقديم الخدمات ذات الصلة، وهي في الغالب مرتبطة بشيء ما مع كل العناصر السابق ذكرها وتكمن أهميتها في:

- الحفاظ على استقرار العمل.
- الإحاطة بما تحتاج إليه المكتبة من أجهزة ومكونات مادية.
- الاستفادة من الشبكة وترقية خطوط الاتصال بها.
- الحصول على تصاريح استخدام البرمجيات المطلوبة ومتابعة الإصدارات الحديثة منها.
- تطوير موقع المكتبة والاهتمام بتعليقات المستفيدين عليه.
- متابعة مدى الاستخدام للنظام الآلي المتكامل للمكتبة.
- تنمية مهارات العاملين وترقيتهم فكريًّا ووظيفيًّا.
- الاهتمام وجذب مجتمع المستفيدين والاهتمام بقواعد البيانات، حيث إنها تهم فئة مجتمع الباحثين بصفة خاصة.
- الحفاظ على صحة العاملين والمستفيدين من بعض أضرار استخدام تكنولوجيا المعلومات والاتصالات من خلال التوعية الصحية والحفاظ على البيئة.

والأمر لا يبدو صعب التطبيق، و إن كان كذلك فأهميته تحثنا عليه ويمكن لكل مكتبة أن تطبق من هذه المتطلبات السابق ذكرها ما تستطيع، وما يتناسب مع طبيعتها ومجتمع المستفيدين بها حسب نوعها من حيث مكتبة عامة أو متخصصة أو أكاديمية وخلافه. وهناك العديد من المكتبات تعي هذه العناصر وتطبقها بالفعل وتتابع التطور المستمر وهذا نابع من

تقديرها لقيمة هذه التكنولوجيا ، ولترتبط المعلومات بتكنولوجيا تساهم في تنمية المجتمع وتنمية قدرات المستفيدين والمترددين على تلك المكتبات وتحقيق متطلباتهم العلمية والدراسية والثقافية بسهولة ويسر علاوة على مساعدة أجهزة المجتمع المعنية بمحو الأمية المعلوماتية. وبعد هذا العرض السريع لأهمية تكنولوجيا المعلومات بالمكتبات، أرجو أن يكون محتوى فصول هذا الكتاب على قدر من الأهمية أيضًا. ولا يفوتني أن أذكر أن فكرة هذا الكتاب بدأت منذ عام 2004 في المؤتمر القومي الثامن للمكتبات والمعلومات والذي نظمته الجمعية المصرية للمكتبات والمعلومات بمكتبة المعادي، وهذه الفكرة كانت من خلال ورقة بحث بعنوان «تطبيقات تكنولوجيا المعلومات في المكتبات ومراكز المعلومات» وتلا ذلك نشر هذا البحث في عدة مقالات تفصيلية في أعداد الدورية الإلكترونية لشبكة أخصائي المعلومات والمكتبات Librariannet.com ولاقى صدى طيبًا. وبعد سنوات عديدة من البدء وتطور سريع في تكنولوجيا المعلومات. أرجو أن يكون هذا العمل من حسن الصنع، وإن كان من توفيق فمن الله وإن كان غير ذلك فمن نفسي، كما أتمنى أن يكون هذا الكتاب بمثابة علمًا ينتفع به.

م. أحمد أمين أبو سعدة

ahmedamin@hotmail.com

41

الفصل الأول

الحاسبات الإلكترونية وملحقاتها

تمهيد

تعرضنا في المقدمة إلى أهمية تكنولوجيا المعلومات وكان من عناصرها الرئيسية الحاسبات الإلكترونية وملحقاتها. و يسعى هذا الفصل للتعريف بالتقنيات والمواصفات الفنية التي يجب التركيز عليها عند اختيارنا لتلك الأجهزة، كما يوضح الترابط بين هذه الأجهزة وملحقاتها وطريقة الاستخدام ودواعي الاستخدام، حيث إن الخدمات قد تختلف من مكتبة إلى أخرى ومن مركز معلومات إلى آخر، وهذه المواصفات الفنية ما هي إلا دليل يمكن الاسترشاد به. وجدير بالذكر أن تكنولوجيا الحاسبات تتطور يومًا بعد يوم؛ لذا يجب أن يكون هناك مرونة في الاسترشاد والتركيز على العناصر الرئيسية التي تم ذكرها في المواصفات ومراعاة الحديث منها عند الاحتياج للتطبيق.

1/1- الخادمات **Server** تحمل عليه قاعدة بيانات المكتبة:

وجهاز الخادم Server هو الجهاز الرئيسي لتقديم الخدمات من خلاله، وهو بمثابة جهاز حاسب إلكتروني ذي مواصفات متميزة، تتيح لأكثر من جهاز حاسب إلكتروني آخر البحث والاسترجاع والإدخال للبيانات دون تأثر أو انتظار، من خلال اتصاله بشبكة المكتبة، ويعد اختيار الجهاز المناسب لأداء تلك المهمة، من الأمور المهمة والتي يجب تحرى الدقة فيها؛ إذ إنه يفترض في هذا الجهاز أن يظل عمله مستمرًا على مدى 24 ساعة في اليوم على مدار 7 أيام في الأسبوع طيلة العام دون إغلاق، أو تلف منتظر حيث إن دوره حيوي لكل الأجهزة التي تتصل به سواء للبحث أو الاسترجاع أو لإدخال البيانات، لذا يجب أن يكون مستقرًا ومهيأ للعمل المستمر.

- أما من حيث المواصفات لذلك الجهاز، فهناك أكثر من نوع لتلك الأجهزة التي سيتم تصنيفها بناء على تكنولوجيا المعالج Processor فمنها ما هو CISC Processor، ومنها ما هو RISC Processor والفرق بينهما كبير في استقرار العمل ونظام التشغيل المناسب والمواصفات المميزة لكل منهما وبالتالي التكلفة:

RISC: Reduced Instruction Set Computer

وهو من أقوى فئات المعالجات والأكثر استقرارًا، ويتطلب نظام تشغيل يسمى UNIX ويطلق على اسم الخادم UNIX Server نسبة الى نظام التشغيل المستخدم، وتوجد عدة شركات كبيرة تعمل في إنتاج هذا النوع من الأجهزة مثل IBM, HP/Compaq, SUN, Dell,..

- أما النوع الآخر من المعالجات وهو:

CISC :Complex Instruction Set Computer or Computing.

وهو أقل كفاءة في العمل عن النوع من الفئة السابق ذكرها، ومنها ما هو معروف باسم Pentium ويطلق على اسم الخادم Intel Server وأغلب الشركات السابق ذكرها تعمل في إنتاج هذا النوع من الأجهزة، بالإضافة إلى العديد من الشركات الكثيرة الأخرى ومنها... Hi Tech ,Acer, Micron.

أما جهاز الخادم Server الذي يخدم مكتبة يصل بها عدد العناوين إلى 70.000 عنوان فيجب أن تحتوي على عدد 2 معالج (Dual Processor) على الأقل من أي من الفئتين السابق ذكرهما(CISC-RISC) بالإضافة إلى المواصفات الأساسية التالية:

2 GB RAM ذاكرة تصل إلى 2048 ميجا بايت .

60 GB Storage (Hard Disk) at least ذاكرة مخزنية تصل إلى 60000 ميجا بايت SCSI Controller هو كارت يسمح بتوصيل ما يصل إلى ست سواقات لتشغيلهم.

Hot Swap HDD تتيح تغيير أحد الأقراص الصلبة عند تلفها أثناء العمل دون تأثير على البيانات، أو فقد لها.

RAID: Redundant Array of Independent Disks; originally Redundant Array of Inexpensive Disks) is a way of storing the same data in different places (thus, redundantly) on multiple hard disks. By placing data on multiple disks, I/O operations can overlap in a balanced way, improving performance.

وهو طريقة لتخزين نفس البيانات في أماكن مختلفة؛ أي التكرار للبيانات على أكثر من هارد ديسك Hard Disk لتأمين البيانات وتحسين الأداء، ويوجد منه عدة أنواع RAID 0,1,2,3,4,5 وأنسبها على الإطلاق RAID 5 .

Internal Tape drive 20/40 GB: لإمكانية التخزين على شريط بيانات يصل سعته إلى أكثر من 20.000 ميجا بايت، قابل لإعادة الكتابة عليه مرات ومرات تصل إلى المائة مرة، وهناك أنواع مختلفة من السواقات Drives منها ما هو 90 متراً، 8 مم، أو 4مم.

DVD: لإمكانية التخزين على أقراص الفيديو رقمية وهي أغلى من الـ CDROM ويمكن استخدامها لتخزين بيانات تصل إلى 4 جيجا بايت وأكثر.

CD R/W:CDROM Read/write:

لإمكانية التخزين على الأقراص المليزرة، حيث إنها أرخص في الثمن من Tapes، لكنها ليست مناسبة إذا كان حجم البيانات للنسخ الاحتياطية أكبر من 500 ميجا بايت

Network Interface Card (NIC) كارت الشبكة

وتوجد عدة سرعات لكارت الشبكة ويجب ألَّا تقل عن 100 Mbps ويمكن أن تصل إلى 1Gbps (100 ميجا بت، 1000 جيجا بت في الثانية الواحدة).

Graphic Card: كارت الشاشة يجب ألَّا تقل ذاكرته عن 128 ميجا بايت.

Slots : فتحات على اللوحة الأم لإمكانية إضافة كروت إضافية أو تكون احتياطية ويستغل بعضها في تركيب كارت الشاشة والشبكة على سبيل المثال Ports Serial, Parallel ,USB: وهى فتحات لتركيب أجهزة ملحقة بخارج الحاسب الإلكتروني.

Other Accessories: مكونات أخرى مثل الماوس ولوحة المفاتيح وخلافه المتعارف عليها .

وتستخدم هذه الأجهزة نظام تشغيل تبعًا لفئة المعالج Processor فيكون نظام يونيكس UNIX لمعالجات RISC Processor أو نظام تشغيل Windows وهو أشهر الأنظمة لفئة المعالج CISC Processor وسيأتي تفصيل ذلك فيما بعد.

شكل رقم (1) أجهزة الحاسب الإلكتروني الخادم والخدمات والمحمول

2/1 - محطـات العمـل الطرفيـة:

وهى أجهزة لتقديم خدمات المكتبة المختلفة منها البحث والاسـترجاع والإعـارة والفهرسة والتزويد والإنترنت، وتكون هذه الأجهزة لها مواصفات فنيـة أقـل بـالطبع من مواصفات جهاز الخادم Server، حيث إنها في الغالب تستخدم معالج مـن فئـة CISC، ومن أشهر هذه المعالجات المعروف باسم Pentium وهو من إنتاج شركة Intel أو AMD من إنتـاج شركة AMD وهما من كبرى الشركات الرائدة في إنتاج المعالجات في العالم؛ أي أنه في الغالب تكـون المواصفـات العامـة المقترحـة في الوقـت الحالي على الأقل كما يلي:

معالج بسرعة 3.2 جيجا هرتز على Processor   Pentium 4,   3.2 GHz
الأقل أو ما يعادله

Mother Board Brand Name Well Known

RAM   512 MB DDRAM   ذاكرة 512 ميجا بايت.

DVD /CDROM 52 X   قارئ أقراص فيديو رقمية / مليزرة

VGA Card   128 MB at least   كارت شاشة بذاكرة 256 ميجا بايت

H.D   80 GB   قرص صلب بسعة تخزين 80 جيجا بايت

Slots: PCI, AGP,...

PCI: Peripheral Component Interconnect   ربط الأجهزة المحيطة

AGP: Accelerated Graphic Port   منفذ الرسومات المسرعة

Floppy Disk Drive (FDD)   قارئ أسطوانة مرنة

Monitor   17   شاشة 17 بوصة

Network Card 100/1000 Mbps   كارت شبكة

Speaker 600 W & Mice , Case,   Key Board and   Mouse. سـماعات
600 وات، ميكروفون، لوحة مفاتيح وفأره .

وهى في الغالب تستخدم نظام تشغيل ..Windows XX,2000 حيث إنه أشهر أنظمة التشغيل.

وإذا كان هناك أجهزة تستخدم الرسوم فهي تحتاج إلى كارت شاشة أعلى في المواصفات مع إمكانية شاشة أكبر في دقة الوضوح Resolution، وكذلك الحال بالنسبة لأجهزة الألعاب Games ، وهى من أهم أجهزة تقديم خدمات الأطفال.

أجهزة حاسب إلكتروني لمنسوبين المكتبة:

وهى الأجهزة التي يستخدمها منسوبين المكتبة لأداء العمليات الفنية مثل إدخال بيانات الأوعية والمستفيدين وخلافه...، وهى قد تتفق في مواصفاتها مع أجهزة تقديم الخدمات المكتبية ويجب توافر بعض الأجهزة الملحقة الأخرى مثل: قارئ وناسخ أقراص مليزرة DVD / CDROM R/W ؛ لتحميل أية بيانات على الأقراص المليزرة والفيديو الرقمية فيسهل استخدامها على أجهزة أخرى. ويستخدم لنسخ بعض الملفات المهمة أو أخذ نسخ احتياطية من البيانات ذات الأهمية، وتتفاوت المواصفات الأساسية له حسب سرعة القراءة والكتابة ويفضل شراء الأحدث وقت الشراء.

3/1- الطابعات :

- **طابعة ملونة وأخرى(أبيض/ أسود)** Printers (Color and B&W):

وتستخدم لطباعة مخرجات البيانات والمستندات سواء بالنسبة للمستفيدين أو منسوبين المكتبة. والشركات المنتجة للطابعات عديدة وعلى رأس هذه القائمة شركة IBM, LEXMARK, HP, EPSON, Citizen ولكل منها مميزات تبعاً لنوع الطابعة.

ومن أنواع الطابعات: طابعة خطية Line Printer ، وهى طابعة معدة لطباعة كميات هائلة من المستندات وهى عالية السرعة، حيث تطبع بالسطر وليس بالحرف كبقية الطابعات،وهى تفيد في حالات تقارير الجرد أو قائمة الأوعية الموجودة

بالمكتبة أو طباعة المستندات في صورة غير نهائية (تحت المراجعة) وهى غير مكلفة تمامًا في قيمة الطباعة، ولكنها غالية الثمن إذ قد يصل ثمنها إلى أكثر من 20.000 جنيه مصري.

طابعة ليزر Laser Printer: وتستخدم لطباعة المستندات الرسمية مثل التقارير والمذكرات.....، حيث جودة الطباعة وهى أفضل في طباعة المستندات غير الملونة، وأوفر في التكلفة على المدى البعيد ويفضل منها ما يصل إلى سرعة طباعة 12 ورقة/ دقيقة.

طابعة نفاثة للحبر Inkjet Printer: ويجب أن تكون طابعة ألوان ذات دقة وضوح عالية Resolution ، وهى تفيد في طباعة الصور والإعلانات واللوحات الإرشادية ومستندات الدعاية والإعلان.

طابعة نقطية Dot Matrix Printer: وهى طابعة رخيصة الثمن وقليلة التكلفة في الطباعة، ويمكن استخدامها في طباعة الفواتير وبعض التقارير والمسودة Draftأو بطاقات العضوية.

وعمومًا مهما اختلفت طبيعة استخدام ونوع الطابعة فهناك مواصفات وخصائص أساسية للطابعة وهى:

Resolution دقة الوضوح

Speed سرعة الطابعة في الدقيقة الواحدة

Paper Size ,A4,A3,Envelope, … حجم الورق

Printing Material خامات الطباعة (ورق، شرائح شفافة، ورق مقوى،...)

Type:Line, Laser, Inkjet, Dot matrix

Power Required (220,110,12DC,..) الكهرباء المطلوبة للتشغيل لتتوافق مع بيئة المشغل.

سهولة الاستخدام وتغيير متطلبات الطباعة Easy to use

طابعات ملونة وليزر ونقطية شكل (2)

كـما توجـد حاليًا أنـواع مـن الطابعـات تسـمى MF   Multifunction ؛ أي
متعددة الوظائـف وأحيانًا يطلـق عليهـا All in One ، وهي تشـتمل علـى طابعـة
وماسـح ضـوئي وكذلك تصـوير المسـتندات (Printer& Scanner and Copier)
وأحيانًا تشتمل على فاكس Fax ؛ أي بها خدمـة التصـوير والمسـح الضـوئي والفـاكس
بالإضافة إلى الطباعة.وهي مـن الأدوات المفيـدة جـدًّا خاصـة في مكاتـب المديرين
ومتخذي القرار ومكتب السكرتارية حيث التعامل مع المستندات الرسمية وأرشفتها،
ويوجد منها ما يعمل ملونًا وما هو أبيض وأسود، أما مـن حيـث تكنولوجيـا الطباعـة
فمنها ما هو ليزر Laser وهي أغلى في الثمن لكنها على المدى البعيد أرخص، ومنها
ما يعمل بالأحبار (نفاثة الحبر Ink Jet) وهي الأرخص كثيرًا لكنها الأكثر تكلفة علـى
المدى الطويل.ولقد انخفضت عمومًا أسعار هـذه الطابعـات المتعـددة الوظائـف
خاصة بعد دخول عدد كثير من الشركات في إنتاجها.

- طابعة بطاقات العضوية:

وهـى طابعـة يمكـن اسـتخدامها لطباعـة بطاقـات العضويـة في الغالـب تكـون بطاقات بلاستيكية PVC ليكون في صورة مماثلـة لبطاقات الفيـزا، وتتكلـف طباعـة البطاقة 3 (ثلاثة) جنيهات مصرية على الأقل وتزداد التكلفة حسـب الجـودة وحجـم البطاقة والبيانات المطلوب طباعتها على البطاقة، وهل الطباعة عـلى وجـه واحـد أو وجهين، وأنسب المواصفات لهذه الطابعـة لمكتبـة متوسـط اشـتراكها خـلال العـام 50 (خمسون) جنيهًا هي كما يلي:

Resolution: دقة وضوح تصل إلى 600dpi

Full color printing طباعة ملونة

120 Card per hour printing. بطاقة في الساعة الواحدة

Easy to load supplies سهلة الاستخدام وتغيير متطلبات التشغيل

Plug and Play Installation التركيب والتشغيل بسهولة

Software برنامج للتشغيل وتخصيص عملية الطباعة يحتـوى عـلى عـدد مـن الوظائف أهمها:

Card Design Support تصميم البطاقة

Photo and signature print support طباعة الصورة والتوقيع

Data Upload support دعم تحميل بيانات المستفيد

Scanner Interface for image capture واجهـة تطبيـق للحصـول عـلى الصورة من خلال الماسح الضوئي.

Camera Interface واجهة تطبيق للحصول على الصورة من خلال الكاميرا

Support different graphic data format دعم أشكال مختلفة للرسوم

كما يراعى أسعار شريط التحبير Ribbon وعدد البطاقات التي يمكن طباعتها. وسعر هذه الطابعة حوالي 10.000 (عشرة آلاف) جنيهًا مصريـًا يمكـن لشريـط الحبر أن يستخدم لطباعة 500 وجه واحد للبطاقة.

شكل (3) طابعات وبطاقات العضوية

أي أن كل من الطابعات السابقة لها استخدام معين يتوقف على الاحتياجات الخاصة بكل مكتبة .

ومن هذه الطابعات ما يطبع على وجهين، وذلك يتوقف على طبيعة البيانات التي يراد طباعتها على البطاقة، حتى يتم تقليل التكلفة الفعلية لإنتاج البطاقة، حيث إنها قد تمثل عبئًا على المكتبة وقد يتحمل عبئها المستفيد، فيجب أن تتم طباعة البيانات الثابتة والتي لا تختلف بتغير بيانات المستفيد مثل بيانات المكتبة (التليفون والعنوان والبريد الإلكتروني وموقع المكتبة على شبكة الإنترنت شعار Logo المكتبة - الرمز الممثل لها - وفروع المكتبة إن وجد، ..وفي هذه الحالة تطبع هذه البطاقات Silk Screen لرخص التكلفة حتى لا تستهلك الطابعة في مثل ذلك، أما الوجه الآخر فيعد لطباعة البيانات المتغيرة مثل بيانات المستفيد الشخصية (الاسم، وفئة الاشتراك و الباركود (ID No.) والصورة).

وتختلف أسعار البطاقات حسب مواصفات البطاقة كخامتها وسمكها الأنسب في الاستخدام، وهل تشتمل على شريحة إلكترونية أم مجردة من ذلك.

4/1 - الماسحات الضوئية **Scanners** لإدخال الصور والمستندات:

ويستخدم لإدخال الصور والمستندات وقد يحتاج إليه لإدخال صور بعض المستندات مثل الخرائط ومحتوى بعض الكتب والمخطوطات وصور المستفيدين وما يستجد من أغراض. وتختلف أنواعها وأحجامها تبعًا لنوع المستندات الرئيسية التي يتم عمل مسح Scan لها وهناك ما هو مخصص للخرائط فقط، وكذلك للمخطوطات والكتب القديمة،وإن كان هناك بعض الملحقات مثل الطابعات أصبحت تحتوي على وظيفة المسح الضوئي بالإضافة إلى وظيفة الطباعة. وتختلف المواصفات الفنية حسب حجم الماسح الضوئي والهدف من استخدامه، ولكن هناك عدد من المواصفات لابد من مراعاتها عند الاختيار، ومن المواصفات الرئيسية للماسح الضوئي:

Resolution دقة الوضوح

Color/ Mono ملون أو أبيض وأسود

Speed عدد المستندات التي يمكن مسحها

Connection Interface (Parallel, USB, SCSI,...)

واجهة الاتصال بالحاسب الإلكتروني

Auto/Manual Sheet feeder تغذية بالمستندات أتوماتيكيًا، أو يدويًا

Document Size A4,A3,.....حجم المستندات

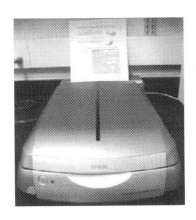

شكل (4) الماسح الضوئي

1/5- الكاميرات الرقمية **Digital Camera**:

لتصوير الأنشطة والمناسبات داخل وخارج المكتبة وتبدأ أسعارها من 300 (ثلاثمائة) جنيه مصري، والمواصفات العامة لهذه النوع من الكاميرات على الأقل:-

Included Memory: 64MB ذاكرة يفضل ألا تقل عن 64 ميجا بايت.

LCD Screen Size: 1.5 Inches شاشة مرفقة مع الكاميرا (1.5 بوصة)

Zoom Range: 3x Optical, 3.6x Digital مدى عدسة الزووم

Flash Features: Auto, Red-eye Reduction On/Off, Slow synchronization

إمكانية وخصائص الفلاش

Self Timer: YES - 2 or 10 Second Countdown

Direct to TV or VCR

USB Output: Yes واجهة التوصيل

Batteries Required: Rechargeable Lithium-Ion Battery Pack (NB-1LM or NB-1L) البطاريات المستخدمة

Included Software: Camera Suite CD-ROM, Digital Camera Solution CD-ROM برامج تشغيل وأدوات ترفق مع الكاميرا

Included Accessories: Wrist Strap, A/V Cable, USB Interface Cable, Compact Flash Card (FC-32M), Lithium Ion Battery Pack (NB-1LH), Battery Charger كابلات ووصلات مرفقة وشاحن للبطاريات

PC System Requirements: IBM PC/AT compatible, Microsoft Windows 98/SE/2000/Me/XP, Pentium 150MHz & up, USB port (Cable connection limited to Windows 98/2000 or upgraded Me/XP, 64MB RAM or more (Windows 2000/ME,2003,Vista), 128MB RAM or more (Windows XP) متطلبات تشغيل (تتوافق مع أي من أنظمة التشغيل شائعة الاستخدام)

MAC System Requirements: Hardware: Power Mac/PowerBook/iMac/iBook; OS: Mac OS 8.6 - 9.2, & OS X. CPU: Power PC; Interface: USB: Cable connection via camera's USB port is limited to (Power Macintosh NEW G3/G4, PowerBook G3, iMac, iBook); RAM:20MB and up

يمكن تشغيلها على أجهزة آبل ماكنتوش

Warranty Parts: 12 Months فترة الضمان

شكل (5) الكاميرا الرقمية

6/1 - قارئات وطابعات الأعمدة **Barcode Reader** للتعامل مع الترميز العمودي (البار كود):

ويستخدم لقراءة ملصقات البار كود سواء للأوعية أو بطاقات المستفيدين ومنها (charge-coupled device (CCD وهو أقل الأسعار و ما هو Laser وهو أغلى نسبيًا ومنها ما هو Image Device وهو الأحدث حاليًا وهو الأغلى وتختلف موديلات كل نوع حسب عدد خطوط المسح Scanner Line وكذلك عدد خطوط المسح في الدقيقة الواحدة وهو في الغالب Line/Sec 72.وعمومًا فإنه يمكن إيجاز المواصفات الأساسية لقارئ الباركود كما يلي :

Company: الشركة المنتجة

Model: الموديل.

Price : السعر.

Light source: الشعاع الضوئي.

Scan method :طريقة قراءة الباركود.

Scan rate : معدل القراءة في الدقيقة.

Reading width : حجم مساحة القراءة.

Max. Resolution : دقة وضوح القراءة.

Reading distance :مسافة القراءة بين الجهاز والباركود.

Dimension Weight: أبعاد الجهاز.

Standard connector: طريقة التوصيل.

Auto trigger stand ,

Technique (Laser-CCD-Image,..): تقنية الجهاز (ليزر-ضوئي -..) ,

Trigger modes :طريقة إصدار الأشعة.

Interface supported : واجهة الاتصال.

and Other features: وظائف أخرى.

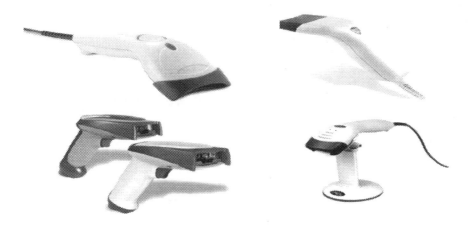

شكل (6) أجهزة قارئ الباركود

ويختلف اختيار الموديل من كل شركة منتجة حسب طبيعة استخدام المكتبة لقارئ الباركود من حيث تثبيت مكانه وتتحرك إليه ملصقات الباركود لقراءتها، أو أنه يكون حر الحركة بحيث ينتقل القارئ إلى ملصقات الباركود.

طابعة بار كود Barcode Printer لطباعة الترميز العمودي (البار كود):

وتستخدم لطباعة ملصقات البار كود ويمكن أن تقوم المكتبة بطباعة ملصقاتها بخارج المكتبة، إذا كان عدد الملصقات التي نحتاجه المكتبة سنويًا قليل التكلفة للغاية إذا ما قيس بشراء طابعة قد تستخدم في العام مرة أو مرتين، ونرى أنه إذا كان عدد الملصقات التي تحتاجها المكتبة سنويًا لا يتعدى 10.000 ملصق فلا ينبغي أن تقتني هذه المكتبة طابعة للبار كود لأن التكلفة ستكون أعلى بكثير مما لو قامت بطباعة هذه الملصقات لدى الغير، وتختلف مواصفات الطابعة تبعًا لاحتياجات المكتبة وأهمها سرعة هذه الطابعة، دقة وضوح الطباعة وذاكرة الطابعة وطريقة الطباعة وعرض وطول الملصق الذي يمكن استخدامه معها، وعلى أية حال فإن مكونات المواصفات العامة لطابعة ملصقات البار كود كما يلي:

Company: الشركة المنتجة

Model: الموديل.

Price: السعــر.

Max print speed: سرعة الطباعة.

Dot density: دقة الوضوح.

Memory: الذاكرة.

Media width (min/max): عرض الملصق الباركود.

Media diameter(max) : أقصى مساحة للملصق الباركود.

Print width(max) : عرض الطباعة.

Print length(min, Max. std , max. opt) : مقاسات لطول الطباعة.

Ribbon types : شريط الطباعة.

Ribbon core diameter: مقاس شريط الطباعة.

Ribbon widths : مقاس عرض شريط الطباعة.

Ribbon length : مقاس طول شريط الطباعة.

Communication interface: واجهة الاتصال بالحاسب الإلكتروني.

Dimension(width)mm: حجم الطابعة.

Print method: طريقة الطباعة

شكل (7) طابعات الباركود

وتتميز الطابعة السالفة الذكر بسهولة استخدامها وتهيئتها للطباعة، وإن كان هناك طريقة أخرى للطباعة باستخدام الطابعات المليزرة المعتادة مع استخدام ملصقات على ورق A4 مثلاً المقسم إلى ملصقات عددها في الغالب يتوقف على مقاس كل ملصق باركود (سم X سم) ويختلف العدد بالطبع حسب مقاس الورقة ومقاس الملصق، ولكن الطباعة بهذه الطريقة لا يمكن معها طباعة ملصقًا ملصقًا ولكن لابد من طباعة الورقة بأكملها؛ أي الطباعة ورقة ورقة وليس ملصقًا ملصقًا كما في الطابعات المهيأة لهذه الوظيفة.وهي تختلف في مواصفاتها من حيث الحجم وعدد ما يمكن طباعته من الملصقات في الثانية الواحدة، وهكذا حسب المواصفات السابق ذكرها.

7/1- جامعات البيانات Data Collector:

ويستخدم لتجميع البيانات عن طريق قراءة ملصقات البار كود ثم تفريغها، ومن ثم يمكن استخدامه في إجراءات الجرد الآلي حيث يتم قراءة ملصقات البار كود للأوعية، وحسب برمجة ملف تجميع البيانات ويكون هذا الملف في صورة ملف

نصي يسهل التعامل معه بتطبيقات قراءة النصوص مثل Word &Notepad or Wordpad أو خلافه. وأيضًا من خطوات البرمجة ترتيب القراءات داخل الملف النصي حسب توقيت القراءة أو حسب ترتيب أرقام الباركود وتكرار القراءة من عدمه، ثم مطابقتها مع قاعدة بيانات المكتبة من خلال البرنامج الآلي، فتتضح نسبة الفاقد من هذه الأوعية. وهناك مواصفات أساسية لهذه الأجهزة مثل: الذاكرة، والمعالج، وطريقة القراءة ونظام التشغيل،لغة البرمجة. و من هذه الأجهزة ما يستخدم نظام تشغيل ذا واجهة رسومية GUI مثل الويندوز، ومنها ما يستخدم واجهة نصية مثل الـ DOS قديمًا؛ أي واجهة نصية مجرد كتابة أوامر يتم تنفيذها وليس من خلال أيقونات يتم اختيارها... أما مكونات المواصفات العامة لهذه الأجهزة كما يلي:

Company: الشركة المنتجة.

Model : موديل الجهاز.

Processor: المعالج.

Operating System: نظام التشغيل.

Memory: الذاكـــرة.

Display: الشاشة.

Key Board: لوحة المفاتيح.

Serial Commutation: واجهة الاتصال بالحاسب الإلكتروني.

Power source: مصدر التغذية الكهربية.

Weight: الوزن.

Delivery: فترة التسليم.

Warranty: فترة الضمان.

Programming: البرمجة.

Price : السعـر.

شكل (8) جامع البيانات

وتعتمد فكرة هذا الجهاز في عمله على نظام تشغيل خاص به وبرنامج لتجميع البيانات بلغات البرمجة المعتادة، ويتم برمجته حسب احتياج المكتبة فمثلاً قد يكون من الضروري تجميع البيانات (وفى الغالب تكون أرقام بار كود الأوعية) مرتبة حسب وقت قراءاتها أو حسب الترتيب أبجديًّا تصاعديًّا أو تنازليًّا أو...

ومستقبلاً سيكون لكل وعاء بطاقة ذكية Smart Card تسجل عليها كل بيانات الوعاء والعمليات المكتبية التي تمت عليه، وهذا سيسهل تتبع حالة الوعاء وخاصة في عمليات الجرد لتتم في شكل آلي ووقت قياسي. وسيكون ذلك من خلال شريحة يتم تركيبها بكل وعاء، ونرى أن هذه الشريحة لا يتم تركيبها داخل كل الأوعية، حيث إنها ذات تكلفة قد تصل إلى ثمن بعض الأوعية، ويتم التعامل معها من خلال برمجيات معينة وأجهزة مخصصة، علاوة على أن هذه الشريحة يمكن للمستفيد أن يعبث بها خاصة كبيرة الحجم منها، ويمكن استخدامها في التأمين ضد السرقات إذا كانت الشريحة قابلة لإعادة البرمجة؛ أي عمليتي Discharge &Charge لتسجيل عمليات الإعارة والإعادة.

8/1- أجهزة الإعارة الذاتية

وهو من الأجهزة التي تحقق السرعة وتخفف الضغط على أعمال أخصائيي المكتبات؛ حيث إن نظام هذا الجهاز يتيح للمستفيد أن يقوم بعمليات الإعارة

شكل (9) جهاز إعارة ذاتية

والإعادة والكشف عن حساب المستفيد وعرض البيانات والغرامات بنفسه ودونما تدخل من موظفي المكتبة. وهو سهل الاستخدام ويعمل بعدة لغات، وكما بالشكل يبدو في صورة كابينة ووحدة متكاملة تعمل مرتبطة بنظام المكتبة الآلي.

كما يوجد في عدة صور أخرى غير التي تبدو بالصورة المجاورة، ويختلف كل تصميم عن الآخر في الشكل والوظائف التي يمكن أن يقوم بها.

9/1 - تجهيزات تأمين وحماية المكتبات ومراكز المعلومات (أجهزة محدد ترددات الراديو وملحقاتها **Radio Frequency Identification RFID** - البوابات الإلكترونية **Electronic Gate** - حافظ التيار **UPS**)

وهناك البديل الحديث لتكنولوجيا الباركود أو الترميز العمودي وهي تسمى محدد ترددات الراديو Radio Frequency Identification RFID، وإذا كانت الأنظمة الآلية المتكاملة للمكتبات دعمت استخدام الباركود، بل ويمكنها طباعته من على النظام ذاته، فإن الإصدارت الحديثة من تلك الأنظمة أيضًا تدعم استخدام هذه المحددات لتردد الراديو، RFID ولقد ذاع انتشار هذه المحددات عمومًا في كثير من المتاجر الكبيرة، فضلاً عن المكتبات وهي تجمع بين مميزات تكنولوجيا الباركود Barcode وتزيد عليها في أنها تمثل وسيلة تأمين ضد السرقات وأسرع في عمليات الجرد والحصر، خاصة أنها لا تتطلب الاقتراب من المقتنيات مثلما في حالة الباركود ولكن بالطبع هذه التكنولوجيا أكثر تكلفة وتحتاج إلى أجهزة مختلفة للتعامل معها تختلف عن أجهزة الباركود. والتفاصيل عن مكونات هذا النظام وكيفية عمله والأجهزة المطلوبة لتطبيقه تجدها فيما يلي:

محدد الترددات اللاسلكية (الراديو) هو RFID: هو طريقة تحديد أتوماتيكية تعتمد على تخزين واسترجاع البيانات عن بعد باستخدام عناصر أو شريحة كما بالشكل، وتسمى العلامات أو المرسلة.

وهذه الشريحة RFID Tag يمكن تعليقها أو تركيبها أو ربطها بأي كائن ثابت أو متحرك سواء أكان إنسانًا أم حيوانًا أم أثاثًا أم كتابًا...؛ وذلك لغرض تحديد الهوية باستخدام موجات الراديو بعض العلامات التي يمكن قراءتها على بعد عدة أمتار وفي أماكن قد لا يراها مستخدم جهاز الكشف عن هذه الهوية.

شكل (10)

أغلب الأشرطة أو الشرائح تحتوي على قسمين على الأقل: أحدهما عبارة عن دائرة متكاملة لتخزين المعلومات ومعالجتها والتنظيم وتعديل إشارة تردد الراديو (الترددات اللاسلكية) وربما غيرهما من الوظائف المتخصصة، أما الثاني فهو عبارة عن هوائي لاستقبال وإرسال الإشارات. تكنولوجيا (بلا شريحة) بحركة تسمح - منفصلة - بتحديد العلامات دون دائرة متكاملة، مما يتيح طباعة العلامات مباشرة على الأصول بتكلفة أقل من العلامات أو البطاقات التقليدية.

ويمكن أن تكون هذه التكنولوجيا بديلاً عن تكنولوجيا الباركود، و يمكن لأي مكتبة أن تتحول من استخدام الباركود إلى استخدام الـ RFID دون عناء وهذا باستخدام جهاز يتيح نقل البيانات التي يدل عليها الباركود إلى شريحة الـ RFID،

كما يمكن للمكتبة أن تستخدم الباركود جنبًا إلى جنب الـ RFID في عمليات المكتبة المختلفة، ولكن كتأمين لخروج المقتنيات بطريقة آمنة فيجب استخدام الأخير.

واليوم، فإن التكاليف الكبيرة التي تدفع في استخدام تكنولوجيا الـ RFID، تساهم في إنجاز الكثير من الأعمال وخاصة في المكتبات في أعمال الإعارة وتداول المقتنيات، والمهمة الأكبر في أعمال الجرد حيث يمكنك جرد ما يزيد عن 150.000 مادة فيما لا يزيد عن بضع ساعات؛ وذلك لأن أجهزة حصر المقتنيات التي تحتوي على تلك الشريحة أو العلامة لا تتطلب التعامل المباشر مع المقتنيات فرديًا ولكن يمكن لتلك الأجهزة حصر عدد كبير من المقتنيات في الثانية الواحدة وهي في أماكنها على الرفوف، وفقط يكفي توجيه الجهاز نحو الرف المطلوب قراءته، وهي كذلك تفيد في تحسين كفاءة تتبع المقتنيات وإدارتها.

وجدير بالذكر، أنه نظرًا لقيمة تكلفة الشريحة أو العلامة فإنه لا يجب وضعها بكل مادة؛ حيث إن ثمنها قد يزيد عن ثمن المادة، خاصة إذا كان استخدام تلك الشريحة لتأمين المقتنيات من السرقة ويتطلب ذلك استخدام البوابات الإلكترونية. أما إذا كان الاستخدام من أجل عمليات الحصر والجرد والعمليات الفنية بالمكتبات مثل: الإعارة والإعادة فلا بأس من الاستخدام (انظر الشكل التالي).

أما مكونات هذا النظام لمكتبة تحتوي على 150.000 مادة باختلاف أنواعها بين الكتاب وشرائط الفيديو وشرائط الكاسيت والملتي ميديا والأقراص المليزرة CDROM وأقراص الفيديو الرقمية DVD، وباختلاف أسعارها والتي تصل في المتوسط إلى 6 دولار، وعدد أعضائها في حدود 15.000 عضوًا ومتوسط اشتراك العضو سنويًا 10 دولارات سنويًا فهي كما يلي:

1- جهاز كشف الأشرطة المغناطيسية (بوابة)؛ وهو عبارة عن جزأين متقابلين ليكونا ممرًا واحدًا أو ممرين.

2- جهاز إزالة وإعادة الشحنة المغناطيسية للكتب والدوريات (عدد 1).

3- جهاز إزالة الشحنة المغناطيسية الخاص بأشرطة الفيديو (عدد 1).

4- جهاز إعادة الشحنة المغناطيسية الخاص بأشرطة الفيديو (عدد 1).

5- أشرطة مغناطيسية خاصة بالكتب، (عدد 50,000) شريط.

6- أشرطـة مغناطيسـية خاصـة بأسـطوانات الليـزر (CD/DVD)، (عـدد 5,000) شريط.

7- أشرطة مغناطيسية خاصة بشرائط الفيديو (عدد 1000) شريط.

شكل (11)

مكونات النظام السابق ذكرهـا هي اللازمة لكل مكتبة، ولكن يجب أن يشـتمل العرض والتوريد والتركيب وفترة صيانة أو ضمان سـنة واحـدة مـن تـاريخ التركيـب. وسيأتي الحديث عن المواصفات الفنية لكل عنصر في تلك المكونات.

المواصفات الفنية:

1 - جهاز كشف الأشرطة المغناطيسية:

- يتكون الجهاز من جزأين متقابلين بينهما ممر واحد ومثبتين على صفيحة معدنية Base Plate أو ثلاثة أجزاء متقابلة بينها ممران ومثبتة على صفيحة معدنيـة Base Plate تستخدم لخروج مرتادي المكتبة، ويجب أن يستخدم الجهاز مبدأ الكشف

الكهرومغناطيسي لتوفير الحماية لجميع محتويات المكتبة من كتب وشرائط فيديو وأسطوانات ليزر (CD)، ولا يعمل على مبدأ إشارات تردد الراديو لضمان عدم تداخله مع أي أجهزة إرسال راديو لتفادي تأثيرها على عمل الجهاز.

- يتم الكشف عن مرور شريط مشحون مغناطيسيا في حال مرور شخص من جهاز الكشف عن طريق قطع شعاع ضوئي بين الجزأين، وعندها يطلق الجهاز إنذارًا صوتيًا (صفارة) وإنذارًا ضوئيًا أحمر على أعلى الجهاز، مع إمكانية تفعيل أحدهما أو كليهما، أو ربط الجهاز مع نظام مراقبة تلفزيونية CCTV System؛ ليتم التسجيل في حالة حدوث إنذار.

- تكون اللوحات الإلكترونية التي تقوم بعملية الكشف منفصلة الجزأين المتقابلين ضمن صندوق خارجي (وهو جهاز التحكم) الذي يحتوي على معالج دقيق (ميكروبروسسور) Microprocessor.

- يحتوي أحد الجزأين المتقابلين على شاشة صغيرة تظهر في الوضع الطبيعي عدد مرتادي المكتبة منذ وقت التشغيل، و في حال حصول عطل بالجهاز تظهر الشاشة رقمًا معينًا يدل على نوع العطل وذلك لتسهيل عملية الإصلاح.

- أبعاد الجهاز:

ممر واحد أقرب ما يكون إلى التالي:

الارتفاع: 178 سم، العرض: 109 سم، العمق: 65 سم

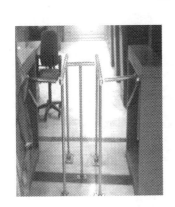

شكل(12)
البوابة الإلكترونية

ممران أقرب ما يكونان إلى التالي:

الارتفاع: 178 سم، العرض: 192 سم، العمق: 65 سم

- أبعاد جهاز التحكم أقرب ما تكون إلى التالي:

الارتفاع: 29 سم، العرض: 91 سم، العمق: 31 سم

- يتم تثبيت الجزأين المتقابلين بوضع عمودٍ قائم على صفيحة معدنيّة Base Plate ويفضل من نفس مصنع الجهاز ولّا يتم التثبيت بالأرض، بحيث يمكن إزاحة الجهاز بالكامل في حال الحاجة لإدخال معدات أو أثاث أو في حال الطوارئ إلى المكتبة ثم إعادته لمكانه بسهولة ويسر. وبداخل الصفيحة المعدنية يتم تمرير الأسلاك التي تصل الجزأين المتقابلين، ثم تغطى بالكامل بقطعة من السجاد يمكن توريدها مع الجهاز، وتكون الصفيحة المعدنية منحنية بشكل متدرج بارتفاع بسيط لتسهيل دخول كراسي ذوي الاحتياجات الخاصة.
- في حال استخدام بوابة خروج يجب أن تكون هناك إمكانية لربط البوابة بالجهاز بحيث تغلق البوابة مؤقتا عند كشف شريط مشحون مغناطيسيًّا.
- يتم تغذية الجهاز بكهرباء 110-220 فولت.

2 - جهاز إزالة وإعادة الشحن المغناطيسي للكتب وأسطوانات الليزر:

- يقوم هذا الجهاز بإزالة وإعادة الشحن المغناطيسية للشرائط الخاصة بالكتب وأسطوانات الليزر دون إلحاق أي ضرر بالأسطوانات.
- يعمل الجهاز على كهرباء بأحد القدرتين 110 فولت، أو 220 فولت، ويولد قدرة ممانعة بحدود 180 – 230 أوريستد.
- أبعاد الجهاز تكون أقرب إلى التالي:

الطول:41 سم، العمق: 33 سم، الارتفاع: 23 سم، الوزن: 11 كيلو تقريبًا.

- يتم تغيير عمل الجهاز من شحن الشرائط المغناطيسية إلى إزالة الشحن بواسطة مفتاح كهربائي ذي وضعين للشحن والإزالة، ويصدر عن الجهاز صوت خفيف لتأكيد عملية الشحن أو إزالة الشحن لكل كتاب على حدة.
- يكون الجهاز مزودًا بلمبة صغيرة حمراء بحيث تضيء عند احتواء الكتاب على شريط مغناطيسي مشحون لذلك عندما يكون المفتاح على وضعية الشحن ولم

تضئ اللمبة فهذا يدل على أن الكتاب لا يحتوي على شريط، وهذا يساعد العاملين بالمكتبة على التأكد من احتواء كل كتاب تتم إعارته على شريط مغناطيسي.

- يكون الجهاز متحركًا، ويوضع على طاولة بمعنى أنه غير مثبت بشكل نهائي بالطاولة بأية وسيلة.

3 - جهاز إزالة الشحن عن الشرائط الخاصة (بأشرطة الفيديو):

- هذا الجهاز لا يعمل بالكهرباء، بل يعمل بالطاقة المغناطيسية؛ لذا فهو متحرك تمامًا ويمكن نقله إلى أي مكان في المكتبة، وبمجرد تمرير شريط الفيديو عليه فإنه يزيل الشحنات المغناطيسية من شريط المغنطة.
- أبعاد الجهاز تكون أقرب إلى التالي:

الطول: 25 سم، العرض: 11 سم، الارتفاع: 6 سم

- يجب ألَّا يؤثر عمل هذا الجهاز على محتويات شريط الفيديو علمًا بأن المعلومات المسجلة على شريط الفيديو هي مسجلة بطريقة مغناطيسية أيضًا.

4 - جهاز إعادة الشحن الخاص بأشرطة الفيديو

- هذا الجهاز لا يعمل بالكهرباء، بل بالطاقة المغناطيسية، لذا فهو متحرك تماما ويمكن نقله إلى أي مكان في المكتبة، و بمجرد تمرير شريط الفيديو عليه فإنه يعيد الشحنات المغناطيسية بنفس المقدار الأصلي.
- أبعاد الجهاز تكون أقرب إلى التالي:

الطول: 34 سم، العرض: 9 سم، الارتفاع: 3 سم

5 - الشرائط المغناطيسية الخاصة بالكتب والدوريات

- أبعاد هذه الشرائط أقرب ما تكون إلى التالي:

الطول: 16 سم، السمك: (30 – 38 ملم)، العرض: بحدود 32 ملم

- يجب أن يتوافر منها نوعان، أحدهما يحتوي على لاصق من الجهتين بحيث يثبت بين صفحتين في داخل الكتاب أو الدورية، ويكون بذلك مخفيًّا لا يرى للمستخدم بعد لصقه، والنوع الآخر يحتوي على لاصق من جهة واحدة بحيث يلصق داخل كعب الكتاب. ويشترط أن يوفر كلا النوعين خاصية (دائم المغنطة) ليستخدم للأوعية التي لاتعار، وخاصية (مؤقت المغنطة) لتستخدم للأوعية التي تعار.
- يتم حماية الطبقة اللاصقة لكل من النوعين أعلاه بشريط بلاستيكي خاص يمتد على الأقل عدة سنتيمترات من كلا الجهتين؛ لتسهيل عملية اللصق داخل صفحات الكتاب (أو الدورية) وفي كعبه.
- تتكون الشرائح من قطعة واحدة مرنة من مواد غير قابلة للصدأ ولا تفقد قدرتها على اللصق بمرور الزمن وتحتفظ بقابليتها المغناطيسية بشكل دائم، ويمكن الكشف عنها بواسطة الجهاز، حتى عند إخفائها داخل حقيبة أو غيره، وتتم إزالة الشحنة وإعادتها بالأجهزة مع ضمان عدم تغير الخواص المغناطيسية لها.

6 - الشرائط المغناطيسية الخاصة بأسطوانات الليزر:

- يكون هذا النوع من الشرائط المغناطيسية مرفقًا بطبقة لاصقة بمقاس الأسطوانة نفسها لإخفاء الشريط المغناطيسي لضمان عدم التلاعب، و يكون مقاس طبقة اللاصق المثبت عليه الشريط المغناطيسي مساويًا لمقاييس الأسطوانة.

7 - الشرائط المغناطيسية الخاصة بأشرطة الفيديو:

- يكون هذا النوع من الشرائط المغناطيسية مرفقًا بورق لاصق بحيث يتم إخفاء الشريط المغناطيسي تحته، ويمكن كتابة عنوان شريط الفيديو على هذا الورق الذي يكون بنفس مقاس كعب شريط الفيديو، بحيث يبدو بنفس مظهر شريط الفيديو الأصلي.

- يتم في البداية لصق الشريط المغناطيسي- الذي يقل طوله عن طول الشريط الفيديو بعدة سنتمترات، ثم يلصق فوقه الورق اللاصق لإخفائه.

* وبعد استعراض مكونات نظام الباركود والـ REID قد نجد أن هناك أجهزة ملحقة ويفضل تواجدها حتي تكتمل المنظومة:

جهاز الإنذار الصوتي:

جهاز للإنذار الصوتي Voice Alarm for Detection System، يتم تركيبه عاليًا على أقرب جدار لبوابة الحماية، وتوصيله مع أقرب مصدر للطاقة، دون ربطها بكابل مع البوابة؛ أي أن الجهاز لاسلكي. ويصدر جهاز الإنذار الصوتي من خلال تلقيه الإشارة الرقمية التي تصدرها البوابة الإلكترونية فور ضبطها لأي مادة تخرج بطريقة غير رسمية. ويمكن بدلاً من برمجة جهاز الإنذار الصوتي على أحد النغمات الموجود به، يمكن تسجيل رسالة صوتية محددة تعمل تلقائيًا لدى وجود حالة إنذار لمدة تتراوح بين 10 إلى 20 ثانية. ويمكن إعادة تسجيل أو إلغاء هذه الرسالة في أي وقت لاحق حسب رغبة المكتبة. ومن أهم مميزات نظم الإنذار الصوتي أنه يمكن ربطها بأنظمة المراقبة التليفزيونية.

كما توجد بعض الأجهزة التي قد تحتاج إليها بعض المكتبات التي لديها تكنولوجيا الباركود ومن هذه الأجهزة:

وحدة التحويل Conversion Station :

وهو الجهاز الذي يمكنه التعامل مع تكنولوجيا الباركود أو الـ RFID من خلال وضع الباركود على هذا الجهاز المتصل بنظام المكتبات، فيقوم بنقل البيانات الخاصة بالوعاء أتوماتيكيًا إلى شريحة الـ RFID .

شكل(13) جهاز وحدة التحويل

شكل(14)

وحدة عمل للموظف **Pad Staff Workstation:**

وهذه الوحـدة يمكـن اسـتخدامها بالمكتبـات كوحـدة لعمليات الاستعارة، حيث يـتم وضـع عـدد المقتنيات التـي سيتم إعارتها عـلى هـذه الوحـدة مهـما كـان عـددها فيـتم قراءتهـا أتوماتيكيًّـا معًـا وفي نفـس الوقـت، ويـتم تسـجيلها سواء أكانت العملية إعارة أم إعادة. وهـذا الجهـاز لايحتـاج إلى وحـدة أخـرى لقـراءة البـاركود وهـذه الوحـدة تحقـق السرعة والكفاءة، وهي متطابقة مـع أجهـزة الحاسـب الإلكـتروني وأنظمـة تشـغيلها وأنظمة المكتبات والأجهزة الملحقة مثل الطابعات والماسحات الضوئية، وهـي سـهلة الاستخدام، وتعمل مع مختلف الأنظمة والأوعية، وتقوم بـأكثر مـن عمليـة في نفـس الوقت.

البوابة الإلكترونية ونظام الكشف **Electronic Gate, Detection System:**

شكل(15)

وهي البوابة التـي يـتم مـرور شرائـح الـ RFID أيًّا كـان حاملها أو مكان تركيبها، وهي أهم أدوات تـأمين المقتنيـات ضـد السرقة بالمكتبات أو خروج المقتنيات بطريقة غير مرغـوب فيهـا، وهذه البوابة تعطـي صـوت إنـذار عنـد خـروج المـواد بطريقـة مغايرة لسياسة الكتبة.ومنها مـا يثبـت بالأرضـية، ومنهـا مـا هـو متحرك ليحقق مرونة التحـرك بالقاعـات أو الأمـاكن التـي يمكـن استخدام هذه البوابات بها.كما أنها تحتوى على عداد لحصر مـن مر خلالها.

شكل(16)

الـ Digital Library Assistant:

وهو جهاز يساعد في عمليات الجرد والحصر للمقتنيات عن بعد، حيث إنه يحتوى على هوائي لتلقي الإشارات Antenna أي أنه يمكن حصر المقتنيات وعدها وهي على الرفوف دونما تعامل مباشر للقائم بعملية الجرد معها، وكذلك يمكنك من خلالها اكتشاف أخطاء الترفيف (مقتنيات في غير موضعها على الرف) وهو سهل الاستخدام ويعمل بسرعة وكفاءة عالية.

- نظام الإعارة الذاتية Self Check System:

شكل(17)

نظام فرز المقتنيات وترفيفها، وخاصة المقتنيات التي تم ردها للمكتبة بعد الاستعارة، وهذا النظام هو نظام إلكتروني متكامل يشمل أجهزة كمبيوتر، ومعدات وحساسات Sensors وعربات لرص المقتنيات ووحدات تحكم كهربي لتشغيل وإيقاف النظام كما يحتوي على معدات ميكانيكية لتشغيل سيور نقل المقتنيات من جهاز الإعارة الذاتية، حتى يتم تجميع كل نوع من المقتنيات على حدة في العربة المخصصة تبعًا لرقم التصنيف، أو أي كود آخر متعارف عليه داخل المكتبة ويتم ذلك التجميع بشكل أوتوماتيكي؛ نظرًا لوجود ملصقات ترميز عمودي (باركود) أو محدد تردد الراديو RFID ومن خلال برنامج على الكمبيوتر يحدد له فئات الأكواد وتعريف كل حساس بالأكواد التي يتعامل معها، ويعطي إشارة لسحب هذه المقتنيات دون غيرها، وفي الحقيقة هذا النظام يصعب وصفه نظريًا وخاصة أنه نظام

متكامل ويحتاج لوصف دقيق، ولكن لصعوبة تنفيذه في أغلب المكتبات العربية فلا داعي للخوض في تفاصيله أكثر من ذلك، وإن كان هذا النظام منتشرًا ومطبقًا في أغلب المكتبات الأوروبية والأمريكية، فإنه من الصعب تطبيقه بالمكتبات العربية لما يلي:

- باهظ التكلفة فيصل ثمن النظام المتوسط 200 ألف دولار، وهذا يمثل قدرًا كبيرًا من ميزانيات مكتباتنا العربية إن لم يتعداها.
- هذا النظام يحتاج لمساحة كبيرة داخل المكتبة لأنه يشغل حيزًا.
- يحتاج لعدد من الفنيين لمتابعة هذا النظام وأفراد تقوم بنقل عربات الترفيف إلى الرفوف.
- أغلب المكتبات تم تحويل أصل المبنى إلى مكتبة، ولذلك قد لا تتوافق عمارة المبنى مع تركيب هذا النظام.
- هذا النظام أحيانًا يتطلب ربط دورين من المبنى معًا لسهولة توصيل المقتنيات إلى الرفوف.

ويبدو هذا النظام لأول وهلة داخل المكتبة وكأنها تحولت إلى مصنع، لذلك يجب ألَّا يكون هذا النظام سهل الوصول إليه من جانب المستفيدين؛ لأنه يؤثر على المنظر العام للمكتبة، وإن كان ولابد فيجب أن يكون هناك فاصل بين أجهزة خدمات الإعارة الذاتية وهذا النظام.

أماكن استخدام تلك الأجهزة السابق ذكرها:

وجدير بالذكر أن هذا النظام (محددات الراديو REID) بأجهزته وملحقاته لا يستخدم في نشاط معين، ولكن يمكن تطبيقه بمجالات عديدة تتمثل في:

1- المكتبات ومراكز المعلومات.

2- الجوازات.

3- الشحن والنقل.

4- خدمات الجرد.

5- السيارات.

6- الأفراد.

7- الحيوانات.

الشروط العامة الأساسية الواجب توفرها في أنظمة الحماية والشركة الموردة:

1- يجب أن يحمل الجهاز علامة "UL-Listed"، وهي شهادة دولية تتضمن اعتماد الأجهزة لشروط السلامة الصحية لمرتادي المكتبات من الزوار والموظفين من ترددات المجال المغناطيسيـ التي يطلقها الجهاز، إضافة إلى مطابقة الجهاز للمواصفات والمعايير الدولية لمثل هذه الأجهزة.

2 - يجب أن يكون تصميم الجهاز مطابقًا للمواصفات الدولية الخاصة بذوي الاحتياجات الخاصة بحيث يحمل علامة American Disabilities Act (ADA)، والتي تسمح بمرور الكراسي المتحركة.

3- أن يتوافر لدى الشركة الموردة مهندسون وفنيون مُدرَّبون وذوو خبرة سابقة بتركيب وصيانة وإصلاح هذه الأجهزة.

4- يتم تدريب موظفي المكتبة المعنيين على تثبيت الشرائط المغناطيسية للكتب وغيرها، والتدريب على استعمال الجهاز والتعامل معه في موقع التركيب، ويوفر المورد وسيلة للاتصال به عند الحاجة على مساعدة فنية فيما يخص الجهاز.

5- تقديم فترة الضمان لمدة 12 شهر على جميع الأجهزة، وضمان مدى الحياة على الأشرطة المغناطيسية.

6- إمكانية صيانة الأجهزة بعد انتهاء فترة الضمان بواسطة عقود صيانة لكل الأجهزة في هذه المنافسة.

7- يجب أن يوفر المورد للأجهزة قائمة بعملاء قاموا بتركيب أنظمة حماية بها من نفس الشركة المصنعة.

- جهاز حافظ ومنظم التيار UPS:

جهاز حافظ التيار، وهو جهاز لحفظ التيار الكهربائي وضمان تشغيل الأجهزة المتصلة به في حالة انقطاع مصدر التيار الكهربي الأصلي، وتتوقف فترة التشغيل هذه حسب نوع وقدرة الجهاز وعدد الأجهزة المتصلة به حاليا. وبعض من هذه الأجهزة يقوم بوظيفة أخرى وهي تنظيم التيار الكهربي إلى جانب وظيفته الرئيسية، والهدف من هذه الأجهزة إعطاء فرصة لإنهاء العمل في أسرع وقت بعد انقطاع مصدر التيار الكهربي.

وتقاس قدرة هذه الأجهزة بالوات أو (الفولت أمبير)، وأغلب هذه الأجهزة تعمل لمدة ربع ساعة بعد انقطاع التيار الكهربي، وتقل هذه الفترة أو تزيد قليلاً تبعًا لعدد الأجهزة التي تعمل من خلاله. وتتوقف المواصفات الفنية لهذه الأجهزة تبعًا لعدد الأجهزة المطلوب تغذيتها من هذا الجهاز، وهذه الأجهزة تبدأ بما يفي بتشغيل جهاز حاسب إلكتروني واحد بملحقاته.

شكل(18)

أجهزة حافظ التيار الكهربي UPS

المصادر:

كابرون، تعريب: سرور علي إبراهيم سرور: الحاسبات والاتصالات والإنترنت. دار المريخ للنشر، الرياض، المملكة العربية السعودية،2003 م.

علي كمال شاكر: شبكات الحاسبات لأخصائي المكتبات والمعلومات أسس نظرية وتطبيقات عملية، الدار المصرية اللبنانية.

نورمان هودن، ترجمة: سليمان صالح العقلا: الشبكة المحلية للمكتبة الصغيرة كيفية عمل دليل لها، جامعة الملك سعود، النشر العلمي والمطابع.

عامر إبراهيم قنديلجي، إيمان فاضل السامرائي، حوسبة (أتمتة) المكتبات، دار المسيرة 2004.

أحمد أمين أبو سعدة، متطلبات تكنولوجيا المعلومات بالمكتبات الحديثة.- المؤتمر القومي الثامن لأخصائي المكتبات والمعلومات في مصر (28 –30 يونيو 2004)

محمد محمد الهادي: تكنولوجيا الاتصالات وشبكات المعلومات مع معجم شارح للمصطلحات، المكتبة الأكاديمية، 2001.

عاطف السيد قاسم: شبكات المعلومات وتكنولوجيا الاتصالات، مكتبة الأمل 2007.

كرس برنتون، كامسرون هانت، ترجمة: تب توب لخدمات التعريب والترجمة: نظم تأمين الشبكات، مرجع شامل لنظم تأمين الشبكات، دار الفاروق للنشرـ والتوزيع: 2002

Internet Sites:

[URL: http://www.ibm.com]

[URL:http://www.hp.com]

[URL:http://www.acer.com]

http://www.fkilogistex.com/press-photos/LibraryMate.jpg

الفصـل الثـاني

الشبكات الداخلية LAN ومكوناتها

تمهيد

الشبكة عمومًا يمكن وصفها بأنها اتصال أكثر من جهاز حاسب إلكتروني معًا؛ لإتاحة تبادل المعلومات فيما بينها بواسطة وسيلة اتصال وبروتوكول يحكم العلاقة بينها، ولابد للشبكة من مراحل تمر بها، وتؤثر نتيجة كل مرحلة على المرحلة التي تليها، وتتوقف مكونات الشبكة المادية من أجهزة ومعدات وبرمجيات على نتائج هذه المراحل.

وإعداد أية شبكة حاسب إلكتروني يمر بمراحل معينة أساسية تتلخص فيما يلي:

1/2- مراحل إنشاء الشبكة الداخلية:

وتشمل هذه المراحل التخطيط والتصميم والتنفيذ والتشغيل، وسنتعرض لأهم جوانب كل منها فيما يلي:

1/1/2- التخطيط لهذه الشبكة Planning:

لذلك يجب تحديد متطلبات الشبكة المطلوب تنفيذها والوظائف والاحتياجات اللازمة وعدد الأفراد المستفيدين من تلك الشبكة حاليًا، وأماكن تواجدهم في المبنى و في الطابق و في الغرفة، ونوع البيانات التي سيتم تداولها، هل هي بيانات نصية أو صور أو صورة وصوت أو رسوم متحركة أو كل ذلك Text، Images، Video، Multimedia، Movies, ...، وتحديد البرمجيات المطلوب تشغيلها واستخدامها مثل برامج البريد الإلكتروني E-Mail، ونقل الملفات FTP وغيرها من التطبيقات المختلفة، كما يجب مراعاة مستقبلية الشبكة لتتسم بالمرونة وإمكانية

التوسعات؛ لأن ذلك سيساعد في تحديد مكونات الشبكة المادية مثل الأجهزة والكابلات وغيرها.

2/1/2- التصميم Design:

بعد الحصول على معلومات التخطيط لتلك الشبكة، ستجد أنك قادر على رسم تلك الشبكة وكيفية عملها وتداول البيانات بين مستخدمي الشبكة والتحكم في وظائفها ووسائل حمايتها. كما يجب تحديد كيفية إدارة تلك الشبكة، وتصميم أية شبكة يجب أن يتضمن الرد بشكل تفصيلي على الاستفسارات التالية:

ما وظيفة الشبكة؟

ما الخدمات التي ستقدمها الشبكة؟

ما الأجهزة التي سيتم استخدامها؟

كيف سيتم التحكم في أجهزة الشبكة؟

كيف ستتم مراقبة ومتابعة مستخدمي الشبكة؟

كيفية إدارة برامج الشبكة؟

كيفية إدارة الشبكة عمومًا؟

3/1/2- التنفيذ Implementation:

وقد يكون من خلال شركة متخصصة أو من خلال منسوبين المكتبة المتخصصين في تكنولوجيا المعلومات، وعند التنفيذ يجب الأخذ في الاعتبار النقاط التالية:

- أن يتم التركيب بشكل منظم ، وفحص ومتابعة كل عنصر واختباره جيدًا، خاصة بعد تركيبه.
- مراعاة مسارات كابلات الشبكة، وأطوالها وأماكن تركيبها.
- اختبار كل مرحلة قبل البدء في المرحلة التالية لها، واختبارها مع المرحلة السابقة لها.

- فحص البرامج والتطبيقات التي تعمل بها أومن خلال الشبكة.
- إعداد خريطة توضح وصلات الشبكة الفعلية بعد تنفيذها وليس كما كان مخطط لها، حيث إنه خلال التنفيذ قد تطرأ بعض التغييرات على التصميم نتيجة لعقبات في التنفيذ، وتعيين مسئول عن الشبكة للإشراف والمتابعة والإدارة.

4/1/2- التشغيل Operation:

بعد مراحل التخطيط والتصميم والتنفيذ تأتي مرحلة التشغيل والمتابعة؛ لتحقيق الاستفادة الكاملة من الشبكة وتطبيقاتها المختلفة، وقد يتطلب الأمر تدريب المنسوبين على ذلك.

والشبكة المحلية LAN (local Area Network) في أبسط صورها تتكون من:

جهاز خادم Server

جهاز عميل Client

الكابلات Cabling

جهاز Hub or Switch

كارت شبكة بالأجهزة Network Interface Card

برمجيات التشغيل.

بروتوكولات الاتصال Protocols

وإذا كانت مراحل إعداد الشبكة قد تقوم بها شركة متخصصة، فإننا في سطور قليلة نلقي الضوء على بعض المكونات والأجهزة الرئيسية التي تستخدم في إعدادات الشبكة:

2/2 - مكونات الشبكة وتجهيزاتها:

وتتمثل هذه الأجهزة في بناء نواة للشبكة الداخلية بالمكتبة، حيث يمكنك بجهاز Hub أو Switch ربط أكثر من جهاز معًا، ويفضل استخدام أجهزة Switches

بدلاً من الـ Hubs ؛ وذلك لأن الثانية(Hubs) تقلل من سرعة تداول البيانات خلال الشبكة عنه في حالة استخدام الـ Switches، وتتوقف مواصفات جهاز الـ Hub أو الـ Switch حسب سرعة نقل البيانات، وطريقة ربط أجهزة الاتصال معًا، وعدد الفتحات التي تتناسب مع عدد أجهزة الحاسب الإلكتروني المراد اتصالها معًا.وتتراوح سرعة نقل البيانات من 1000/100/10 كيلو بت في الثانية، وتعتبر هذه السرعة لكل فتحة Port في الـ Switch، ويمكن أن يضاف إليه فتحات أخرى Modules بسرعات متناهية وذلك بإضافة Fiber Module، ويمكن استخدامها في اتصال أدوار المكتبة معًا أو مبانٍ متقاربة، ولا ينصح باستخدامها لاتصال أجهزة منسوبين المكتبة أو أجهزة الخدمات، لأنها باهظة التكاليف إذا ما قورنت باستخدامها لهذا الغرض.

وتوجد عدة شركات منتجة لهذا النوع من أجهزة الاتصال ومن أكبر هذه الشركات Cisco،Nortel Network، D-Link، 3Com... .

أما المواصفات العامة لتلك الأجهزة كما يلي:

Model : موديل الجهاز

No. of Ports: (8/16/24) Ports عدد الفتحات

Speed: 10/100/1000Mbps السرعة المتاحة

MAC Address Table Size: 8K،...

Transmission Method • Store-and-forward طريقة النقل

Diagnostic LED's • Per Unit: Power

• Per Port: Activity/Link، Speed مؤشرات إيضاح لحالة كل فتحة (اتصال- نشط- السرعة)

Packet Buffer Memory • On chip 512Kbytes Buffer Memory per device سعة ذاكرة للحزمة

Max Power Consumption • 27.5 Watts طاقة التشغيل الكهربية

Interface Options: واجهة الاتصال

100BASE-TX & 1000BASE-T،RJ-45 • 10BASE-T

Network Protocol and Standards: بروتوكول الاتصال

IEEE • 802.3 Ethernet، 802.3u Fast Ethernet، 802.3x Flow Control، 802.3ab Gigabit Ethernet

50/60 Hz Internal Universal Power،Power Supply • 100-240VAC مصدر الكهرباء

Temperature • Operating: درجة حرارة التشغيل

Storage Temperature : التخزين درجة حرارة

Humidity • Operating: الرطوبة

Physical Specifications: حجم الجهاز (طول-عرض-ارتفاع)

Dimensions (W x D x H)

Weight: الوزن

Warranty: الضمان

Power supplies and fans:

Technical Support : الدعم الفني

كابينة لضم كوابل وأجهزة الربط بالشبكة تحتوي على Batch Panel لتجميع الكابلات من مخارج الشبكة بجوار جهاز الحاسب الإلكتروني إليها، وتضم أجهزة الربط سواء للشبكة الداخلية مثل الـ Hubs،Switches أو لشبكة الإنترنت مثل الـ Routers، أو حسب طريقة الاتصال بشبكة الإنترنت والسرعة المستخدمة في الاتصال.

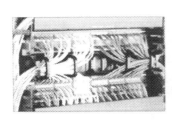

شكل (19) كابينة ومكونات شبكة

كـابلات شبكة UTP (Unshielded Twisted Pair) ومنهـا فئـة CAT-5e أو CAT-6 ولكل منهما مواصفات تؤثر في سرعة تداول البيانات (وتتراوح بين 10/100/1000 b/s)، والمسافة التي يمكن استخدامها للربط وهى لا تقل في أعلى مدى لهما عن 100 متر كإجمالي لطول مسار كابل الربط حتى يتم نقل البيانات بكفاءة ويسر، وتستخدم هذه الكابلات في الربط بين أجهزة الحاسب الإلكتروني ومخارج الشبكة Outlet وكذلك في الربط بين المخارج ووحدة التجميع Batch Panel ، كما يمكن استخدام كابلات أخرى مختلفة وأهمها كابلات فيبر Fiber Optics وهى تدعم سرعات عاليـة لا تقارن بها سر عات الـ UTP ، وتستخدم للربط بين الأبنية خاصـة إذا زادت المسافة عـن 100 متر فلا يصح معهـا استخدام كابلات UTP، كـما توجـد كابلات أخرى مثل Coaxial Cables ويستخدم للمسافات الطويلة أيضًا، ولكن سرعة نقل البيانات أقل من كابلات الفيبر.

مداخل ومخارج للشبكة للتعامل مع RJ 45: ويسمى Faceplate ، وهو الجزء الذي يتم تركيبه بإحدى نهايتي الكابل و بين Batch Panel.

وبعد التعرف على المكونات المادية الرئيسية للشبكة أصبح من الضروري أن نتعرف على نماذج أساسية في عمل الشبكات مع التعرض لكيفية اتصال هذه المكونات معًا لتكوين الشبكة، وما الطرق التي يمكن استخدامها؟ وما أنسبها للمكتبة ومميزاتها وعيوبها؟.

3/2 - النموذج الأساسي في عمل الشبكات:

(OSI):Open System Interconnections Reference Model

وهذا النموذج وظيفته وصف تدفق البيانات بين الربط الشبكي وتطبيقات المستفيد، ولقد طورت هذا النموذج منظمة الأيزو International Standard Organization ISO وهناك لجنة معنية بالاتصالات هدفها تحسين الاتصالات وإمكانية التوافق بين نظم تشغيلها المختلفة وتقديم ذلك للشركات المنتجة في هذا المجال، لأنه بتوحيد المعايير تستقيم الأمور ويسهل التطوير وإمكانية الاتصال والتعامل مهما اختلفت المنتجات المستخدمة في الشبكات وتساعد على سهولة تحلي الشبكات وتصميمها وبنائها.ولذلك أعدت تلك اللجنة نظامًا معماريًّا يتكون من سبع طبقات مرتبة لوصف تناقل البيانات وتداولها وكل طبقة منها لها وظيفة ومهمة في التعامل مع البيانات. وليس هدفنا هنا التفصيلات الفنية لهذا الأمر، ولكن هدفنا التعريف بأهميته وأهدافه وقبل كل ذلك نتعرف على هذه الطبقات السبع:

1/3/2 - الطبقة الطبيعية **Physical Layer :**

وهي مرتبطة بطبيعة ومواصفات الأجهزة والكابلات وكل ما هو وسيط مادي في نقل البيانات من خلال الشبكة.

2/3/2 - طبقة وصل البيانات **Data Link Layer:**

وهي تعد الوسيط بين المكونات المادية للشبكة والمكونات البرمجية للشبكة، أي أنه يحدد مواصفات بنية الشبكة والاتصال، وتشفير البيانات وعنونتها وتوجيهها

للإرسال وتنظيم عملية مرورها، ويقسم وحدات البيانات إلى مجموعات في صورة حزم ويضع لها عناوين ليسهل استقبالها والتعرف عليها.

3/3/2 - طبقة الشبكة Network Layer:

وهي تمثل اتجاهات النقل وتداول الرسائل ونقلها، وأهم من ذلك أنها تحدد عناوين الشبكة أي الاسم أو الرقم المخصص على الشبكة، وهي الطبقة التي تتحكم في عمليات الاتصال بين أجزاء الشبكة وبعضها البعض، ومن البروتوكولات التي تؤدي وظيفة في هذه الطبقة IP،IPX، Apple Talk .

4/3/2 - طبقة النقل Transport Layer:

وهي الطبقة المسئولة عن دقة إمداد الرسائل بين أطراف الاتصال بالشبكة وجودتها وتضمن سلامتها، ومن البروتوكولات التي تؤدي وظيفة في هذه الطبقة TCP،SPX،UDP.

5/3/2 - طبقة الجلسة أو الحوار Session Layer:

وهي الطبقة المسئولة عن الإعداد المبدئي للاتصال بين نظامين أو أكثر وإنشائه ومتابعته وصيانته وإدارته حتى نهايته، فمثلاً عند قيام نظام بطلب صفحة ويب HTML فتأتي إليه الصفحة المطلوبة وليس بريدًا إلكترونيًا مثلاً، بل وإذا كان المطلوب أكثر من صفحة فإن هذه الطبقة تضمن وصولها وبنفس الترتيب المطلوب ودون تداخل في البيانات.

6/3/2 - طبقة العرض أو التقديم والتحويل Presentation Layer:

وهي تضمن تحويل تنسيق بيانات المرسل إلى تنسيق بيانات المستقبل، وكذلك ضغط الملفات وتشفيرها وفك تشفيرها.

7/3/2 - طبقة التطبيقات Application Layer:

وهي المسئولة عن إدارة طلبات البرامج الخاصة بخدمات تطبيقات المستفيدين، لكنها لا تصف البرنامج الفعلي الذي يستخدمه المستفيد (مثلاً كبرنامج

الإكسيل؛ أي أن هذا البرنامج لا يعمل في هذه الطبقة) وهي أيضًا مسئولة عن تحديد الوقت الذي يتم السماح فيه بالدخول على مصادر الشبكة.

والترتيب السابق للطبقات السبع هو ترتيب البيانات من المرسل، وأحيانًا تجد هذا الترتيب عكسيًّا، لذا يجب مراعاة الربط بين الترتيب المتبع ومحور الإشارة إليه، حتى لا تختلط الطبقات فيما بينها في الفهم فإذا استخدم الترتيب السابق وتمت الإشارة إلى الطبقة الأولى فمعنى ذلك أنه يقصد بها الطبقة الطبيعية Physical Layer، أما في الترتيب العكسي فيقصد بها طبقة التطبيقات Application Layer.

4/2 - شكل أو طبولوجيا الشبكة **Network Topology**:

يعتبر شكل الشبكة من النقاط المهمة التي يجب أخذها في الاعتبار بجدية؛ حيث إن شكلها يمثل الأعمدة التي تبنى عليها الشبكة ومنها تحدد ما هي المكونات المادية للشبكة والبرمجيات المطلوبة لتشغيلها؛ لأن شكل الشبكة هو الذي يعني بكيفية ربط أجهزة الشبكة وملحقاتها معًا لتشكيل الشبكة المرغوب فيها بل ويحدد تكلفتها ومميزاتها وسلبياتها.

وفيما يلي نتعرض لأشكال الشبكة المتعارف عليها والمستخدمة غالبًا وهي:

- شكل الشبكة الخطية Linear or Bus Topology .
- شكل الشبكة الحلقية أو الدائرية Ring Topology.
- شكل الشبكة النجمية Star Topology.
- شكل الشبكة الشجرية Tree Topology.

وسنتعرض بقليل من التفصيل لكل شكل من تلك الأشكال، ولابد من الأخذ في الاعتبار عند بناء الشبكة تكلفتها وإمكانية توسيعها وسرعة تناول البيانات والكابلات التي سيتم استخدامها:

- شكل الشبكة الخطية **Linear or Bus**:

وهي تتكون في أبسط صورها من كابل رئيسي تتصل بـه كـل أجهـزة ونقـاط اتصـال الشبكة ويقع في بدايتها ونهايتها نقطة غلق Terminator، من عيوبها عند حدوث عطل بالكابل الرئيسي تتوقف الشبكة كاملاً، ولا تصلح للشبكات الكبيرة ذات الأماكن المختلفـة، كما أنها تستخدم أطوالاً كبيرة من الكابلات في الاتصال وإن كانت أقل مـن أشكال أخـرى مما ينتج عنه ضعف وبطء في نقل البيانات في المسافات البعيدة، هـذا فضلاً عـن عـدم الأمان في تناقل البيانات.أما عـن المميـزات فمنهـا تكلفـة الإنشـاء رخيصة، وسـهولة في التركيب.

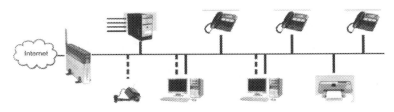

شكل (20) الشبكة الخطية

شكل الشبكة الحلقية أو الدائرية **Ring Topology**:

ويبدو فيه شكل الشبكة كأنه دائرة أو حلقة وتناقل البيانات تعتمد فيه عـلى تمريـر Token مـن نقطـة إلى أخـرى داخـل حلقـة الشبكة حتـى تصل إلى النقطـة المطلـوب استقبالها للبيانات، ويستخدم فيها بروتوكول Token Ring ، وهي سـهلة التركيـب ولكـن سرعة وصول البيانات يعتمد على مكان نقطة الاستقبال.ومن عيوبها توقف نقطة واحـدة منها يوقف عمل الشبكة كاملاً.

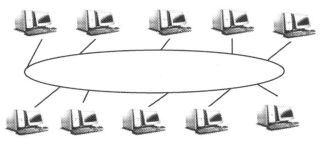

شكل (21) الشبكة الحلقية

- شكل الشبكة النجمية Star Topology:

وهو الشكل الأكثر استخدامًا وشيوعًا، وكل نقاط الاتصال تبدو في شكل نجمة وأن هناك مركزًا للشبكة تصل به كل نقاط الشبكة، مما يجعل من مميزاتها سهولة إدارتها والتحكم فيها بالإضافة إلى سهولة الصيانة واكتشاف الأخطاء، وإضافة نقاط أخرى وقلة أعطال التوقف. وتوقف أي نقطة لا تؤثر في اتصال بقية النقاط معًا، كما أنها تحقق سرعات عالية في الاتصال، مع رخص التكلفة. وهذا لا يعني أنها بلا عيوب؛ فهي تتوقف عن العمل عند توقف النقطة المركزية وهي أكثر تكلفة من الشبكة الخطية.

شكل (22) الشبكة النجمية

شكل الشبكة الشجرية Tree Topology:

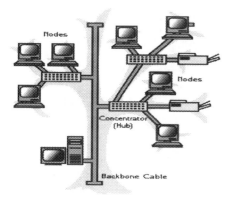

ويظهر شكل الشبكة فيها وكأنه شجرة لها أصل ومنها فروع ومن كل فرع تمتد فروع أخرى وهكذا، وهي تجمع في بعض حالتها بين الشبكة الخطية والشبكة النجمية، وهي عالية التكلفة إلى حد ما ومعقدة في التركيب، وتتفاوت أطوال الكابلات المستخدمة ولكنها تحقق سرعات عالية في الاتصال

شكل (23) الشبكة الشجرية

5/2 - الشبكة اللاسلكية Wireless Network:

وبعد تعرض النموذج المرجعي لنظم الربط المفتوحة (OSI) و أشكال بناء الشبكات الشائعة الاستخدام، فإننا نلاحظ أن كل هذه الأشكال قد تستخدم أجهزة مختلفة وتحتاج إلى برمجيات مختلفة لتشغيل الشبكة لكننا نجد أنها جميعًا تتفق في أنها تستخدم الكابلات أيًا كان نوعها في اتصالها ببعض داخل الشبكة مما يجعل الشبكة مرتبطة إلى حد ما بمواقع ثابتة للنقاط ويصعب معها التغيير أو النقل، ولما كان الحيز ومساحة المكتبة تحد من إضافة بعض الخدمات وخاصة المرتبطة بالشبكة لارتباطها بنقاط الاتصال بالشبكة، لذا نجد أنفسنا نتطلع إلى وجود شبكة لاسلكية داخل شبكة المكتبة، وهذه الشبكة يمكن أن تعمل جنبًا إلى جنب الشبكة السلكية. والشبكة اللاسلكية Wireless Network تتميز بكل مميزات السلكية بل وتزيد عليها ما يلي:

- يتم توفير تكلفة الكابلات وملحقات الاتصال مثل RJ45 ، لأن كل كابل في الشبكة السلكية يحتاج إلى اثنين RJ45 في طرفيه أيًا كان طوله.
- مرونة وحرية حركة لنقل أجهزة الحاسب الإلكتروني وملحقاتها من مكان لآخر بخلاف الشبكة السلكية التي يرتبط مكان الجهاز بأقرب مكان لمكان الاتصال بالشبكة.
- يتيح استخدام المستفيدين لحاسباتهم المحمولة تلقائيًا داخل المكتبة وخاصة الحديثة منها، وهذا يوفر في استهلاك أجهزة خدمات المكتبة من جانب المستفيدين.
- يضع المكتبة في مكانة ضمن المكتبات العالمية، لمسايرتها للتطور.
- لا تحتاج الأجهزة إلى تعريف يدوي على الشبكة، ولكنها تستمد التعريف أتوماتيكيًا من أجهزة الشبكة اللاسلكية.

- يمكن استخدامها بين أكثر من مكان خاصة التي يصعب مد كابلات بينها.

- توفر تكاليف الحفر سواء في الحوائط أو في الطرقات أو حتى حاويات بلاستيكية Ducts.

- يمكن إقامة الشبكة اللاسلكية وإنهائها دونما عناء، وهذا يفيد عند الحاجة إلى شبكة مؤقتة (مكان مؤقت للتدريب، زيارة مفاجئة لموقع ما داخل المكتبة غير مجهز بالشبكة،....).

- تستخدم مع وجود الشبكة السلكية ولا تتعارض معها؛ مما يجعل المكتبة تستخدمها في أماكن معينة فقط وليس بالضرورة بكامل مبنى المكتبة.

- تساعد من سرعة نقل البيانات من الإنترنت وهذا أفضل استخدام لها؛ حيث تتراوح السرعات من 1 Mbps (1 ميجا بت في الثانية) وقد تصل إلى 11 Mbps (11 ميجا بت في الثانية) وفي الغالب لا تقدم المكتبات سرعات إنترنت أكثر من ذلك.

- أسعار متطلبات إنشاء الشبكة اللاسلكية في انخفاض مستمر نتيجة للإقبال على تلك التقنية سواء بالمكتبات أو بغيرها من المؤسسات بل والمنازل.

عيوب الشبكات اللاسلكية:

- التكلفة الإضافية لمتطلبات التشغيل خاصة إذا كان هناك شبكة سلكية تعمل بالفعل.

- يمكن اختراق هذه الشبكة من قبل مباني مجاورة أحيانًا، وليس من داخل مبنى المكتبة.

- تحتاج إلى أدوات وبرمجيات تأمين وخبرة فنية عالية في تأمين الشبكة والحفاظ على البيانات داخل المكتبة أكثر مما تحتاج إليه الشبكة السلكية.

- تحتاج لوضع سياسة في استخدام المستفيدين لحاسباتهم المحمولة داخل المكتبة حتى لا يساء استخدام الشبكة اللاسلكية، تركز على عدم الدخول على شبكات أخرى لاسلكية مجاورة من داخل مبنى المكتبة وأن ذلك يعتبر مسئولية المستفيد.

- سرعة نقل البيانات تتراوح من 1 Mbps (1 ميجا بت في الثانية) وقد تصل إلى 11 Mbps (11 ميجا بت في الثانية) في حين أن الشبكة السلكية قد تصل إلى 1000 Mbps.

- تحتاج لسياسة تقنين استخدام المستفيدين لشبكة الإنترنت باستخدام الشبكة اللاسلكية، حتى لا يتم استخدام الإنترنت بطريقة تؤثر على سرعتها داخل المكتبة.

- تحتاج لمراقبة دائمة ومتابعة لمستخدمي تلك الشبكة أكثر من الشبكة السلكية

- تؤثر الحوائط والأسقف الخرسانية على الاتصال وسرعته وأحيانًا الأرفف داخل قاعات المكتبة.

وبالرغم من كل العيوب فإن هناك ضرورة لتطبيق هذا النوع من الشبكات وطريقة الاتصال، وخاصة في المبني المنشأ قديمًا والتي لم تكن مجهزة من قبل على أنها مبنى مكتبة.

ولتشغيل شبكة كانت تعمل سلكية إلى شبكة لاسلكية فلابد من توافر بعض المكونات التي تتوافق مع هذه الطريقة في الاتصال ومنها:

- كارت شبكة لا سلكي بكل جهاز مطلوب اتصاله بالشبكة اللاسلكية.

وحدات Access Point نقاط إتاحة، وهي تركب بكل دور بعدد معين يتوقف على المدى والمساحة المفتوحة بالمبنى أي طبيعة البناء بالمكان التي تركب به.

قد يحتاج الأمر أحيانًا إلى Wireless Router وحتى الآن هـي تعمـل عـلى خطـوط الإنترنت ADSL وليس SDSL والتـي سبق توضـيح الفـرق بيـنهما، وهـي تشـبه الموجِّه العادي إلا أنه يحتوي على هوائي Antenna لاستقبال وإرسال الإشارات.

في أغلب الشبكات اللاسلكية تستخدم موجات الراديو والتقنيـة المسـتخدمة تسـمى WI-FI (Wireless Fidelity) و موجـات الأشـعة تحـت الحمـراء Infrared ، لكنهـا ضعيفة في المكتبات لأنها تتطلب أن تكون هناك مواجهـة بـين الأجهـزة دونمـا حـوائط أو أرفف (مثال: جهاز الريموت كنترول والتليفزيون أو التكييف أو...) وإن كان هناك تقنيات أخرى تستخدم في شبكات المحمول غالبًا.

المصادر:

كابرون. تعريب: سرور علي إبراهيم سرور: الحاسبات والاتصالات والإنترنت. دار المريخ للنشر، الرياض، المملكة العربية السعودية،2003 م.

علي كمال شاكر: شبكات الحاسبات لإخصائي المكتبات والمعلومات أسس نظرية وتطبيقات عملية، الدار المصرية اللبنانية.

نورمان هودن، ترجمة: سليمان صالح العقلا: الشبكة المحلية للمكتبة الصغيرة كيفية عمل دليل لها، جامعة الملك سعود، النشر العلمي والمطابع.

عامر إبراهيم قنديلجي، إيمان فاضل السامرائي: حوسبة (أتمتة) المكتبات، دار المسيرة 2004.

أحمد أمين أبو سعدة: متطلبات تكنولوجيا المعلومات بالمكتبات الحديثة.- المؤتمر القومي الثامن لأخصائي المكتبات والمعلومات في مصر (28 - 30 يونيو 2004).

محمد محمد الهادي: تكنولوجيا الاتصالات وشبكات المعلومات مع معجم شارح للمصطلحات، المكتبة الأكديمية، 2001.

عاطف السيد قاسم: شبكات المعلومات وتكنولوجيا الاتصالات، مكتبة الأمل 2007.

كرس برنتون، كامسرون هانت، ترجمة: تب توب لخدمات التعريب والترجمة: نظم تأمين الشبكات، مرجع شامل لنظم تأمين الشبكات، دار الفاروق للنشر والتوزيع، 2002.

الفصل الثالث

الشبكات الموسعة وأنواعها

تمهيد

بعد التعرف على ماهية الشبكات عمومًا الداخلية بصفة خاصة وكيف تعمل، نجد أن الشبكات الموسعة هي الامتداد الطبيعي، وحتى تكمل الفائدة يجب التعرف على المسميات الخاصة بالشبكات وما هو المفهوم لكل منها، وكذلك التعرف على الاتجاهات الحديثة في مجال الشبكات وكيفية إدارتها، وما هي المكونات الأساسية لها وكيفية التطبيق ومدى موائمتها للتنفيذ داخل المكتبات ومراكز المعلومات.

وإن كانت شبكة الإنترنت تمثل عاملاً رئيسيًّا في كثير من الخدمات التي تقدمها المكتبات ومراكز المعلومات فما السرعات المناسبة؟ ولماذا تختلف الأسعار كثيراً من مسمى إلى آخر مع تساوي السرعة. فهناك ADSL وأيضًا SDSL وإن اتفقت في السرعة فإن لكل منهما مفهومًا عن سرعته ، وكثير من هذه المفاهيم يلقي الضوء عليها هذا الفصل.

1/3 - أنواع الشبكات:

- ما يسمى (LAN)Local Area Network الشبكة المحلية، وهي لا تحتاج إلى استخدام الشبكات التليفونية؛ أي أن اتصالها لا يكون من خلال السنترالات أو ما شابه ذلك، ولكن يكون من خلال كابلات تم التحدث عن أنواعها سابقًا، وهى تغطي مساحات متقاربة داخل مكتب أو مبنى أو جامعة أو...

- ما يسمى (Wide Area Network) WAN الشبكة الموسعة أو العريضة وهي تتيح الاتصال بشبكات مناطق جغرافية مختلفة ومتباعدة.

ما يسمى (Metropolitan Area Network) MAN ،وهي تمثل الشبكة داخل مدينة واحدة أو منطقة كبيرة نسبيًّا.

شبكة الإنترنت وهي أكثر الشبكات تعريفًا بأنها شبكة الشبكات أو الشبكة الدولية International Network ، وهي الأكثر استخدامًا لدى المتعاملين مع أجهزة الحاسب الإلكتروني وبخاصة من المنازل.

كما توجد مسميات أخرى للعديد من الشبكات لكنها غير شائعة الاستخدام أو الوصف.

وسائل اتصال بشبكة الإنترنت (خط ربط- أجهزة اتصال)، ويتم تحديدها حسب نوع الخط المستخدم والخدمة المقدمة عليه :

يمكن اتصال جهاز حاسب إلكتروني من خلال خط تليفون على أن يكون الجهاز مزودًا بكارت فاكس/مودم داخلي أو خارجي، وتصل أقصى سرعة من خلاله إلى 56 كيلو بت/ ثانية.

يمكن الاتصال من خلال الشبكة الرقمية للخدمات المتكاملة ISDN(Integrated Services Digital Network) وسرعته أعلى بكثير من استخدام خط التليفون، فهو لا يقل عن 64 كيلو بت /ثانية، فضلاً عن أنه يتم باستخدام أجهزة تتصل من خلال كابل التليفون مع إمكانية استخدامك للتليفون أثناء اتصالك بشبكة الإنترنت ؛ أي كأن يكون لديك خطان تليفون ،أحدهما للاتصال بالإنترنت والآخر للاتصال الهاتفي.

الاتصال من خلال الخط الرقمي غير المتزامن ADSL (Asynchronize Digital Line Subscribe) وهي تصل إلى سرعات عالية تبدأ من 128 كيلو بت / ثانية ، وتكلفتها أعلى من ISDN . وجدير بالذكر أن سرعتها في حالة الـ Upload ؛ أي إرسال بيانات إلى الشبكات الأخرى تصل إلى ربع سرعة نقل البيانات من الشبكات الأخرى Download ؛ أي النسبة4:1، وأحيانًا تكون النسبة 2:1 ولكن بأسعار أعلى.

الاتصال من خلال الخط الرقمي المتزامن SDSL (Synchronize Digital Line subscribe) وهو أفضل من ADSL ؛ نظرًا لأن نسبة سرعتها في حالة الـ Upload أو Download هي 1:1 و سرعاتها المناسبة تبدأ من 128 ، ومنها 256 ، 512 كيلو بت/ثانية، 1 ميجا ، 2 ميجا بت/ثانية.... ومن أهم مميزات هذا الخط أنه يكون محددًا لمشترك واحد فقط دون سواه، وبالتالي يضمن المشترك أنه سيحصل على السرعة المشترك عليها دون نقص أو مشاركة، كما أنه يمكن زيادة السرعة في أي وقت من خلال الشركة الموردة دونما تغيير جوهري في الأجهزة وقد لا يتطلب الأمر تغيير شيء إذا كان جهاز الـ Router مهيأ لذلك، أما عن عيوبها فتكمن في التكلفة العالية التي تصل إلى خمس أضعاف نفس السرعة في ADSL ، ولكن هذه الأسعار في تناقص مستمر.

عن طريق الأقمار الصناعية : وهي توفر سرعات متناهية ولكن بقدر ما تستطيع المكتبة أن تدفع فتكلفة الاشتراك هي أهم عيوب الاتصال من خلال الأقمار الصناعية، ورغم أن الاتصال متاح بأغلب دول العالم إلا أن بعض الدول تتيح استخدام الأقمار الصناعية في مجال بث المعلومات في الاستقبال فقط Download أما الإرسال Upload فهذا غير متاح ولا يفهم سبب قوي لهذا خاصة بعد انتشار الأقمار الصناعية في البث التلفزيوني، ولكن يقال أنه سبب أمني بتلك البلاد، ويعد ذلك من أهم أحد الأسباب التي ساهمت في زيادة تكلفة الاشتراك نظرًا لقلة المشتركين مع الشركات، ومساهمة من تلك الشركات أخذت في وضع سياسات للاستخدام لتشجع العملاء ومنها أن وضعت حدًا أدنى للاشتراك قد يتناسب مع الغالبية العظمى، ثم وضعت قيمة تكلفة لكل ميجا بايت يتم تحميلها Download وهذا يفيد المكتبات التي تحد من عملية التحميل وترشيد الاستخدام للإنترنت، وكذلك من السياسات لتلك الشركات، أنها وضعت استهلاكًا شهريًا للتحميل Download ، وعلى المكتبة أن تستنفده خلال الشهر قد يستهلك في يوم أو يومين أو

أسبوع أو أسبوعين وهكذا حتى إذا نفد توقف التحميل تلقائيًا ويمكن الحصول على تقرير يوضح ذلك والأجهزة التي استهلت هذه السعة من التحميل Download، و أغلب العملاء يفضلون ذلك على أنهم يختارون سعة مناسبة لاستهلاك التحميل.

ولكل نوع من أنواع الاتصال أجهزة مناسبة له فلا يصلح استخدام أجهزة ISDN مع خط ربط ADSL وكذا الحال مع SDSL وإن اتفقت في الشكل العام لها، لكنها من حيث المواصفات تختلف كثيرًا وهذا الجهاز يحل محل المودم و الروتر Modem/Router ، وهو الذي يتيح توصيل الشبكة الداخلية بالشبكة الموسعة؛ أي اتصال الـ LAN بشبكة WAN، ومن ثم توصيل خدمات الإنترنت والخدمات الأخرى المختلفة.

وبعد إعداد الشبكة الداخلية والموسعة LAN and WAN للحصول على خدمة الإنترنت يلزم الاتصال بمقدم لتلك الخدمة ويطلق على تلك الشركة ISP (Internet Service Provider)، وهى شركات عديدة ويوجد منها أكثر من مستوى، فهناك موزعون للخدمة، وهناك مستوردو الخدمة، فالمستورد هو المتصل مباشرة مع شركة خارج القطر أو القارة بسعة عالية جدًا تفوق استخدام أي عميل، وفى الغالب تكون هذه الشركة من الشركات العالمية المعدودة التي لها حق توزيع حصص الإنترنت ومصر- غالبًا تستورد خطوط خدمة الإنترنت من فرنسا ، أما الموزع فهو يقوم بشراء حق استخدام جزء من تلك السعة ليقوم بتوزيعه على العملاء من الشركات والمكتبات والمصانع وراغب تقديم خدمة الإنترنت بعمله عمومًا ، ويوجد بمصر شركات متعددة وتصنف على أساس مرتبة تقديم الخدمة فالشركة المستوردة تعتبر Class A والموزعة تعتبر Class B ، وهناك شركات أيضًا Class C، وهى التي تقدم الخدمة من خلال شراء حق استخدام جزء من حصة الشركة الموزعة وحسب سياسة كل شركة يمكن أن تصبح كل منهما محل الآخر.

ومن الشركات المصرية الكبرى شركة TEDATA وهى من الشركات المنبثقة من وزارة الاتصالات والمعلومات بالمساهمة مع جهات أخرى ، وشركة EGYNET، وشركة منانت للاتصالات MENANET، وشركة NOL (Nile On Line) وسوفيكوم SofiCom ، وتحاول كل شركة أن تحوز رضاء العملاء حتى يمكنها الاستمرار في تقديم الخدمة وبيع السعة التي تملك حق استخدامها ، ويتبع ذلك توافر خدمات أخرى ذات الصلة مثل ضرورة تواجد الدعم الفني على مدى 24 ساعة يوميًا، 7 أيام في الأسبوع طوال العام ، إمكانية الترقية من سعة إلى أخرى ، إمكانية استضافة موقع العملاء على شبكة الإنترنت وإعداده وصيانته ، إتاحة خدمة البريد الإلكتروني ،وأخرى ويفضل قبل الاتفاق مع أي مقدم للخدمة طلب قائمة بالعملاء الحاليين لديه ثم الاستفسار منهم عن جودة تقديم الخدمة وليس مجرد توصيل الخدمة فقط ؛ لأن ذلك يؤثر على تكنولوجيا المعلومات بالمكتبة ، وبالتالي سيؤثر على الخدمات المقدمة لعملاء المكتبة من المستفيدين وغيرهم.

شكل (24) أجهزة الموجهات Router

2/3. الشبكات الافتراضية الخاصة VPN -Virtual Private Network:

التعريف:

الشبكات الافتراضية الخاصة Virtual Private Networks و تذكر اختصاراً بـ VPN، هى عبارة عن شبكة بيانات خاصة، تستخدم البنية التحتية لشبكات

الاتصال السلكية واللاسلكية العامة، مع المحافظة على خصوصيتها، باستخدام بروتوكول خاص مع ضرورة تواجد إجراءات تأمين لتداول البيانات، والمقصد الرئيسي- من وراء الشبكات الافتراضية الخاصة VPN هو إعطاء الشركات نفس القدرات المتاحة لخطوط الاتصال المؤجرة Leased Lines أو الشبكات الخاصة، ولكن بتكاليف منخفضة، باستخدام بنية الاتصالات التحتية العامة، والشركات الخاصة التي تقدم خدمات التليفون استفادت أيضًا من هذه البنية التحتية، ولذلك تتطلع الكثير من الشركات لاستخدام الشبكة الافتراضية الخاصة VPN لكل شبكات الإنترانت والإكسترانت ، والشبكة الافتراضية كانت موجودة من قبل الإنترنت، ولكن كانت بصورة مختلفة نسبيًا وكانت أكثر ثقة في الاستخدام من الآن.

وهذه الشبكة يمكن أن نوجزها بأنها نظام تملك أو إيجار لخط أو خطوط اتصال يتم استخدامه من خلال شركة واحدة فقط لخدمة أغراض الاتصال الخاصة بينها وبين من ترغب في الاتصال به، وهي تنشأ باستخدام البنية التحتية العامة للاتصالات السلكية واللاسلكية. مع وجود وسائل تأمين مختلفة. وهي أنسب في الاستخدام للمكتبات الكبيرة ذات الفروع أو شركة أو هيئة أو مؤسسة أو غيرها، وهي تسمى افتراضية؛ لأنها تنشأ عند الحاجة إليها فهي ليست مستمرة طوال الوقت، وتعمل كشبكة اتصالات منفصلة تمامًا، وتخدم عددًا من المستخدمين وتكون مغلقة عليهم ، ولا يستطيع أحد أو طرف آخر خارجها استخدامها ، ومن ثم تصبح هذه الشبكة وكأنها أنشئت خصيصًا لهؤلاء ، دون أن يكون لها وجود مادي في الواقع الحي ، ولقد ساهمت هذه الشبكة في تخفيض تكاليف نقل المعلومات الخاصة بالشركات و المؤسسات بين فروعها البعيدة عن المقر الرئيسي لها، و بين فروع تلك المكتبات أو المؤسسات والهيئات للوصول إلى المعلومات.

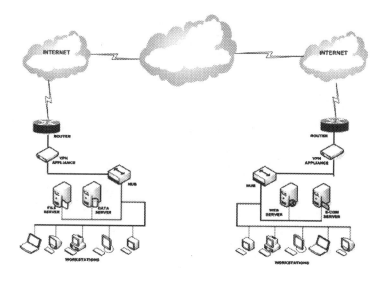

شكل 25 الشبكة الافتراضية الخاصة

كيف تعمل هذه الشبكة الافتراضية الخاصة VPN :

عند الحاجة إلى ربط مكتبـة مـا بالفروع المنتشرة في بعض المـدن (مكتبـة مبارك الرئيسية بالمكتبات الإقليمية بالمحافظات المختلفة)، أو إذا أردنا ربط مؤسسة ما بفروعها الأخرى أو الجامعـات أو... إلخ، بشبكة اتصالات واحـدة سريعـة ، فالطريقـة التقليديـة تقتضي مد عدد كبير من الكابلات ، وخطوط الاتصال بين هذه الفروع وبعضها البعض ، أو تأجير خطوط اتصال لها وجود مادي بالفعل ، بينها جميعًا عبر شبكة الاتصالات العامة بالبلاد ، لكن في الشبكات الافتراضية الأمر مختلف ، فكل فـرع سيتم توصيله فقط بأي نقطة على شبكة الكوابل الضوئية الرئيسية ، التي تمثل العصب الرئيسي أو العمود الفقري لشبكة الاتصالات بالبلاد ، لتتشكل في النهاية شبكة من نقاط الاتصال على شبكة الكابلات الضوئية ، و كل نقطة تربط فرع وفي الوقت نفسه سيتم تركيب مجموعـة مـن الأجهـزة المتخصصة في مواقع معينة لدى شبكة الاتصالات الوطنية لتعمل كمراكز تحكـم وتجميع مركزية أثناء الاتصالات ، وهذه الأجهزة عبارة عن خليط من أجهزة الاتصالات

والحاسب الإلكتروني، ومحملة عليها برامج معينة ، وكذلك تركيب أجهزة حاسب إلكتروني محملة عليها أيضًا بعض البرامج المتخصصة لدى كل فرع ومن خلال برامج الحاسب الإلكتروني المتخصصة التي تقوم بإدارة وتشغيل الأجهزة المتخصصة ، لدى شركة الاتصالات والوحدات الطرفية ، ويتم إنشاء مجموعة من قنوات الاتصال الافتراضية بين بعضها البعض ، لتشكل في النهاية شبكة مستقلة عالية السرعة تتيح اتصالات مباشرة بين أي فرع وآخر تتبادل من خلالها المعلومات والبيانات والصوت والصورة بسرعات عالية. ومما سبق تكون الشبكة الافتراضية الخاصة هي بنية أو طبقة من الاتصالات يتم إنشاؤها داخل شبكة خطوط الكابلات الضوئية الموجودة بالفعل ، دون حاجة إلى مد خطوط كابلات جديدة ، أو تأجير خطوط اتصال مفتوحة باهظة التكلفة ، فقنوات الشبكة الافتراضية ليس لها وجود ثابت ودائم ، بل تنشأ في لحظة الاحتياج إليها ثم تختفي بعد انتهاء الغرض منها ، وإن كانت المعدات الأساسية المستخدمة في إنشائها تظل موجودة على الدوام.

وتعتبر هذه الشبكة كأنها نفق داخل شبكة الإنترنت لا يسمح بالمرور منه إلا لأطراف هذه الشبكة، وهذا يحقق فكرة حماية البيانات نتيجة لتشفير البيانات والتحقق من صلاحية مرور المرسل والمرسل إليه.

مكونات الشبكة:

تنقسم المنتجات المطلوبة لإنشاء تلك الشبكة لكي تؤدي الوظائف المطلوبة منها بفعالية إلى:

- بوابة الشبكة (VPN Gateway).
- معدات وتجهيزات الشبكة.
- أجهزة الشبكة مثل الراوتر والحائط الناري Router and Firewall.

- برمجيات الشبكة المطلوبة:

وهي البرامج التي سيتم تحميلها على الأجهزة أو محطات العمل ، وتقوم هذه البرامج بأداء الوظائف والأعمال على الشبكة ، بالإضافة إلى الجدران النارية وهي البرمجيات والأجهزة اللازمة لتمكين الشبكة من القيام بمهامها ، ثم موجهات مسارات البيانات اللازمة لقيام الشبكة بوظائفها في نقل البيانات من نقطة لأخرى.

- البروتوكولات :

تحتاج هذه الشبكة إلى مجموعة من البروتوكولات يخدم كل منها في مراحل نقل البيانات بين أطراف الشبكة وهي GRE،IPSec ،L2F ،PPTP ،L2TP ،IPX ،NetBeui، IP

الوظائف المطلوب توافرها في هذه الشبكة :

- الأمان.
- وسيلة لإدارة هذه الشبكة.
- إمكانية التحكم في سياسات عمل هذه الشبكة.

- Scalability

- Reliability

أنواع الشبكة الافتراضية الخاصة VPN:

تعتمد هذه الأنواع على حجم الشبكة وطريقة الاتصال بها ، وهي توجد في ثلاثة أنواع :

1- Remote Access VPN :

وهي طريقة آمنة ومشفرة وتستخدم كذلك البنية التحتية للاتصالات، ويمكن تمثيلها بخدمات الموبايل.

2- Extranet VPN :

وهي تتمتع بنفس مواصفات النوع الأول، ولكنها تستخدم أكثر في مجال الأعمال وهي أكثر أمنًا.

3- Intranet VPN :

وهي طريقة أقل تكلفة قياسًا بما تقدمه من خدمات وهي تحقق جودة في الخدمة QoS (Quality of Services).

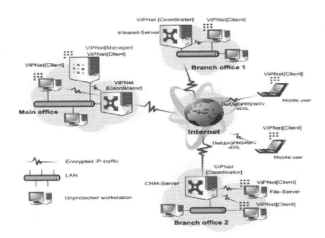

شكل 26 بيئة الـ VPN

المميزات :

- القدرة على اتصال عدة مكتبات (مكتبة رئيسية وفروعها) بشكل آمن وبسرعات عالية وباستخدام مجموعة مختلفة من التقنيات ومن أماكن مختلفة جغرافيًا.
- سهولة التوسعة وإضافة مواقع جديدة للشبكة.
- تقدم أسرع عائد في الاستثمار ROI (Return on Investment).
- قلة التكلفة قياسًا بخدمات الاتصال المناظرة مثل خطوط الـ Leased Lines.
- تعتمد في الاتصال على البنية التحتية العامة في الاتصالات.
- زيادة سرعة نقل المعلومات وهذا حسب السرعة المطبقة وحسب احتياج كل موقع من مواقع الاتصال.

- تسهل معها عملية تأمين البيانات.

- يمكنها تناقل المعلومـات بكافـة أشـكالها ومنهـا أيضًـا المـؤتمرات المرئيـة Video Conferences وهي مهمة بين المكتبة الرئيسية وفروعها.

- توفر الوقت في الاتصال وبالتالي تزيد من الوقت المتاح لإنجاز الأعمال.

- تتيح العمل كشبكة منعزلة أو مرتبطة بالشبكة العالمية (الإنترنت).

حماية البيانات :

تقوم الشبكات الخاصة بنقل البيانات بسرية عن طريق توثيقها وتشفيرها باستخدام أكواد ومفاتيح سرية تكون معلومة لدى مختلف أطراف الشبكة الخاصة ، وبالتالي يصعب على أي طرف خارجي الإطلاع على محتوى تلك البيانات أو قراءتها حتى تصل إلى الطـرف المرغوب فيه .

وسرعة النقل تعتمد إلى حد كبير على نوع الوسيط المستخدم في النقل أو على البنية التحتية لسرعة الشبكة الناقلة للبيانات ، والتطور السريع في صناعة الأجهزة والبرمجيات الخاصة بالشبكات الخاصة الافتراضية يقلل تدريجيًا مـن حجـم هـذه المشكلة خاصة أن سرعة نقل البيانات تتأثر بسبب عمليات تأمينها أثناء النقل، وتتم حماية البيانات عـن طريق تشفيرها حتى يصعب تعرضها للاختراق في حالة الهجـوم، و هـذه الطريقـة لم تعـد آمنة بالقدر الكافي ودليل ذلك عمليات الاختراق للشبكات التي تتم وبشكل يـومي نظـرًا لتطور برمجيات الاختراق أيضًا.

و أحيانًا يكون هناك مشكلة في نقل البيانات نتيجـة لتقسيمها وتوزيعها في صـورة حزم صغيرة Packets ترسل وتستقبل بـين الشبكتين (المرسلة والمستقبلة)، باستخدام بروتوكولات متعددة تعتمد على طبيعة الشبكة والمعلومـة، ممـا قـد يسبب ضياع هـذه المعلومات وعدم الاستفادة منها، وهذا فقط في حالة عجز الشبكة المستقبلة لهذه الحزم على فهمها نتيجة لعدم تعرفها على طبيعتها ولقد اقترحت بعض الشركات ومنها شركة (Tunneling) أن يتم إرسال الحزم المعلوماتية في طرود عادية

في داخل طرود أخرى تكون مشفرة، بحيث إن الطرود المتضمنة للطرود المعلوماتية تكون مفهومة لدى الشبكة المستقبلة وبهذا تحل مشكلة قراءة هذه الحزم المعلوماتية. وتتكون الشبكات الافتراضية من مكونين أساسيين: أولهما العميل Client، وثانيهما بوابة الاتصال Gateway، ووظائفها تنقسم إلى المكونات المادية والبرمجيات وفي معظم الشركات تتوافر الشبكات المحلية والتي تربط أجهزة الشركة الواحدة ببعضها البعض (LAN) ولكل شبكة محلية شبكة افتراضية خاصة بها تعتبر نقطة البداية والنهاية لهذه الشبكة تتحكم بها بوابة الاتصال، والتي يمكنها الاتصال بأكثر من عميل Client في الوقت الواحد باستخدام قنوات متعددة والتي تعتمد في عددها على مكونات الحاسب الإلكتروني المادية (Hard Ware) وسرعة الاتصال. وتقوم بوابة الاتصال بالقيام بالعديد من المهام كبدء وإعطاء الصلاحيات وإدارة القنوات بعد بدء الاتصال، بعد ذلك تقوم بوابة الاتصال بإيصال المعلومات إلى الجهة الصحيحة على الشبكة.

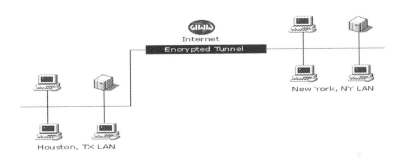

شكل 27 مثال لشبكة الـ VPN

كما أن بوابة الاتصال تقوم بعملية مهمة للغاية، وهي عملية تشفير البيانات (Encryption) قبل إرسالها وتقوم بفك تشفيرها Decryption عند استلامها أما وظائف العميل (Client) فإن الجهاز العميل يقوم تقريبًا بنفس مهام بوابة الاتصال إضافة إلى ذلك إنه يقوم بإعطاء تصاريح الدخول إلى الشبكة على مستوى الأفراد المستخدمين، ولابد من توافر بعض النقاط الضرورية إذا ما أخذنا بعين الاعتبار أن

العميل هو حلقة الوصل بين طرفين فمن هذا المنطلق يجب الحذر من احتمالات إصابة بعض الملفات المرسلة بفيروسات أو حتى حملها لملفات تجسس، مما قد يخل بأمان الشبكة لذا كان من الضروري التأكد من وجود مكافح فيروسات قوي ومحدث بآخر التحديثات من المكتبة الرئيسية، وأيضًا لا يمكن الاستغناء عن جدار ناري Firewall للتأكد من سد كل الفجوات بالشبكة.

ويمكن حماية الشبكة الافتراضية في ثلاث نقاط هي بوابة الاتصال(Way Gate) و العملاء (Clients) والشبكة الهدف(Target Network)، و الأخيرة تعطي صلاحيات مرور محددة (Limited Access)، لعبور الشبكة والوصول إلى البيانات أو المعلومات فكما يعرف الجميع أنه بعد انتقال هذه البيانات من بوابة الاتصال فإن البيانات تكون في فضاء الإنترنت سهلة المنال لكل من أراد إن لم يكن هناك من يضبط حركة الوصول إلى هذه البيانات وهنا تبدأ أهمية هذه الشبكة.

كما أنها تعطي أيضًا صلاحيات محددة لمن أراد الدخول إلى الشبكة عن بعد (Remote Access) وذلك بضبط شروط معينة وإعطاء صلاحيات والسماح لأشخاص معينين بالوصول إلى معلومات معينة وتحديد مثل هذه الصلاحيات للوصول إلى معلومات معينة أمر في غاية الأهمية، إذا أخذنا في الاعتبار إمكانية وصول أطراف غير معنية إلى هذه المعلومات، فبترشيد البيانات والصلاحيات المعطاة إلى الشبكات أو الاتصال البعيد تقل الخسائر الممكنة والمتوقعة إذا ما حصل واستطاع أحد الوصول إلى هذه الشبكة بطريقة غير شرعية. و فيما يتعلق بالحزم المعلوماتية بعد خروجها من بوابة الاتصال فهذه البيانات غير قابلة للتشفير(Unencrypted) بعد خروجها من بوابة الاتصال لابد من وجود نظام حماية عالي الكفاءة. ويؤكد المتخصصون والخبراء أن مستقبل الشبكات الافتراضية VPN يعتمد في المقام الأول على تطورات صناعة تكنولوجيا المعلومات في هذا المجال، لكن من أهم المميزات التي يشهدها هذا المجال الانخفاض المستمر في تكاليف

الاتصال عن طريق شبكة الإنترنت، مما يساعد على انخفاض تكاليف مـدة الاتصـال التي ترتبط فيها الأطراف عن طريق الشبكة الافتراضية بالإضافة إلى توقف المستقبل عـلى تطور توافق المعايير المختلفة، بجانب قدرة شبكة الإنترنت على استلام واستقبال البيانات المرسلة بين الأطراف المختلفة للشبكة.

ويرى الكثير من المتخصصين أن التوسع المستمر في استخدام تلك الشبكات يؤكد مستقبلاً شديد الإشراق لهذا المجال؛ حيث يوفر الكثير مـن الأدوات والوقت والتكـاليف التي تساعد على الاتصال عن طريق الأساليب الأخرى.

مثال تطبيقي : شبكة مكتبات مبارك العامة :

في الماضي، كان المستخدم البعيد أو الموظف الذي يعمل من منطقة بعيدة عن المقر الرئيسي للمكتبة يتصل مـن خـلال مـوديم عـادي Modem للشركة باستخدام خطوط الهاتف. يقوم الخادم Server و الموديم الموجودان في مقر المكتبة بالرد على اتصـال الموظف ليقوم بعمله و يتم غلق الخط بعد الانتهاء من العملية. سلبيات هـذه الطريقـة كانت من عدة نواحي، منها كلفة فواتير التليفون المتصل منه المستخدم البعيد، وإيجـار الخطوط ، وسرعة الاتصال البطيئة ،بالإضافة إلى شغل خط التليفون أثنـاء فـترة الاتصـال. رغم هذه السلبيات كانت العملية نوعًا ما آمنة؛ لأنها كانت تصل الطرفان بشبكة مغلقـة و مسار خاص. كانت الشركات تستخدم خطوطًا عالية السرعة، تسمى بال Leased Lines لتتغلب على مشكلة السرعة، لكنها كانت تـدفع مبالغ ضخمة في مقابـل هـذه الخدمـة لربط النقطتين بشكل متواصل و بسرعة عاليـة و بشبكة خاصـة آمنـة نوعًا مـا. وجـدير بالذكر أن مكتبة مبارك العامة كانت تستخدم هـذه الطريقـة بينهـا وبـين مكتبة فـرع الزيتون.

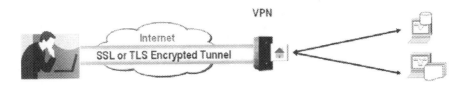

شكل 28

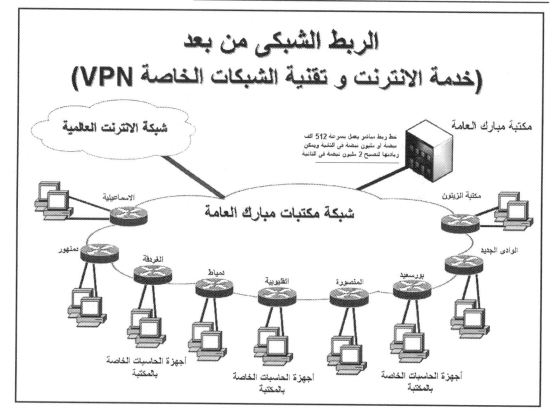

شكل 29 خدمة الإنترنت والشبكة الافتراضية الخاصة

3/3 - برمجيات إدارة الشبكات :

لقد تعرضنا لأنواع الشبكات والمكونات المادية لها وطرق الاتصال والتقنيات الحديثة في هذا المجال، وكل هذا جيد ولكن - لابد وأن يدعمه - وبشكل لا غنى عنه- وجود برمجيات لإتاحة وإدارة تلك الشبكات.

وهذه البرمجيات يمكن تقسيمها كتقسيم مفهوم البرمجيات عمومًا إلى ثلاثة أقسام وهي:

- نظم تشغيل الشبكات.
- البروتوكولات اللازمة لتشغيل.
- التطبيقات التي يمكن استخدمها في تشغيل الشبكات.
ونتعرض بشيء من التفصيل لهذه الأقسام:

نظم تشغيل الشبكات :

وهي نفسها نظم تشغيل الحاسب الإلكتروني، ولكنها ذات مواصفات ومكونات معينة تتوافق مع عمل الشبكات، وتتيح الإدارة والتحكم لمكونات الشبكة المتصلة بها، وهي أنظمة أنتجت خصيصًا لذلك وتحمل على جهاز الخادم Server، وتلك هي مهمتها الرئيسية وإن كانت تحتوي على نفس مكونات أنظمة تشغيل الحاسب الإلكتروني العادية، والتي يتم تحميلها على أجهزة الحاسب الإلكتروني الشخصية سواء أكانت متصلة بشبكة في العمل أو في المنزل أم لا.

ولعل أشهر أنظمة تشغيل الشبكات هي ما أنتجته شركة مايكروسوفت Microsoft من نظام تشغيل نوافذ بتقنية الشبكات، وكان هناك عدة إصدارات بدأت بنظام تشغيل نوافذ ورك جروب Windows Work Group ، ثم تلاه نظام نوافذ نت Windows NT ثم ظهر نظام نوافذ 2000 سيرفر Windows 2000 Server، ثم نوافذ 2003 سيرفر Windows 2003 Server ، وحاليًا نظام نوافذ 2008 سيرفر Windows Server 2008 . وكل منها يعتبر تطورًا لما قبله وإضافة لوظائف لم تكن موجودة من قبل، ونابعة من متطلبات العمل الحالية واحتياجات المستخدمين للحاسب الإلكتروني بصفة عامة، ونظم التشغيل للشبكات عمومًا ونقصد هنا التي تحمل على أجهزة الخادم الرئيسية بالمكتبة Server تتيح كل وظائف الشبكة وفوائدها، والتي تم التعرض لها في المقدمة من مشاركة في موارد الشبكة وسهولة تداول البيانات والمعلومات والمحافظة عليها.

وهناك العديد من أنظمة تشغيل الشبكات بخلاف نظام مايكروسوفت منها نظام UNIX،Linux ،Novell ،Next ،step .... وكلها تدعم شبكات الخادم / العميل Client/Server ، التي تحقق التحكم في موارد الشبكة وتتيح إعداد سياسات للمستفيدين Users تنظم حركة العمل داخل الشبكة، وتضع حدودًا للتعامل داخل الشبكة، مما يرشِّد الاستخدام وينظم العمل ويدير أيضًا المستفيدين على الشبكة.

ولكل نظام تشغيل طريقة إعداد لتشغيل الشبكة واتصال أجهزة المستفيدين بالخادم الرئيسي، وهي في الغالب خطوات سهلة إذا علمت بدايتها، حيث إن النظام يأخذك من خطوة إلى التي تليها ولا يتم العمل إلا بتمام جميع الخطوات الرئيسية في عمل الشبكة.

البروتوكولات:

وهي عبارة عن مجموعة من القواعد والقوانين والإجراءات التي تحكم عملية الاتصال بين الأجهزة المتاحة على الشبكة. ولا يوجد بروتوكول واحد يدعم كافة أعمال الشبكة ، ولكن دائمًا يكون هناك حاجة إلى تواجد بروتوكولات أخرى ومن أهم هذه البروتوكولات:

بروتوكول TCP/ IP: وهو بروتوكول لا غنى عنه في الاتصال بالشبكات ويحدد وجهة Routing ومعرف كل جهاز على الشبكة Transmission Control Protocol/ Internet Protocol ويتحكم في عملية التنقل داخل الشبكة والوصول إلى شبكة الإنترنت. ويدعم هذا البروتوكول جميع أنظمة التشغيل.

بروتوكول FTP : وهو برتوكول خاص بنقل الملفات File Transfer Protocol.

بروتوكول Telnet : وهو خاص بالاتصال بالشبكات عن بعد.

بروتوكول Net Beui: وهو خاص بظهور الأجهزة على خريطة الشبكة وتعاملها معًا من خلال الشبكة الداخلية.

بروتوكول Net BIOS : وهو برتوكول يستخدم للتسمية داخل الشبكة و إنشاء حلقات اتصال أي إرسال واستقبال، ويدعم هذا البروتوكول نظم تشغيل نوافذ Windows أخرى...

وفي الغالب البروتوكولات الرئيسية ومنها ما تم ذكره تكون موجودة بنظام التشغيل ولا يشعر بعدم وجودها المستفيد؛ أي أن النظام يوفرها داخله ولا حاجة لإضافتها إلى النظام كما كان من قبل.

- التطبيقات :

ويقصد بها بعض البرامج المتخصصة التي تقوم بمهمة معينة داخل الشبكة وقد تكون ليست ضمن مكونات النظام، أو أن مثيلتها المتاحة بالنظام ليست بالقدر المطلوب، ومن هذه التطبيقات برامج البريد الإلكتروني ومنها برنامج Eudora والتي تقوم بمهمة إرسال واستقبال وإدارة البريد الإلكتروني عمومًا ، ومازالت أنظمة التشغيل تطور من هذه التطبيقات بها حتى يمكن الاستغناء عن التطبيقات الخارجية، فمثلاً يوجد ضمن نظام تشغيل نوافذ Windows برنامج Outlook، ومازال في تطور مستمر.

وأيضًا من التطبيقات برامج متصفحات الإنترنت Browsers ، ويوجد ضمن نظام تشغيل نوافذ Windows برنامج Internet Explorer ولكن توجد برامج أخرى منها برنامج Netscape، وآخر يسمى Mosaic وتختلف قليلاً عن بعضها البعض، والاستخدام يعتمد على اعتياد المستفيد على استخدام برنامج دون آخر.

وهكذا سنجد في كل وظيفة تطبيق أو برنامج يمكن استخدامه لأداء تلك المهمة.

4/3 - المقومات البشرية لإدارة الشبكات :

ومهما تجمعت للشبكة من موارد مادية وبرمجيات، فإنها لا تأتي بالفائدة دون إدارة لتلك الشبكة، ويقصد بذلك دون وجود الموارد البشرية المدربة التي تعي معنى الشبكة وكيفية الاستفادة من مواردها والمحافظة عليها، لذا فالموارد البشرية لا تقل أهمية بأي حال من الأحوال بل ويجب الاهتمام بها وتدريبها قبل إعداد الشبكة ذاتها، فلابد لهذه الشبكة من مدير Administrator على درجة عالية من الكفاءة والتدريب حتى يقوم بما يلي:

- متابعة عمل وظائف الشبكة يوميًا.
- إعداد السياسات المناسبة لعمل تلك الشبكة واستخدام المستفيدين لها.

- إعداد اسم لكل مستخدم وكلمة مرور تتيح له استخدام الشبكة بما يتناسب مع مهام عمله Username & Password.

- تأمين عمل الشبكة وحمايتها.

- تعريف المستفيدين بأهمية دور الشبكة وحثهم على المحافظة عليها والاستخدام المثالي لها.

- عمل الصيانة الوقائية اللازمة للشبكة قبل حدوث مشكلات.

- معالجة المشكلات التي تنشأ وقد تعطل عمل الشبكة أو تقلل من كفاءتها.

- متابعة الجديد في مجال الشبكات واقتراح الحلول المستقبلية وتحديد مدى توافقها مع الشبكة الحالية بالمكتبة.

- عمل النسخ الاحتياطية للبيانات التي يخشى عليها وتقديمها عند الحاجة إليها.

- متابعة تحديث البرمجيات المستخدمة على الشبكة والتي من شأنها الحماية مثل: مضاد الفيروسات والحوائط النارية Antivirus & Firewall.

المصادر :

كابرون. تعريب: سرور علي إبراهيم سرور: الحاسبات والاتصالات والإنترنت. دار المريخ للنشر، الرياض، المملكة العربية السعودية،2003 م.

علي كمال شاكر: شبكات الحاسبات لإخصائي المكتبات والمعلومات أسس نظرية وتطبيقات عملية ، الدار المصرية اللبنانية.

نورمان هودن، ترجمة: سليمان صالح العقلا: الشبكة المحلية للمكتبة الصغيرة كيفية عمل دليل لها ، جامعة الملك سعود ، النشر العلمي والمطابع.

عامر إبراهيم قنديلجي، إيمان فاضل السامرائي: حوسبة (أتمتة) المكتبات ، دار المسيرة 2004.

أحمد أمين أبو سعدة: متطلبات تكنولوجيا المعلومات بالمكتبات الحديثة.- المؤتمر القومي الثامن لأخصائي المكتبات والمعلومات في مصر (28 – 30 يونيو 2004).

محمد محمد الهادي: تكنولوجيا الاتصالات وشبكات المعلومات مع معجم شارح للمصطلحات ، المكتبة الأكاديمية، 2001.

عاطف السيد قاسم: شبكات المعلومات وتكنولوجيا الاتصالات،مكتبة الأمل،2007.

كرس برنتون، كامسرون هانت ، ترجمة: تب توب لخدمات التعريب والترجمة: نظم تأمين الشبكات ، مرجع شامل لنظم تأمين الشبكات ، دار الفاروق للنشر والتوزيع: 2002.

الشبكة الافتراضية.. خدمات متنوعة بدون تكاليف إضافية.

http://www.al-jazirah.com.sa/digimag/13032005/gadeia55.htm

VPN virtual Private Network الشبكة الافتراضية الخاصة .

http://www.c4arab.com/showlesson.php?lesid=2483

القاهرة مكتب الجزيرة أشرف محمد:

http://computer.howstuffworks.com/framed.htm?parent=vpn.htm&url
=http://www.vpnc.org/

http://www.vpnc.org/

الفصل الرابع

البـرمجيــــات

تمهيـد

البرمجيات هي عبارة عن ملفات تم إنتاجها باستخدام كود لغات يفهمها الحاسب الإلكتروني لإنتاج ملفات يفهمها المستفيد ليتعامل معها . ويقصد بها هنا البرامج الأساسية المطلوبة لتشغيل الحاسب الإلكتروني وملحقاته وبرمجيات الحاسب الإلكتروني تنقسـم إلى نوعين أساسيين هما :

برمجيات مغلقة المصدر Closed Sources .

برمجيات مفتوحة المصدر Open sources .

وعادة ما تنقسم البرمجيات مغلقة المصدر Closed Sources أو مفتوحـة المصـدر Open sources إلى ثلاثة أقسام رئيسية، يقسم كـل منهـا إلى أقسـام فرعيـة، وكـل هـذه الأقسام سواء أكانـت الرئيسـية منهـا والفرعيـة تتكـون مـن تعليـمات وأوامـر تتفـق مـع الوظائف التي تقوم بها ،أما الأقسام الرئيسية فهي :

- أنظمة التشغيل وتنقسم إلى نوعين أساسيين هما :

1- أنظمة تشغيل الخادم Server .

2- أنظمة تشغيل الأجهزة الشخصية PC .

- برامج التطبيقات :وهي تنقسم إلى أنواع لا حصر لها يذكر منها :

1- برامج معالجة النصوص word processing .

2- برامج الجداول الإلكترونية Spread Sheets .

3- برامج الرسوم Graphics.

4- برامج قواعد البيانات Database Client.

5- برامج تحويل النص إلى صورة Scanning.

6- برامج تحويل صورة النص إلى نص OCR Optical Character Recognition.

7- برامج خدمات الإنترنت Internet Tools .

8- برامج أخرى ......

- البرامج الجاهزة :

وهي برامج تصمم خصيصًا لإدارة مؤسسة أو هيئة أو مكتبة أو مستشفى أو.......

- لغات الحاسب الإلكتروني Computer languages:

وهي التي تستخدم كودًا يفهم كتابته الحاسب الإلكتروني بمكوناته .

وبعد أن تعرضنا للأنواع والأقسام الرئيسية والفرعية للبرمجيات، نتعرض فيما يلي لها بشيء من التفصيل لتوضيح مهمة ووظيفة كل منها وكيفية استخدامها والاستفادة منها بالمكتبات ومراكز المعلومات على وجه الخصوص .

إن أجهزة الحاسب الإلكتروني وملحقاتها سواء أكانت أجهزة الخادم أم محطات الاتصال بها وكذلك أجهزة الشبكة وملحقاتها وكل ما يمكن أن يطلق عليه Hard ware أو المكونات المادية- لا يمكن أن تتحقق منها الفائدة بالاستخدام دون أن يكون هناك برمجيات تتيح للمستفيد التعامل مع تلك الأجهزة والاستفادة من إمكانياتها وتشغيل وإتاحة وظائفها . والبرامج الأساسية المطلوبة لتشغيل الحاسب الإلكتروني بالمكتبة والتي يمكن تشغيلها على جهاز الخادم و أجهزة الخدمات ومنسوبين المكتبة - متعددة من حيث الإصدارات، ومختلفة من حيث الشركات المنتجة لها، ومتنوعة من حيث الوظائف التي يمكن أن تقوم بها .

وبالنظر إلى تقسيم برمجيات الحاسب الإلكتروني تبعًا لتصاريح الاستخدام نجد أنها نوعان أساسيان هما :

1 - برمجيات مغلقة المصدر Closed Sources:

وهي التي تمتلك حقوقها شركة مـن الشركات المتخصصة، وهـي المسئولة وحـدها فقط عن تطوير هذه البرامج وتسويقها وبيعها والتعديل فيها عند اللزوم؛ لأنها تمتلك كود البرمجة الخاص بتلك البرامج Source Code ، وفي حالة شراء المستفيد للبرنامج فإنه يملك فقط تصريحًا بحق الاستخدام حسب عدد التصاريح الحاصل عليها وليس له حق التوزيع أو البيع أو التعديل، وعليـه أن يلتـزم بعـدد تصاريح الاستخدام التـي تـم شرائها وأي استخدام أكثر يعتبر مخالفًا لاتفاقيات البرمجيات وحقوق الملكية الفكرية ويعرضه للمساءلة القانونية، وأحيانًا يلجأ المستفيد سواء أكان داخل شركة أو مؤسسة أو بـالمنزل لنسخ البرامج التي يستخدمها والاحتفاظ بنسخة حتى إذا مـا تعرضت النسخة الأصلية للتلف كان معه نسخة احتياطية. وهذا لا يمثل مشكلة ولكـن تكمـن المشكلة إذا قام المستفيد بعمل نسخ احتياطية، ثم قام بتوزيعها أو بيعها داخل أو خـارج المكتبـة أو المؤسسة والهيئة؛ لأنه بذلك يكون قد ضيع على الشركة المنتجة فرصة الانتفاع، والأمر أكبر من ذلك؛ لأن هـذه الشركات المنتجة إذا لم تـتمكن مـن الـربح عـن طريـق البيـع فلـن تستطيع الاستمرار في سوق العمل وتطوير منتجاتها والمنافسة وبالتالي قد تغلق أبوابها أو تتوقف عند إصدارة معينة؛ وبالتالي ينصرف المستفيد عنها وتخلـو ساحة البرمجيات مـن المنافسة ويحدث الاحتكار وترتفع الأسعار، ولقد فطنت كل الشركات لأمر النسخ فأصبح بعضهم يلجأ لتأمين منتجاته من خلال وضع ملفات التأمين والحماية ضـد النسـخ ضـمن ملفات البرنامج الأساسية، وتكون الحماية هذه على عـدة مستويات منهـا عـدم إمكانيـة النسخ، ومنها إمكانية النسخ، ولكـن عـدم تشغيل البرنامج المنسوخ ومنها طلـب رقـم مسلسل لا يتاح إلا داخل النسخة الأصلية Original ، ومنها ما يعطي تحذيرًا أنه في حالة النسخ ستتلف النسخة الأصلية، ومن الشركات المنتجة للبرمجيات من أتاح برامجه بأسعار زهيدة

Shareware ؛ حتى يشجع المستفيدين على الشراء، ومن الشركات مـن يتيـح الإصدارات القديمة مجانًا والإصدارات الجديدة عن طريق الشراء، ومنها من يتيح البرنامج بالمجان Freeware . ومن الشركات ما يغمض عينيه ويراقب المستفيدين و يتيح عملية النسخ دون حماية؛ حتى يتم انتشار البرنامج بين مجتمع المستفيدين، وحتى يتلقى تقييم فعلي للبرنامج فكلما كثر عدد المستخدمين دل ذلك على جودة البرنامج، وأنه يؤدي الغرض منه، ومن الشركات من يتيح البرامج مجانًا لفترة معينة (من شهر إلى ثلاثة أشهر) خاصة الشركات الصغيرة واعتبار تلك الفترة للتجربة، وعلى المستفيد أن يقرر بعدها إذا كان سيستمر في استخدام هذه البرامج من عدمه وتكون هذه البرامج بها ملف يسجل تاريخ التحميل على الجهاز ويقارنه يوميًا مع تاريخ الانتهاء من عمل البرنامج ويعطي تحذيرًا مع كل تشغيل بعدد الأيام المتبقية على انتهاء تشغيله، ولكن البعض مـن هذه البرامج يمكن تحميلها مرة أخرى بعد انتهاء فترة الاستخدام، والبعض منها لا يسمح بذلك أبدًا ويعتبر التحميل مرة واحدة فقط؛ لأنه يضع داخل ملفات نظام التشغيل Register بعض تسجيلاته . وهذه البرامج متاحة في الغالب مـن خلال مواقع الإنترنت وهنـاك مواقع متخصصة في عـرض كـل هـذه الأنـواع مـن الـبرامج والشركات وأشـهرها www.download.com، و موقــع البقــرتين www.tucows.com، وموقــع www.freesoftware.com وغيرها كثير. وهذه المواقع تستفيد مـن ذلك بأنها تكون قاعدة بيانات عن المستفيدين واهتماماتهم في البرمجيات وتنقل ذلك إلى الشركات المنتجة للبرمجيات التي تستخدم ذلك في خطط التطوير لبرامجها ، وتستفيد مواقع الإنترنت إما من الإعلانات التي تقدمها تلك الشركات وغيرها على الموقع . وبالرغم من كل ذلك فإن النسخ لن يتوقف خاصة على مستوى الأفراد وفي المنازل؛ نظرًا لارتفاع أسعار بعض البرامج المتقدمة والمشهود لها بالكفاءة، ولكن على كل المكتبات والمؤسسات والهيئات ألَّا تلجأ إلى النسخ وعليها استخدام النسخ الأصلية Original .

2 - برمجيات مفتوحة المصدر **Open sources** :

وهي البرامج المتاح كود البرمجة الخاص بها (مجانًا)، ولا توجد شركة محددة مسئولة عن التطوير أو تمتلك حق التسويق والبيع وحدها فقط دون غيرها من الشركات، لأن هذه البرامج ليست من إنتاج شخص واحد أو شركة واحدة، ولكن أصبح البرنامج متاحًا بعد إتاحة مصدر كود البرنامج Source code ، فأصبح من الممكن لأي مبرمج يجيد لغة كود البرنامج أن يتعامل مع البرنامج ويعدل فيه، ولكن عليه - وحسب تصريح الاستخدام لتلك البرامج - أن يتيح ما قام بالتعديل. فيه على نفس الموقع الذي أخذ منه كود البرنامج حتى تتم تجربته وإتاحته مرة أخرى بعد التعديل، وهذا فإن التعديل والتطوير في مثل تلك البرامج مفتوحة المصدر يتم بسرعة عنه في حالة البرامج مغلقة المصدر، والغريب أن المبرمجين الذين يعملون في مثل تلك البرامج مفتوحة المصدر - هم متطوعون ومن جميع دول العالم وقد لا يعرف بعضهم بعضًا، فضلاً عن أنهم لم يلتقوا ببعضهم إلا من خلال مواقع الإنترنت والبريد الإلكتروني ومجموعات الاهتمام وخلافه ... وسيأتي تفصيل ذلك في فصل منفصل عن البرمجيات مفتوحة المصدر .

وعادة ما تنقسم البرمجيات مغلقة المصدرClosed Sources أو مفتوحة المصدر Open sources إلى ثلاثة أقسام رئيسية، يقسم كل منها إلى أقسام فرعية، وكل هذه الأقسام سواء كانت الرئيسية منها والفرعية تتكون من تعليمات وأوامر تتفق مع الوظائف التي تقوم بها ، والأقسام الرئيسية هي :

1/4- برمجيات ونظم التشغيل:

وهي الواجهة الأولى التي تتعامل معها المكونات المادية Hardware لجهاز الحاسب الإلكتروني أيًا كانت وظيفته وحجمه ومكوناته والمؤسسة التي يعمل بها، وهي تقوم بمهمة التحكم والسيطرة والترتيب والتنظيم لعمل مكونات جهاز

الحاسب الإلكتروني وملحقاته وأدواته وتوزيع التعليمات والأوامر بما يتناسب مع متطلبات المستفيد ونوع الجهاز المستخدم، وتنقسم إلى نوعين أساسيين هما :

1/1/4- أنظمة تشغيل الخادم **Server** :

وهي التي يتم تحميلها على أجهزة الخادم، وهي تختلف باختلاف نوعه والوظيفة التي يقوم بها والتطبيقات التي يديرها، ومن الأنظمة القديمة التي لن نتعرض لها نظام الويندوز وورك جروب Windows Workgroup3.11 ويعتبر أول نظام فعلى لشركة مايكروسوفت يخدم في مجال الشبكات وكان يدعم شبكات الند للند Pear to Pear . أما نظام الويندوز إن تي Windows NT فكان يدعم شبكات الخادم / العميل Client/Server واعتبر طفرة في برمجيات نظم التشغيل للشبكات والخادم. وظهر بعدها ويندوز 2000 سيرفر Windows 2000 Server، Windows 2003 Server والذي بني على تقنية الويندوز إن تي NT ولكن بشكل مختلف ودعم لتقنيات حديثة وآخرها نوافذ 2008 سيرفر Windows 2008 Server وتكنولوجيا الإنترنت والبروتوكولات الخاصة بها ولقد كان للإنترنت عظيم الأثر على بناء أنظمة التشغيل وتحديثها المستمر. وهذه الأنظمة غير مستخدمة ولا تفي بمتطلبات المستفيدين حاليًا . ولعل أشهر أنظمة التشغيل هي من إنتاج شركة مايكروسوفت Microsoft إلا أن هناك شركات أخرى لا تقل أهمية ونظامها شائع الاستخدام أيضًا، ولكن ليس بنفس الدرجة التي عليها شركة مايكروسوفت. ونعرض فيما يلي بعض أسماء أنظمة تشغيل الخادم Server المتعارف عليها :

نظام شركة نوفيل **Novell** ويسمى **Netware** :

وهو نظام كان حتى وقت قريب أول نظام متطور يدعم بروتوكلات الشبكات خاصة التي تقوم على نظام الخادم / العميل Client /Server ، و يتميز بالعديد من الأدوات مثل عمل نسخ مماثلة من البيانات Disk Mirroring على الخادم، وكذلك عمل النسخ الاحتياطية سواء على الخادم أو على أقراص مليزرة أو شريط رقمي

ممغنط Backup ، ويمكنه أيضًا تأمين الملفات وضغطها وإدارة الشبكة بملحقاتها ويتوافق مع كافة التطبيقات التي تخدم عمل الشبكة .

نظام شركة مايكروسوفت Windows 2003 Server :

وهو نظام يعتبر طفرة أيضًا بعد نظام ويندوز 2000 وإن كان يعتمـد عـلى نفـس التقنية لكنه يدعم كل تقنيـات الإنترنـت Internet Technology والشبكات Network و الشـبكات الافتراضية الخاصـة Virtual Private Network VPN ، وسـبق الحـديث عنها في فصل الشبكات والحوائط النارية Firewall ، وكـذلك تـأمين الشـبكات واستخدام الإنترنت Internet Security ISA والعديد من الأدوات التي تضمن سير العمل بطريقـة سلسة وآمنة .

نظام شركة مايكروسوفت Windows Microsoft 2008 :

والحقيقة أنه يعتبر تغييرًا شاملًا وبشكل مختلف وأكثر وظيفيًّا مـما سـبقه، وهكـذا أصبح حال مايكروسوفت في السنوات الأخيرة أن تقدم تغييرات جذرية في منتجاتها؛ وذلك لأنها تمتلك العديد من التطبيقات عن طريق الشراء من شركاتها أو شراء شركاتها فتنضـم المنتجات إلى عائلة مايكروسوفت، فأصبح لزامًا على شركة مايكروسوفت أن تـدعم أيضًـا المنتجات الجديدة المضافة إلى عائلاتها، وأن توحد تقنية الإنتاج المستخدمة حتى لا يشعر المستفيد باختلاف في طريقة الاستخدام بين المنتجات الأصلية لمايكروسوفت وبين المنتجات التي انضمت لمايكروسوفت عن طريق الشراء، ولماذا لا تفعـل ذلـك شركة مايكروسوفت وهي التي تدعم منتجات ليسـت مـن إنتاجها وليسـت ملكًا لها ، بـل وأحيانًـا تتعـاون الشركات المنتجة للتطبيقات مع شركة مايكروسوفت؛ حتى تتماشى تقنياتها المستخدمة مع تقنية مايكروسوفت وبذلك تضمن الشركة عمل برامجها ودعم نظام الويندوز Windows لها.

نظام الويندوز **2008** :

فهو يحتوي على كل الوظائف السابقة ولكن يتيحها بطريقة أيسر وبوسائل مباشرة وواجهة التطبيق مختلفة User Interface ، وأصبح النظام قويًا Powerful مع وجود الاستمرارية في العمل Stability ، ويمكن أن تعتمد عليه المكتبات الكبيرة كخادم لها .

نظام شركة آبل **Appleshare:**

هو من إنتاج شركة آبل ماكنتوش العالمية وهي من أوائل الشركات التي أنتجت نظامًا يحتوي على واجهة رسومية ؛ ففي الوقت الذي كانت شركة مايكروسوفت لديها نظامًا يسمى الدوس DOS (Disk Operating System) لا يعرف إلا طريقة الأوامر في التعامل معه من خلال شاشة واحدة فقط ذات لون واحد لا تحتوي على أي رسوم وحتى الآن تجد أنظمة تشغيل مايكروسوفت تحتوي على ما يسمى Command Prompt ، حيث إن هناك بعض أعمال الصيانة للنظام لا تتم إلا من خلال تلك الشاشة- كانت شركة آبل Apple ينعم مستفيدوها بنظامهم الذي لا يعرف سوى الرسوم في التعامل مع جهاز الحاسب الإلكتروني ولكن على أجهزة حاسب إلكتروني آبل فقط Apple Macintosh ، وعلى أية حال فإن هذا النظام يدعم ويحتوي على برنامج للخادم وبرنامج العميل Client/Server ، ويمكنه القيام بالعديد من الوظائف التي تخدم الشبكة بل وفي الوقت الحالي يمكنه التعامل مع أجهزة حاسب إلكتروني لا تعمل بنظام آبل، ولكن يلزم تحميل برنامج إضافي يسمى Apple talk للعمل على شبكة والتعامل مع جميع محطاتها وملحقاتها .

نظام اليونيكس **UNIX** :

وهو من الأنظمة التي تؤدي كل أغراض الخادم / العميل، ولكن هذا النظام صعب الاستخدام، حيث يحتاج لمتخصص ولا يخضع للتجربة لأنه مبني على أساسيات قوية لا يستخدمها إلا من يعرفها وإن كان يحتوي على واجهة رسومية إلا

أن مستخدميه لا يفضلونها ويفضلون استخدام شاشة الأوامر وهي الأساسية في القيام بالعديد من الأعمال. وكل نظام يونيكس UNIX يعمل على ماركة معينة من الأجهزة وهذه الأجهزة في الغالب هي أجهزة مينى حاسب إلكتروني Mini Computer، وتكون ذات إمكانيات ومواصفات أعلى من أجهزة الحاسب الإلكتروني العادية وسبق التعرض لذلك في فصل المكونات المادية Hardware ، ولكل شركة من الشركات الكبرى و الشركات المنتجة لأجهزة الميني حاسب إلكتروني نظام يونيكس لا يعمل إلا على أجهزتها فقط، وهذه الخاصية تحد كثيرًا من انتشار نظام اليونيكس، بل وانتشار الأجهزة التي تعمل به على حد سواء. ومن هذه الشركات التي تنتج نظام اليونيكس: شركة IBM وتنتج نظامًا يسمى AIX Unix ، وشركة HP وتنتج نظام يسمى HP-UX ، وشركة SUN وتنتج نظام يسمى Solaris ، ونظام اليونيكس هو أكثر الأنظمة استقرارًا في العمل وقلة في الأعطال وأكثر أمنًا وأمانًا وكذلك يوفر تأمين وحماية للبيانات وعمل نسخ احتياطية Backup، و لا تؤثر به الفيروسات المتعارف عليها والتي لها تأثير فعال على أنظمة الويندوز Windows ، ولكنه أكثر تكلفة ويحتاج إلى متخصص للتعامل معه، فالمستفيد العادي لا يمكنه التعامل مع هذه الأنظمة كما يتعامل مع نظام الويندوز؛ لأن أنظمة اليونيكس تعتمد وبشكل كبير على الأوامر أكثر من استخدام الواجهة الرسومية؛ ويتكون النظام من عدة طبقات أهمها القلب Core أو Kernel وهو قلب النظام وتغطيه عدة طبقات منها طبقة الـ Shell أو المحارة وهي طبقة مغلفة Kernel، وطبقة التطبيقات Application، وطبقات أخرى حتى نصل إلى قشرة النظام وهي واجهة المستفيد User Interface ؛ لذلك يتميز النظام بالحماية لتعدد طبقاته .

نظام لينكس LINUX:

وهو أحد أهم أنظمة التشغيل مفتوحة المصدر والذي يتوقع أن ينتشر ـ ويشيع استخدامه خلال السنوات القليلة القادمة، وهو يميل أكثر إلى نظام اليونيكس

UNIX منه إلى أنظمة الويندوز MS Windows ، فهو نظام يجمع بين إمكانيـات الأول وسهولة الثاني بواجهته الرسومية ويقوم عـلى تطـويره كنظـام مفتـوح المصـدر عـدة شركات من مختلف أنحاء العـالم مـن أمريكـا إلى جنـوب أفريقيـا ومـن أنواعـه وأشـهرها الطاقية الحمراء Red Hat وماندراك Mandrak وأوبنتو Upunto وغيرهـا، ولـو اتحـدت هذه الأنواع جميعًا على إصدارة واحدة لكان لهذا النظام شأن آخر، ولـذاع صيته وأصـبح أكثر استخدامًا من نظام الويندوز MS Windows خاصة بعد بدء العمل في تعريبـه مـن خـلال عـدة مجموعـات عربيـة في أكـثر مـن دولـة عربيـة منهـا جنـو ليـونيكس مصر- www.eglug.org. وكـذلك مجموعـة www.arabeyes.org، ومجموعـة أخـرى تسـمى Linux Egypt . وأعتقد لو اتحدت أيضًا وتم التنسيق بينهـا فسـوف نـرى هـذا النظـام وقد ذاع صيته وانتشر بين مستخدمي الحاسب الإلكتروني وأصبح له مكانة بين المسـتخدم العربي، حيث إنه ذائع الانتشار على المستوى العالمي. وسيأتي الحديث عنـه بتفصيل أكـثر في الفصل الخاص بالبرمجيات المفتوحة، وهذا النظام LINUX يعمـل عـلى جهـاز Server وكذلك جهاز المستفيد Client وحسب الإعدادات يعمل الجهاز .

نظام أو إس تو **OS2:**

وهو نظام يعمل على أجهزة IBM فقط من طراز أكبر من الميني حاسـب إلكـتروني Mini Computer ، وهذا الطراز هو الـ Main Frame

كما توجد أنظمة أخرى نادرة التواجد ومـن الصـعب أن نجـدها بالمكتبـات بصـفة خاصة.

- وكل هذه الأنظمة لابد وأن تدعم العديد من الوظائف التي لا غنى عنها للشبكة، فهي أنظمة تخدم أكثر من مستفيد Multi-user ولقـد أصـبح الخـادم يمكـن اسـتخدامه للملفات File Server ؛ أي يتيح استخدامه كمخزن للملفات ومنظم لها

والتعامل معها بسرية وأمان من خلال وضع الضوابط اللازمة لعمل ذلك من وجود معرف للمستفيد Username ، وكلمة مرور Password لكل معرف صلاحيات قد تختلف أو تتفق مع صلاحيات معرف آخر. ويوجد ما يسمى Log File الذي يمكنه حصر كل الإجراءات والعمليات والتعاملات التي تتم على جهاز الخادم؛ وبالتالي يسهل التعرف على مشكلاته وإيجاد طرق للحل بطريقة أسرع ، كذلك يمكن أن يستخدم الخادم كخادم لموقع الإنترنت Web Server الخاص بالمكتبة مثلاً، وهو مهيأ لذلك بما يحتويه من أداة تسمى IIS Internet Services وهي المسئولة عن إعداد موقع الإنترنت للتعامل معه عبر شبكة الإنترنت ، كما يمكن استخدام الخادم كخادم للبريد الإلكتروني Mail Server لينظم حركة الرسائل داخل موقع المكتبة أو خلال شبكة الإنترنت، بالإضافة إلى وجود المركزية في التعامل مع محطات الشبكة المختلفة والاتصال الآمن داخل شبكة المكتبة أو عند التعامل مع شبكة الإنترنت .

2/1/4 - أنظمة تشغيل الأجهزة الشخصية PC :

ومنها وأشهرها نظام مايكروسوفت ويندوز MS Windows والشائع استخدامه هو نظام Windows XP، وكذلك نظام الـ VISTA وهو يدعم الكثير من أعمال الشبكة والإنترنت والملتي ميديا وإدارة العمل للملفات والبرامج المتاحة على الجهاز، وكما سبق فإن أنظمة اللينكس LINUX أيضًا يمكن تشغيلها على أجهزة العميل أو محطات التشغيل .

وأنظمة التشغيل عمومًا تقوم بتنسيق العمل داخل مكونات الحاسب الإلكتروني المادية والبرمجية، وتحقق التكامل بينها وترصد التغيرات التي تطرأ عليها وتنبه المستخدم لذلك وتساعده على حفظ وتناول ما تم تخزينه، وتوفر له مكان التخزين وتنظم حركة الملفات وترتبها، وأنظمة التشغيل لازمة للانتفاع بجهاز الحاسب الإلكتروني وكل ما يتصل به من ملحقات مثل: الطابعة والماسح الضوئي

والكاميرا الرقمية وغيرها بل وكل البرامج التي يتم تحميلها على الجهاز وإداراتها والتحكم فيها وتوزيع الأعمال وتخصيص الوظائف والمهام وتوضيح مدى إمكانية عمله من عدمه. وفي حالة عدم إتمام العمل يوضح أسباب عدم العمل مع اقتراح الحلول وبتسلسل وبروابط تساعد على استدراج المستفيد لحل مشكلته وتحديد سبب الخلل الذي حدث وحال دون تمام الأمر الذي كلف به المستفيد - وكأن الحاسب الإلكتروني يعتذر عن القيام بمهمته موضحًا الأسباب - ويمكن القول بأن نظام التشغيل بالنسبة لجهاز الحاسب الإلكتروني هو المدير الذي يدير كل حركات وسكنات الجهاز ، فنظام التشغيل ما هو إلا مجموعة من الملفات التي تم إعدادها للقيام بأعمال قد يطلبها مستخدم الجهاز، فتظل كل الملفات في حالة عمل وترقب وسكون فيه استعداد حتى إذا ما قدم المستخدم للحاسب الإلكتروني أمرًا لبى له طلبه في ثوانٍ معدودة تتوقف على سرعة الجهاز ومكوناته.

وبدون أنظمة التشغيل لا فائدة للمكونات المادية بالجهاز مهما كانت، ويمكن وصفها بأنها تعليمات مرتبة ومترتبة على بعضها تتعامل وتوجه المكونات المادية لجهاز الحاسب الإلكتروني حتى يفعل ما ينبغي فعله، كما أنها تحتوي على تصور لما يمكن أن يحدث أو يواجه المكونات المادية من مشكلات وتنبهه إلى كيفية التصرف عند حدوث ذلك؛ أي أن البرمجيات - ومنها أنظمة التشغيل على وجه الخصوص- هي التي توجه المكونات المادية لجهاز الحاسب الإلكتروني Hardware كي يعمل بطريقة محددة بغرض الحصول على نتيجة محددة طبقًا لطلبات المستفيد User. وفي النهاية فإن أنظمة التشغيل هي عبارة عن مجموعة من الأوامر والتعليمات تم إعدادها لتتعامل مع جهاز الحاسب الإلكتروني طبقًا لوظيفته ومهامه التي يمكن أن يقوم بها .

2/4 - برمجيات ونظم التطبيق :

وهي برمجيات تساعد المستفيد على أداء عمله وتحقيق مهمة معينة، وفي الغالب تخدم كل منها تخصصًا ما، وأهمها تطبيقات مجموعة أوفيس لميكروسوفت MS Office 2007 التي توفر الكثير من الوقت خاصة في تحرير الوثائق والمستندات والتعامل مع الوسائط المتعددة Multimedia ، و هذا النظام حديث التواجد ويحتاج إلى العديد من المواصفات الفنية العالية قد لا تتوافر في الأجهزة القديمة نسبيًا، فيتطلب على الأقل ذاكرة 1GB، ومعالج بسرعة لا تقل عن 3 جيجا هرتز Processor 3G Hz .

والتطبيقات بصفة عامة تنقسم إلى أنواع متعددة؛ نظرًا لأنها تخدم في مختلف التخصصات والمجالات ولكن يذكر منها :

برامج معالجة النصوص **word processing:**

وهي من أهم التطبيقات وأكثرها انتشارًا واستخدامًا؛ لأنه لا يخلو تخصص أو مجال أو وظيفة من الحاجة إلى الكتابة وهي البرامج التي تعتني بعملية الكتابة على الحاسب الإلكتروني والتنسيق لها وإخراج النص بصورة مشوقة، وأفضل شكل، ويتيح إدخال الرسوم من خلال وجود أدوات وأشكال معينة جاهزة تستلزم فقط الضغط عليها بالماوس click، كما يتيح إدخال الجداول والكتابة داخل خلاياها، بل وإضافة الصور المعبرة سواء كانت فوتوغرافية أو كاريكاتيرية أو متحركة . ومن أشهر هذه البرامج وأشهرها مايكروسوفت ورد Microsoft Word بإصداراته المتعددة وآخرها 2007 ، ويحمل الكثير من التحديثات عن نظيره word 2003، فبمجرد الوقوف على أدوات التنسيق وبدون الضغط عليها يبدو التنسيق وكأنه تم فإذا ما أراد المستفيد التنفيذ فقط يضغط عليها بالماوس ، وكان هناك برنامج آخر منافس له يسمى وورد برفكت Word Perfect ومن البرمجيات المفتوحة المصدر Open Office، وهي تعمل على نظام تشغيل الليونيكس LINUX وتقوم مجموعات

عربية بتعريب العديد من هـذه التطبيقـات الأخـرى. وسـيأتي تفصـيلها في الفصـل الخاص بالبرمجيات المفتوحة .

برامج الجداول الإلكترونية **Spread Sheets** :

وهي التطبيقات التي نحتاج إليها كثيراً للتعامل بشكل رقمي وعددي ورسـومي مـع البيانات، حتى نستطيع الحصول على مؤشرات ودلائل على سير العمل ومقارنته بما سبق، من خلال وضع البيانات داخل جدول يحتوي على أعمدة وصفوف تتكون مـن خلايـا كـل منها مهيأة لاحتواء أي نوع من البيانات سواء كانت رقمية - نصية - معادلـة - تـاريخ - عملة - .... ومن هـذه البرامج (..,Microsoft Excel, Louts) بالإصدارات المختلفة .

برامج الرسوم :

وهي البرامج التي تخدم مجال الرسم بكافة أنواعه منها :

الرسم الهندسي:

وهي برامج تفيد المتخصصين في مجـال الرسـوم الهندسـية، وبخاصـة العـمارة وهـي تيسر وتوفر كثيراً من القوالب التي تساعد على عمل رسم ما، ومن هذه البرامج وأشـهرها برنامج أوتوكاد AutoCad .

الرسوم المتحركة:

وهي من البرمجيات التي تتيح دمج الصور أو ربطها معًا في تسلسل ما، بحيث تبدو وكأنها متحركة ومنها Macromedia Flash .

رسم المناظر الطبيعية أو الفنون التشكيلية عمومًا مع وجـود تـأثيرات تضـاف لتلـك الرسوم تحقق السهولة والإبداع في آن واحـد، ومـن أكثرهـا شـيوعًا في الاسـتخدام لتحريـر الصور والتعديل Adobe Photoshop، وبرنامج Freehand ، ولاستعراض الصور بطريقـة أسهل نجد برنامج ACD System ، .. .

برامج أخرى حسب كل مجال ومهمته:

برامج قواعد البيانات :

وهي للتعامل مع قواعد البيانات العالمية وتختلف حسب قواعد بيانات كـل شركة، حيث لكل قاعدة برنامج يتوافق معها ويتعامل مع مخرجاتها ومن أشـهرها والتـي تعمـل على محطـات العميـل Win SPIRS وهـو خـاص بشركة أوفيـد OVID حاليًـا. وأغلـب قواعـد البيانـات تتـاح مـن خـلال شبكة الإنترنـت أي باستخدام أي مستعرض إنترنـت Internet Explorer، وهناك قاعدة بيانات متاحة داخل نظام أوفيس مثل MS Access .

برامج تحويل النص إلى صورة Scanning :

وهي عملية المسح الضوئي للنصوص سواء كانت لمخطوطات أو كتب أو خلافه حتى يتم تحويلها إلى صورة والتعامل معها على أساس ذلك. وكل جهاز ماسح ضوئي Scanner يأتي معه البرنامج المتوافق له وهي برامج سهلة الاستخدام، وكل شركة لها برنامج مـثلاً شركة HP تستخدم برنامج يسمى OMNI Page وهكذا .

برامج تحويل صورة النص إلى نص OCR Optical Character Recognition:

والهدف منها إمكانية التعديل في صور الكتاب الذي تم أخذ صورة له والتعامل معه كنص عادي، وهي برامج عالية التكلفة وتعمل بحالة جيدة في حالة المستندات واضحة التفاصيل وباللغة الإنجليزية، أما النصوص باللغـة العربيـة فنتـائج هـذه البرامج معهـا لا تتعدى 90% تقريبًا، أما في النصوص باللغة الأجنبية فتعطي نتائج قد تصل إلى 98 %، ومن هذه البرمجيات برنامج لشركة صخر وآخر لشركة Asset .

برامج خدمات الإنترنت Internet Tools:

وهي من البرامج المتعارف عليها لمستخدمي الإنترنت عمومًا وتفيد في استعراض مواقع الإنترنت Internet Browser، ومن هذه البرامج برنامج Netscape و Internet Explorer ، ومنها ما يفيد في نقل الملفات وتسمى برامج File Transfer Protocol or Program.

برامج أخرى .

وعمومًا، هـذه البرمجيات متوفرة وعـلى كـل مسـتفيد أن يسـتخدمها بطريقتـه أو يعدها؛ كي تخدم مهمته ووظيفته ويطوعها لأغراضه ونتائجه التي يريد الحصول عليها .

البرامج الجاهزة :

وهي البرمجيات التي يتم إنتاجها من خلال مبرمجين وتوجه لمؤسسة محددة بعينها، وقد لا يصلح هـذا البرنامج لشركة أخـرى حتـى وإن كانت تعمـل في نفس المجـال أو التخصص مثل: برنامج لمستشفى معين أو برامج لشئون العاملين بمكتبة أو لمخازن مكتبـة وهكذا .... أي أن هـذا البرنامج يـتم إنتاجـه بناء عـلى متطلبـات محـددة للمؤسسـة أو للمكتبة وحدها فقط .

تصاريح استخدام كافة البرامج والتطبيقات المستخدمة:

يجب الحصول عـلى تصاريح اسـتخدام البـرامج والتطبيقـات المحملـة عـلى أجهـزة المكتبة؛ حرصًا على تطبيق قانون الملكية الفكرية ، وتمشيًا مع سياسـة المصـنفات وحمايـة البرمجيات من القرصنة ، ونـود أن نلفـت النظـر إلى أنه أحيانًا بعض المكتبات يمكنها الحصول عـلى تصاريح الاستخدام للبرمجيات مجانًا، خاصة إذا كانت المكتبـات عامـة ولا تهدف إلى الربحية وتقدم خدماتها للمجتمع برسوم رمزية ، وقد اتخذت بعض الدول بروتوكولات تعاون بينها وبين كبرى الشركات في مجال

تكنولوجيا المعلومات تتيح التوريد لمنتجاتها بالمجان لـبعض الجهـات الحكوميـة والمكتبات العامة. ومن هذه الشركات شركة مايكروسوفت Microsoft التي عقدت اتفاقًا بينها وبين وزارة الاتصالات والمعلومات المصرية على توريد منتجاتها للجهات الحكومية مجانًا ولكن من خلال وزارة الاتصالات والمعلومات .

أما تكاليف تصاريح استخدام المصادر المفتوحة المصدر فهي مجانية (تكاليف ضئيلة لأن هناك تحميل لهـذه البرامج يسـتغرق وقتًا وتكلفـة وإن كانـت زهيـدة)، متطلبـات للتطوير وهذا يتطلب فريق عمل له وقته وجهده الذي يجب تقديره بثمن.

المصـــادر :

كابرون . تعريب: سرور علي إبراهيم سرور: الحاسبات والاتصالات والإنترنت. دار المريخ للنشر، الرياض، المملكة العربية السعودية،2003 م.

علي كمال شاكر: شبكات الحاسبات لإخصائي المكتبـات والمعلومات أسـس نظريـة وتطبيقات عملية ، الدار المصرية اللبنانية .

نورمان هودن، ترجمة: سليمان صالح العقلا: الشبكة المحلية للمكتبة الصغيرة كيفية عمل دليل لها ، جامعة الملك سعود ، النشر العلمي والمطابع .

عامر إبراهيم قنـديلجي، إيمان فاضل السامرائي: حوسبة (أتمتة) المكتبات ، دار المسيرة 2004.

أحمد أمين أبو سعدة: متطلبات تكنولوجيا المعلومات بالمكتبات الحديثة.- المؤتمر القومي الثامن لأخصائي المكتبات والمعلومات في مصر (28 – 30 يونيو 2004)

أحمد أمين أبو سعـدة: مصادر مفتوحـة وآفـاق مغلقـة، ورقـة مقدمـة إلى الملتقى العربي الثاني لتكنولوجيا المكتبات والمعلومات (يوليو 2005)

محمد محمد الهادي: تكنولوجيا الاتصالات وشبكات المعلومـات مـع معجـم شارح للمصطلحات، المكتبة الأكاديمية، 2001 .

عاطف السيد قاسم: شبكات المعلومات وتكنولوجيا الاتصالات، مكتبة الأمل،2007

كرس برنتون، كامسرون هانت ، ترجمة: تب توب لخدمات التعريب والترجمة: نظم تأمين الشبكات، مرجع شامل لنظم تأمين الشبكات ، دار الفاروق للنشر والتوزيع، 2002

الفصـل الخامس

النظم الآلية المتكاملة للمكتبات

تمهيد

تتعدد موارد ومصادر المعلومات وقد تصل إلى حد لا يمكن السيطرة عليه، وهذا أمر مهم والأهم منه هو كيفية الوصول لتلك المعلومات وتلك المصادر والتعديل فيها وتحديثها أيضًا ، وقد تتوافر بالمكتبة أجهزة الحاسبات الإلكترونية وملحقاتها والمعدات اللازمة للتشغيل والبرمجيات والشبكات اللازمة لاتصال هذه الأجهزة والمعدات، ولكن كل هذه الإمكانيات تفقد كثيرًا من قيمتها إذا لم يتوافر بالمكتبة نظام آلي متكامل للمكتبات يتيح مصادر المكتبة لمجتمع المستفيدين داخل وخارج المكتبة.

والأنظمة الآلية المتكاملة في الفترة الأخيرة كثيرة ومتشابهة ولكن هناك الكثير من الاختلافات، وأهم هذه الاختلافات في تكلفتها ، فكيف يمكن التعامل مع هذه الاختلافات حتى تتمكن المكتبات ومراكز المعلومات من اختيار الأنسب والأفضل لها سواء كان الأغلى سعرًا أو الأقل ، ومما لاشك فيه أن لكل نظام آلي متكامل خصائص ومواصفات أساسية يجب التركيز عليها وأخرى فرعية يمكن المرونة في اختيارها. وهناك العديد من الشركات التي تقدم الدعم لتلك الأنظمة، فما هي هذه الشركات وكيفية الوصول إليهم وطريقة التعامل معهم؟

وفي الفترة الأخيرة هناك اتجاه يدعم البرمجيات مفتوحة المصدر ويمكن للمكتبات الاستفادة من هذا الاتجاه.

1/5 - خصائص النظم الآلية المتكاملة للمكتبات:

تتضمن الوظائف الرئيسية لعمل المكتبة (الفهرسة - الإعارة - البحث المباشر - ضبط الدوريات - إتاحة البحث وخدمات المستفيدين من خلال شبكة الإنترنت - التزويد - التقارير - الجرد -...) يمكن من خلاله إدخال بيانات الأوعية ومن ثم استرجاعها وإتاحتها للبحث وإجراء كافة العمليات المرتبطة بها مثل الإعارة والإعادة وإدخال بيانات المستفيدين والتعديل فيها بسهولة ويسر.

أما من حيث الشركات المنتجة لأنظمة المكتبات، فهي عديدة ولا يتسع المقام للحديث عنها تفصيليًّا، ولكن الملحق الثالث يوضح كم هذه الشركات المنتشرة على مستوى العالم التي تعمل في هذا المجال وتقدم أنظمة مكتبات تتناسب جميعها على مختلف أنواعها: (وصف لموقع libdex).

وهذا يوضح كم هذه الأنظمة الآلية للمكتبات التي تتناسب مع كل أنواع المكتبات (عامة - متخصصة- أكاديمية-...) ولمزيد من المعلومات حول ذلك يمكنك زيارة موقع http://www.libdex.com وهو موقع يهتم بتقييم الأنظمة الآلية المتكاملة للمكتبات، ومن المواقع المفيدة في هذا المجال ويجدر زيارته لمزيد من الفائدة.

أما من حيث معايير اختيار نظام آلي للمكتبات، فهناك العديد من الرسائل والأبحاث التي تناولت هذا الأمر من الناحية المكتبية، ولا داعي للخوض فيها، ولكن سنتناولها من الناحية الفنية التكنولوجية أي كبرمجيات نظام، فيجب أن يكون به العديد من الخواص ويدعم العديد من المتطلبات عند التشغيل ويوضح ذلك ما يلي:

- أن يكون له واجهة تطبيق سهلة الاستخدام متعددة الخدمات في الشاشة الواحدة.
- أن يكون له واجهة تتيح وضع فهرس المكتبة على شبكة الإنترنت.

- أن يدعم البروتوكولات شائعة الاستخدام مثل Z39.5 للخادم والعميـل Client/Server ، HTTP,TCP/IP.

- أن يدعم مواصفات أو شكل مارك MARC.

- تصدير واستيراد التسجيلات الببليوجرافية من المكتبات الأخرى و من مصـادر إلكترونيـة أخرى مثل OCLC.

- أن يدعم برتوكول X12 لعمليات التزويد.

- أن يدعم تكنولوجيا الـ RFID محددات تردد الراديو وسبق التحدث عن تطبيقاتها.

- أن يدعم تنظيم FRBR و FRAR.

- إتاحة عرض مرفقات مع الأوعية تتمثل في ملفات إلكترونية لغلاف أو فهـرس أو بعـض محتوى الوعاء.

- سهولة صيانة النظام وإدارته؛ أي يكون من خلال شاشات نوافذ إلا في بعض العمليـات ذات التأثير الكبير على قاعدة البيانات مثل حذف كل بيانات القاعدة والتعديل فيها.

- تحقيق وسائل لتأمين البيانات على عدة مستويات لا تقل عن ثلاثة مستويات.

- تحقيق وسائل لحفظ نسخ احتياطيـة مـن قاعدة البيانات يوميـة وأسبوعية وشهرية وسنوية مقننة لذلك.

- أن يكون محرّك قاعدة البيانات Database Engine من المحركات الشـائعة الاسـتخدام والمرنة والتي تحقق استقرار العمل مثل ORACLE, Sybase, Microsoft SQL...

- إدارة المجموعـات الرقميـة Metasource، ويجـب أن تـدعم XML لإتاحـة البيانات الرقمية في صورة قاعدة بيانات.

- أن تكون لغات برمجة النظام من اللغات الأكثر استقرارًا في العمل مع مرونة إضافة وظائف قد تطلب فيما بعد ، وأن تكون لغة متطورة؛ أي يتم تحديثها بصفة دائمة، وأشهر هذه اللغات لغة C ، تدعم بال JAVA والـ CGI لإمكانية عرض الفهرس على شبكة الإنترنت.

- أن يحتوي على Metadata Builder أو منشئ الميتاداتا الذي يسمح للمكتبات وصف وتخزين المجموعات الرقمية باستخدام مجموعة متنوعة من خطط الميتاداتا مثل Dublin Core أو EAD .

أن يحتوي على مجموعة تقارير تغطي متطلبات كل وظيفة من وظائف النظام مثل تقارير للفهرسة ، تقارير للإعارة ،.... وهكذا، على أن تكون سهلة الاستخدام حتى لغير المتخصصين من المكتبيين، حيث إنه قد يحتاج إداري المكتبة من غير المتخصصين إلى مخرجات تلك التقارير لذا يجب أن تكون سهلة الاستعمال واستخراج البيانات بصورة مبسطة وسريعة لا تتطلب الاستنباط ، كما يمكن إعداد تقارير تتناسب مع ما يستجد من متطلبات للمكتبة.

وجدير بالذكر أن أنظمة المكتبات الآلية أصبحت ممكنة لكافة المكتبات؛ حيث أصبحت تتناسب مع إمكانات كل المكتبات المادية ، فهناك الأنظمة ذات التكلفة المادية العالية تبعًا لوظائفها وتكنولوجيا إنتاجها وتطويرها فهي تتناسب مع مكتبات بها كم هائل من التسجيلات والخدمات التي يمكن أن يقدمها النظام لمجتمع المستفيدين لتلك المكتبة، ومن هذه الأنظمة III أو ما هو معلوم بـ Innovative فهو يحتوي على الشكل شبه المثالي للأنظمة، وهناك أنظمة لها أكثر من إصدار يتناسب مع كل المكتبات، ولها أن تختار الوظائف المناسبة لاحتياجاتها وكلما قلت الوظائف كلما قلت التكلفة ، ومن هذه الأنظمة (Unicorn - Virtua - Horizon,...) وهي أكثر الأنظمة شيوعًا في الشرق الأوسط وخاصة لأنها تدعم اللغة العربية، وقد ظهر على ساحة الأنظمة التي تدعم اللغة العربية نظام مكتبات

كندي يسمى Insignia وهو أرخص في التكلفة قد يكون نظـرًا لبداية تواجده بالساحة العربية ،وهي فرصة للمكتبات ذات الموازنة المالية القليلة ، كما يوجد عدد من الأنظمة التي يمكن اقتنائها مجانًا وهي تقع تحت فئة تسمى Open Sources المصادر المفتوحة.

المصادر المفتوحة:

وهي أنظمة لم تكتمل بعد وتم إنشاؤها من خلال مساهمات ذاتية في عمليات البرمجة ولا حظر في أن(يدلو كل بدلوه) فيها من المتخصصين في عمليات البرمجة المناسبة للغة النظام، ويكون ذلك من خلال عمل Download لتلك الأنظمة بمتطلبات تشغيلها، ثم التعديل فيها بما يتناسب مع متطلبات المكتبة. وفي الغالب تفي هذه الأنظمة بمتطلبات بعض المكتبات ومن هذه الأنظمة نظام يسمى KOHA ، وآخر يسمى Openbiblio ، وهي أنظمة سهلة الاستخدام ومتطلباتها كما يلي:

LINUX (Free Operating System) نظام تشغيل لينكس

MySQL Database Engine محرك قاعدة البيانات

Apache Web Server لوضع الفهرس على شبكة الإنترنت

PERL or PHP لغات لإمكانية التعديل في المصادر المفتوحة

وكل هذه المصادر متاحة على شبكة الإنترنت يمكن عمل تحميل لها Download بالمجان،ويمكنك زيارة موقع www.sourceforge.net ستجد به العديد من هذه البرامج التي يمكن استخدامها في مجالات متعددة.

ولكن يجب عند اختيار نظام المكتبات الآلي أن يكون له دعم فني على مستوى جيد يضمن استقرار النظام وحل مشكلاته بسرعة وكفاءة ، مع تلبية متطلبات المكتبة التي تقتنى هذا النظام ، وتزويدها بنسخ الترقية والتحديث اللازمين.

2/5 - النظم العالمية المعربة:

من هذه الأنظمة ما هو معروف ومطبق بالمكتبات المصرية ومنها ما هو غير ذلك نحاول أن نلقى عليه الضوء:

- Horizon Library Management system

أحد النظم المعربة ويعرف بنظام الأفق ، وهو أكثر النظم استخدامًا في المكتبات العربية ،ويحتوي على كافة وظائف المكتبة ويعمل بتقنية الخادم / العميل، وينتشر بصفة خاصة في مكتبات منطقة الخليج العربي، ويساهم في ذلك أن له وكيل بالمملكة العربية السعودية ، وممثل له بمصر. ذلك وفقا لما أثبتته أحد الدراسات التي أجريت في فترة سابقة وهو كذلك حتى 2004 . ويعمل من خلال محرك بيانات Sybase ، ولهذا النظام وكيل بالسعودية ومكتب بمصر (شركة النظم العربية المتطورة) وهذه الشركة ستكون الموزع بمصر للنظام الجديد لشركة سيرسي داينكس، وتفصيل ذلك يأتي مع التعريف بنظام اليونيكورن Unicorn.

- **Unicorn**

نظام من إنتاج شركة أمريكية SIRSI وهو من النظم المعربة 2001 ، يعمل بتقنية الخادم / العميل ، من أكثر النظم تطبيقًا في المكتبات على مستوى العالم ،يحتوي على جميع وظائف المكتبات ويتميز بوجود وفرة في وظائف التقارير ويعمل على محرك قاعدة بيانات ISAM، وهي تأتي ضمن مكونات النظام كما يعمل النظام أيضًا على محرك قاعدة بيانات Oracle. وهذا النظام مطبق في العالم العربي وفي أكثر من مكتبة بمصر منها مكتبة مبارك العامة http://www.mpl.org.eg ، حيث حل محل نظام ALEPH، و يعمل أيضًا بالمكتبة القومية الزراعية http://nile.enal.sci.eg، حيث حل محل نظام VTLS (Virtua)، وكذلك تم تشغيله بمكتبات جمعية الرعاية المتكاملة (21 مكتبة) وقد بدأ ينتشر في البلاد العربية في قطر والكويت والسعودية. ولهذا النظام وكيل بالمملكة العربية السعودية شركة Knowledge Ware ، ومكتب تمثيل

بمصر شركة تقنية المعارف المصرية، ولكنه لا يقدم الدعم الفني بالشكل المطلوب ويعتقد أنه ليس أمرًا واقعًا.

وجدير بالذكر أنه قد دُمجت شركة SIRSI المنتجة لنظام اليونيكورن وشركة DYNIX المنتجة لنظام هوريزون ، وذلك تحت اسم واحد هو SIRSIDYNIX مع الاحتفاظ بإنتاج النظامين، ويتم تطوير كل منهما على حدة حتى أن الشركات الموزعة للنظامين لم يندمجا، وتم استبعاد أحدهما وهي شركة تقنية المعارف Knowledge Ware عن توزيع النظام وذلك مع بداية عام 2009 بعد أن عجزت عن توفير الدعم الفني للعملاء ولم تف بالمستحقات المالية لشركة سيرسي، ظهرت لها بعض المشكلات مع عملائها مع العلم بأنه حتى نهاية عام 2008 لم يتم إعداد بروتوكول تعاون بينها وبين شركة النظم المتطورة AAS أي أن كل منهما يقوم بتسويق النظام تبعًا لخطته دونما فرق بين قبل الدمج وبعده ؛ أي أن الدمج تم على مستوى الشركتين المنتجتين فقط، وتم تحويل موقع الشركتين على شبكة الإنترنت إلى www.sirsidynix.com.

وفي بداية عام 2008 ، أصدرت الشركة نظامًا واحدًا يجمع بين واجهة اليونيكورن وإمكانيات الهوريزون وسمي هذا النظام روما Rome (على اعتبار أن كل الطرق تؤدي إلى روما) وبعد ذلك تم تغييره إلى اسم سيمفوني Symphony، والذي تدعمه فقط شركة النظم العربية المتطورة AAS والتي أصبح لها مقر بالقاهرة لدعم المكتبات والمراكز التي تستخدم أي من النظامين القديمين (اليونيكورن أو الهوريزون) وكذلك مستخدمي النظام الجديد سيمفوني الذي يجمع بين سهولة الاستخدام في اليونيكورن وقوة النظام في الهوريزون..

- **VTLS**

نظام من إنتاج شركة أمريكية Virginia Tech Library System VTLS ويوجد عدة إصدارات منه أشهرها Virtua ، يعمل بتقنية الخادم / العميل ويحتوي على كافة

وظائف المكتبة، وهو من النظم التي تعمل بأكثر من 20 لغة منها اللغة العربية، ويعمل على محرك قاعدة بيانات أوراكل Oracle وكان مستخدمًا في المكتبة القومية الزراعية وحاليًا في مكتبة الإسكندرية ، و في شبكة مكتبات كليات الهندسة بالجامعات المصرية (لا يعمل إلا في بضع مكتبات منها- ولا يعمل في البعض الآخر لأسباب متعددة أغلبها إدارية).

● Insignia

وهو من النظم المعربة حديثًا 2003 من خلال شركة مصرية ويقوم النظام بجميع العمليات الفنية والإدارية اللازمة لإدارة المكتبات على اختلاف أنواعها وأحجام مقتنياتها، ويدعم نظام Insignia (الإشارة) نسخة معربة من صيغة مارك MARC التي تتناسب مع قواعد الفهرسة الأنجلو أمريكية ، الطبعة الثانية AACR2 كما يتضمن النظام ملفات مساعدة صوتية وهي جديدة على أنظمة المكتبات؛ حيث تقوم بشرح الخطوات التي يجب اتخاذها في أي شاشة تتوقف بها ،ويتيح النظام إلى جانب فهرسة الكتب والدوريات ، والمخطوطات، والمقالات، وملفات الحاسب الآلي، والخرائط ، والنوت الموسيقية ، والأفلام ، وصفحات الإنترنت إرفاق ملفات الملتي ميديا Multimedia والنظام من إنتاج شركة كندية ويوجد لهذا النظام وكيل بمصر شركة STYLE Computer Service وهي الوكيل للشرق الأوسط.

● aDIS/BMS

نظام تم تعريبه في 2003 ، من إنتاج إحدى الشركات الألمانية وتسمى استك aStec، وهذا الاسم مشتق من Applied System Technology وهو يعمل بتقنية (الخادم / العميل)، النظام مطبق في أكثر من 200 مكتبة في ألمانيا ، ومطبق في مصر في مكتبة وزارة الموارد المائية و الري منذ أغسطس 2003، والوكيل لهذا النظام شركة MISC ولكن لايوجد لهذه الشركة أي مقر خلال العام الماضي، ويعتقد أنها لم تعد تدعم نظام المكتبات في الوقت الحالي.

وموقع الشركة على شبكة الإنترنت: /http://www.astec.de

● **ALEPH**

نظام من إنتاج شركة إسرائيلية النشأة كان مستخدمًا في مكتبة مبارك العامة ، وهو من النظم المعربة تم تعريبه فقط عند استخدامه بها ، لكنه تعريب غير معياري؛ حيث واجهت مكتبة مبارك مشاكل متعددة نتيجة لذلك عند تحويل البيانات ونقلها لنظام آخر. ولا يوجد لهذا النظام أي وكيل بالدول العربية.www.exlibrisgroup.com

● **aLIS Advanced Library and Information System**

نظام معلومات المكتبة والذي أنتجه مركز المعلومات و دعم اتخاذ القرار برئاسة مجلس الوزراء المصري ، متاح في 3 إصدارات: المبسطة، والمتوسطة، و الكاملة، ومستخدم بكثافة عالية في المكتبات المصرية، وجار تطويره حاليًا من خلال لجنة تطوير توجد إصداره حديثة تسمى ells.

وموقع المركز   www.idsc.gov.eg

● **CDS/ISIS**

برنامج ميكنة المكتبات الذي ترعاه وتطوره منظمة اليونسكو ، و هو أحد النظم المعربة ويوزع مجانًا سهل الاستخدام ، لكنه لا يحتوي على عدد من الوظائف منها وظائف الإعارة، والجرد والتقارير و....، ولكنه يعد نظام استرجاع جيد ويفي بمتطلبات العديد من المكتبات الصغيرة.

وموقع المنظـــمة: www.unesco.org/isis

وتوجد عدد من المدونات الخاصة به يمكن التعرف على المزيد والجديد وكيفية التحميل والتشغيل والتحديث من خلالها.

وقد تم إصدار نسخة جديدة تعمل على شبكة الإنترنت، ويسمى النظام الجديد Weblis وهو تطوير للنظام CDS/ISIS ولكنه بشكل مختلف تمامًا أكثر سهولة وتوافقًا مع البرمجيات الحديثة وتقوم على دعمه وتعريبه المنظمة العربية للتنمية

الإدارية التابعة لجامعة الدول العربية وموقعها على شبكة الإنترنت هو: www.arado.org ، بل وتقدم المنظمة العربية للتنمية الإدارية أيضًا الدعم بنظام الاستضافة؛ أي تستضيف بيانات المكتبات عندها على أجهزتها، وهذا يوفر في التكلفة ويخفف العبء عن المكتبات التي لايوجد لديها دعم فني أو جهاز خادم؛ وبذلك كل ما على المكتبات هو تقديم الخدمات فقط.

- **LibsYs**

هو نظام عربي متكامل يعمل بتقنية الخادم / العميل قامت بتصميمه شركة نور سوفت الفلسطينية ، ليقوم بالعمليات الفنية والإدارية اللازمة لاحتياجات المكتبات ومراكز المعلومات ومراكز الأرشيف والتوثيق، سواء كانت صغيرة منفردة أو كبيرة ذات فروع متعددة؛ حيث يحتوي على كافة وظائف المكتبة ، وتم تصميمه باستخدام برمجيات مايكروسوفت DOTNET,VB, Visual Studio وتوجد إصدارات منه تعمل على برنامج مايكروسوفت أكسيس MS Access ، ومنها ما يعمل على MS SQL ، ومنها ما يعمل على أوراكل Oracle وهو مطبق بأكثر من 60 مكتبة بفلسطين.

وموقع الشركة المنتجة على الإنترنت هو: www.libsys.co.in/home.html

- **اليسير لإدارة المكتبات:**

برنامج اليسير هو نظام متكامل للمكتبات الحديثة، حيث يقوم بتنفيذ جميع العمليات الفنية التي تتم في المكتبة من لحظة دخول الكتاب إليها وما يتبع ذلك من إدخال بياناته ثم البحث عنه ، كل ذلك بشكل آلي. يوفر البرنامج إمكانات هائلة للبحث بأي جزئية من أجزاء الكتاب ويطبع التقارير والقوائم التي تحتاجها بأي ترتيب وفيه خاصية الإعارة والجرد. و يناسب هذا البرنامج المكتبات الصغيرة والمتوسطة الحجم من حيث أوعية المعلومات، ويستطيع استيعاب ما يقارب الـ 50 ألف وعاء معلومات(على حد قولهم)، وهو معتمد من وزارة التربية والتعليم بالمملكة العربية السعودية.

والبرنامج مجاني للمكتبات المدرسية والعامة وجميع القطاعات التابعة لوزارة التربية والتعليم، كما يمكنك تحميل النسخة المؤقتة بالنقر على أحد الروابط بموقع النظام على شبكة الإنترنت ويتوافر النظام بثلاث إصدارات: www.alyaseer.gov.sa

أكسس 97: النسخة المؤقتة من الإصدار الثالث ـ أكسس 97

أكسس 2000: النسخة المؤقتة من الإصدار الثالث ـ أكسس 2000

أكسس xp: النسخة المؤقتة من الإصدار الثالث ـ أكسس xp

قيمة هذا البرنامج: 400 ريال سعودي ويمكن تحميله بالمجان.

قم بزيارة موقع برنامج اليسير لإدارة المكتبات لمعرفة المزيد وذلك على العنوان التالي:

www.alyaseer.gov.sa

وبالرغم من أن النظام يستخدم أقل أنواع قواعد البيانات Access إلا أنه:

1. مهيأ للعمل في بيئة الشبكات.
2. به خيارات متعددة في البحث.
3. يطبع تقارير متنوعة وطباعة ملصقات الكعب وملصقات الباركود.
4. يحتوي على قائمة رءوس الموضوعات العربية للخازندار (أكثر من 6000 موضوع).
5. به إمكانية تحديد صلاحيات معينة لكل مستخدم.
6. يمكن عمل نسخ احتياطية على القرص الصلب أو المرن.
7. سهل في الإعارة والاسترجاع (إعارة الكتاب بإدخال رقمه فقط).
8. يعطي إحصائيات متعددة تفي باحتياجات المكتبة.
9. يساعد في استيراد بيانات الموظفين والطلاب من برنامج (معارف).

10. به تعليمات واضحة تشرح جميع أجزاء البرنامج.
11. سهل الاستخدام بحيث يناسب كافة المستويات.
12. به إمكانيات متعددة في طباعة نتائج البحث.
13. يمكن استيراد بيانات الكتب التي تزود بها وزارة التربية والتعليم المكتبات المدرسية
14. يدعم تقنية الباركود.
15. يمكنه طباعة خطابات للمستعيرين المتأخرين.
16. يمكنه طباعة بطاقات للمستعيرين.
17. يساعدك البرنامج على نشر بياناتك على الإنترنت؛ حيث يحتوي قرص البرنامج على موقع جاهز يحتوي على الأدوات اللازمة لذلك.
18. يحتوي قرص البرنامج على بيانات أكثر من (6000) كتاب يمكنك استيرادها مباشرة.
19. دعم فني متواصل من خلال موقع البرنامج على الإنترنت www.alyaseer.gov.sa .
20. معتمد أيضًا من وزارة الإعلام ومسجل في مكتبة الملك فهد الوطنية.

و قد نشأ برنامج (اليسير لإدارة المكتبات) عام 2000 - 1420 هـ واستخدمت النسخة الأولى منه في إدارة الفهرسة والتصنيف بالإدارة العامة للمكتبات ، وبعد التأكد من صلاحية البرنامج وإجازته من قبل المتخصصين في مجال المكتبات والمعلومات والحاسب الآلي بالوزارة والحصول على التصاريح اللازمة وتسجيل البرنامج بوزارة الأعلام - بدأ تسويقه من قبل الإدارة العامة للمكتبات والتي تملك حقوق إنتاج وتوزيع وتطوير هذا البرنامج.

● نظام المكتبي **Librarian** - البرنامج الآلي لإدارة المكتبات:

وهو أحدث الأنظمة التي ظهرت على الساحة العربية وتدعمه شركة أكمل - مصر- ACML-Egypt ، وهو نظام هندي تم تعريبه وإعداده بالتعاون بين مؤسسات هندية وهي جروث للبرمجيات الإلكترونية و مؤسسة سي-آر-تو العالمية CR2 وشركة أكمل - مصر. وبناء النظام بسيط و واجهة الاستخدام سهلة للغاية ويدعم الخصائص الحديثة وبروتوكلات وتطبيقات الجيل الثاني لتكنولوجيا المعلومات ومنها الـ RFID ، وتم إعداده ليتناسب مع الإمكانيات المادية لكل المكتبات فيوجد الإصدار البسيط للمكتبات الصغيرة والمتوسطة، وكذلك توجد إصدارة للمكتبات الكبيرة، وحتى نهاية 2008 ظهرت الإصدارة العربية التجريبية للنظام Beta Version، أما الإصدارة الأجنبية فقد انتشرت في آسيا وأفريقيا وأوروبا عن طريق مؤسسة جروث التي تم إنشاؤها منذ عشرين عامًا وهي تعمل في مجال تكنولوجيا وخدمات المعلومات.

ومن خصائص هذا النظام:

- مزود بعينة لمكتبة صغيرة على قاعدة بيانات للتدريب عليها والتعرف على إمكانات النظام، وبه كافة الوظائف المكتبية (فهرسة - دوريات - استعارة - التزويد- التداول- ضبط المسلسلات - البحث على الخط المباشر -...).

- يدعم المواصفات والمعايير العالمية شائعة الاستخدام مثل: . MARC,XML,Z39.50,....

- متعدد اللغات لدعمه خاصية الكود الموحد UNICODE.
- يدعم فهرسة الخرائط والمقتنيات غير التقليدية.
- يدعم نظام محدد ترددات الراديو RFID.
- يتيح إمكانية وضع عروض أسعار وعمل مقارنة بينها.
- يقدم خدمات البث الانتقائي والإحاطة الجارية.

- يتحقق آليًّا من وجود نسخة مزدوجة من بطاقات العضوية للمستفيدين.
- يدعم كافة أشكال المصادر وبخاصة الإلكترونية (مواقع الإنترنت - ملفات الوسائط المتعددة - ملفات الصور PDF -...).
- يتيح أدوات مساعدة للتعلم.

المصــــادر:

مجلة لغة العصر / مؤسسة الأهرام._ القاهرة : الأهرام ،2005._ ع 127 .

فؤاد أحمد إسماعيل ، أحمد أمين: لماذا النظام الآلي الجديد بمكتبة مبارك العامة.عالم المكتبات والمعلومات والنشر -المجلد الخامس - العدد الأول - يوليو 2003 ص.(309 – 324).

محمد فتحي عبد الهادي، و أسامة السيد محمود: مصادر وخدمات المعلومات المرجعية في المكتبات ومراكز المعلومات.- القاهرة، المكتبة الأكاديمية،2006.

عامر إبراهيم قنديلجي، إيمان فاضل السامرائي: حوسبة (أتمتة) المكتبات ، دار المسيرة 2004.

أحمد أمين أبو سعدة: متطلبات تكنولوجيا المعلومات بالمكتبات الحديثة.- المؤتمر القومي الثامن لأخصائي المكتبات والمعلومات في مصر (28 – 30 يونيو 2004)

أحمد أمين أبو سعدة: مصادر مفتوحة وآفاق مغلقة، ورقة مقدمة إلى الملتقى العربي الثاني لتكنولوجيا المكتبات والمعلومات (يوليو 2005).

محمد محمد الهادي: تكنولوجيا الاتصالات وشبكات المعلومات مع معجم شارح للمصطلحات، المكتبة الأكاديمية، 2001.

سامح زينهم عبد الجواد: نظم المكتبات المتكاملة: الاتجاهات والتكنولوجيات الحديثة، 2007.

سامح زينهم عبد الجواد: المكتبات والأرشيفات الرقمية: التخطيط والبناء والإدارة.- ج1.2007

Internet Sites:

http://firstmonday.org/issues/issue9_4

http://obiblio.sourceforge.net/demo

http://en.wikipedia.org/wiki/RFID

http://www.libdex.com

الفصل السادس

النظم مفتوحة المصدر

تمهيـد

المصـادر المفتوحـة ويقصـد بهـا إتاحـة الكـود الخـاص بالبرمجيـات Source Code لإمكانية التعديل بكود البرامج والحصول على بـرامج تتناسب مـع متطلبـات المؤسسـات والأفراد، وكذلك المشاركة في إنشاء البرامج من حيث انتهى إليه الآخرون، وهذا يـوفر جهدًا ومالاً في إنتاج البرامج والإتاحة للجميع بعيدًا عن الاحتكار والبرمجيات المغلقة. وقد بدأت منذ عشر سنوات تقريبًا لكنها بدأت تنتشر في الآونة الأخيـرة ، ولاشك أن المصادر المفتوحة قد فتحت بابًا من أبواب الحريات في مجال البرمجيات وفي طريقها للقضاء علـى الاحتكار، ومن أشـهر هـذه البرمجيـات نظام التشغيل ليـونيكس LINUX ، فهو نظـام تشغيل مفتوح المصدر وتوجـد العديد مـن التطبيقـات التـي تعمـل مـن خلاله. وهـذه المصادر المفتوحة منفذ للدول الفقيرة كي تنهض باستخدام تكنولوجيا المعلومات بتكاليف تناسب إمكاناتها وميزانيتها، وليس الطريق مفروشًا بالورد ولكنه يحتاج إلى جهـد ومثابرة وتحدٍّ.

وتتناول الورقة المقدمة تعريف بالمصادر المفتوحة، ومـا هـو مفهـوم هـذه المصادر وتصريح الاستخدام الخاص بها ودورها في تنمية الاقتصاد وأن هـذا اتجـاه سـائد وبدأت كثير من الشركات تتخذه . وهنـاك العديـد مـن البرمجيـات المعروفـة هـي مـن المصادر المفتوحة مثل ... ,LINUX, MYSQL, Apache ، وكما أن لهذه المصادر مميـزات فأيضًا لهـا سـلبيات أو ملاحظـات عنـد تطبيقهـا. وجـدير بالـذكر أن هنـاك برمجيـات في مجال المكتبات تصل إلى 63 نظامًا تختلف في وظائفها وتخصصها

وميزاتها، ومنها ما هو مطبق بالفعل بالمكتبات مع العرض لأهم وظائفها ومكوناتها، كما تختتم الورقة بعروض مشروع لكيفية الاستفادة بتجربة المصادر المفتوحة في مجال المكتبات، وكيفية إنشاء نظام مكتبات آلي متكامل محلي يسمى ELIS نظام المكتبات الآلي المتكامل المصري وملحق بالورقة تفاصيل هذا المشروع الذي نأمل ألَّا يجد آفاقًا مغلقة .

1/6 - خصائص النظم مفتوحة المصدر :

وتعرف المصادر المفتوحة بإنها إتاحة الكود الخاص بالبرمجيات Source Code، وقد بدأت المصادر المفتوحة من خلال الباحث ريشارد ستالمن بمعهد ماساثوستس لتكنولوجيا المعلومات، وكانت تحت مسمى Open Source Software كهيئة عالمية غير حكومية غير ربحية وتعتمد أساسا على ما يسمى البرمجيات الحرة Free Software Foundation .

بدأت المصادر المفتوحة من آخر التسعينيات وهى في سنة 2001 كانت هناك حوالي 2000 مجموعة تطور حوالي 37000 تطبيقًا، لكنها أخذت موضعًا بحلول عام 2001 . ومن هذه المصادر المفتوحة الأكثر انتشارًا LINUX ويصل مستخدموه إلى 2 مليون مستفيد .

والمصادر مفتوحة المصدر مجانية مجازًا؛ فلها تكاليف ضئيلة لأن هناك تحميل لهذه البرامج يستغرق وقتًا وتكلفة وإن كانت زهيدة ،ولاشك أن لها العديد من المزايا وأيضًا العديد من المشكلات ولكنها متطلبات للتطوير، وهذا يتطلب فريق عمل له وقته وجهده الذي لا يقدر بثمن .وأنصار المصادر المغلقة تعتبر المصادر المفتوحة مبدأ غير أخلاقي؛ إذ إنه يتيح الاستفادة مما أنتجه الغير (هذا رأى مردود عليه ؛ لأن من يتيح شيء فهو موافق على أن يستفيد منه الآخرون).

أنصار المصادر المفتوحة يعتبرون أن الأفكار ملك الإنسانية ، وليست مجرد بضاعة تحتكر .

- المفهــــوم (أربع حريات)، وجـدير بالـذكر أن حرية المعلومات بدأت مـع الهـاكرز Hackers .

تقوم البرامج المفتوحة على أربع حريات :

- حرية تشغيل البرنامج لأغراض مختلفة .

- حرية تحليله ومعرفة كيفية إدارته .

- حرية التطوير.

- حرية التوزيع للنسخ المطورة منه كما يمكن للمطور توزيعه مجانًا كنزعة إنسانية أو أن يتقاضى ما يحدده نظير عمله .

دور المصادر المفتوحة في الاقتصاد :

تدعم المصادر المفتوحة دول عديدة منها: ألمانيا – الصين- بريطانيا – فرنسا – البرازيل – روسيا –نيوزيلندا – ماليزيا – الأرجنتين (تقريبا نصف سكان الأرض). لأن مـن يملك المعلومات يملك المستقبل كما تنتشر المصادر المفتوحة خاصة في مجال الحكومـة الإلكترونية .

ولأنه يجب أن يكون هناك تزاوج بين الاقتصاد والمعرفة؛ فقـد استفادت الهنـد مـن ذلك وارتفع دخلها 6 مرات خلال 4 سنوات بسبب البرمجيات. والمصادر المفتوحـة تتيح العمل الجماعي وتتغلب على العمل الفردي .

ونرى أن هذه هي فرصة العرب ليبدأوا من حيث انتهى الآخرون .

و توجد مواقع عربية تتيح العمل على تطوير المصادر المفتوحة عمومًا منها:

http://www.arabeyes.org

http://www.eglug.org

http://www.warshah.org/

اتجـاه سائد : تعتبر شركة IBM من أهم الشركات التي تدعم المصادر المفتوحة حتى أنها قررت أن تفتح أكواد 500 برنامج مسجلة باسمها للاستخدام العام ، وهي خطوة مهمة لدعم مفهوم المصادر المفتوحة، علمًا بأن هذه البرامج مسجلة كبراءات اختراع باسمها، وتسمح هـذه الخطوة للأفراد والمجموعات التي تستخدم البرمجيات المعتمدة علي المصادر المفتوحة بالحصول علي الابتكارات الرئيسية المستخدمة في هذه البرامج، وتتضمن بـراءات الاختراع برمجيات خاصة بنظم التشغيل وبرمجيات خاصة ببروتوكولات تصدير الملفـات وقواعـد بيانـات وأدوات برمجيـة لاختبـار واجـه البـرامج وبرمجيات تتعلق بالتعرف على النصوص المكتوبة والكثير .

والمعروف أن IBM طبقًا للمكتـب الأمـريكي لـبراءات الاختراع والعلامـات التجاريـة تحتل المرتبة الأولى من حيث عدد براءات الاختراع التي حصلت عليها أي شركة أخرى لمدة اثنتي عشرة سنة ؛ حيث حصلت على1.314 براءة اختراع أكثر من أي شركة أخرى،كما تعتبر الشركة الوحيدة التي تحصل على أكثر من200 براءة اختراع في سنة واحدة .

وفي مجال برامج قواعد البيانات المفتوحـة المصـدر، أعلنـت شركـة IBM عـن طـرح قاعدة بيانات مفتوحة المصدر للمبرمجين والمطورين حول العالم للاستفادة بهـا والمشاركة في تحسينها وتطويرها.

وقالت مصادر مسئولة بالشركة أن التعامل القانوني مـع قاعـدة البيانـات الجديـدة سيتم وفقًا للتراخيص مفتوحة المصدر المطبقة مع البرنامج الشهير المعروف باسـم خـادم أباتشي المفتوح المصدر، والمستخدم على نطاق واسع في إدارة مواقع الإنترنت وسوف تمثلها مؤسسة برمجيات أباتشي.

واتجهت إلى ذلك أيضًا شركة حاسب إلكتروني أسوشيتس بالإعلان عن مبادرة جديدة لفتح الشفرة الكودية لقاعدة بياناتها التي تحمل اسم أنجريس آر3 ، لتصبح عاملة بمفهوم البرمجيات مفتوحة المصدر، وتدعو هذه المبادرة إلى جعل قاعدة البيانات متاحة للتنزيل من الإنترنت بشكل مفتوح المصدر خلال تسعين يومًا، بحيث تعمل مع نظام تشغيل لينكس، وستوفر الشركة رخصة لاستخدام قاعدة البيانات تحمل اسم رخصة حاسب إلكتروني أسوسيشن مفتوحة المصدر الموثوق به

شركات :   Linux, MYSQL, IBM ,Computer Associations,

شركة حاسب إلكتروني أسوسيشن : قاعدة بيانات جديدة مفتوحة المصدر وتنفيذ سلسلة من التحالفات ومشروعات التعاون مع عدد كبير من مشروعات البرمجيات مفتوحة المصدر على الساحة الدولية.

شركة ماي أس كيو ال MYSQL : ومن المعلوم أن هذه الشركة سويدية وهي تنتج قواعد بيانات مفتوحة المصدر تحمل الاسم نفسه لتتحدى مايكروسوفت في مجال قواعد البيانات وتحديدًا قاعدة بياناتها المعروفة باسم أس كيو ال SQL ؛ لأنها تقدم لهم قاعدة بيانات رخيصة الثمن وسهلة الاستخدام، واستطاعت بهذه الطريقة التوسع شيئًا فشيئًا على حساب آي بي أم و أوراكل حتى باتت تستحوذ حاليًا على ما يقرب من20% من قواعد البيانات عالميًا ورفعت أسعارها بشدة واتجهت برامجها للتعقيد، لكي تناسب المؤسسات الكبيرة مما خلف وراءها فجوة في السوق أعادت الكرة إلى الشركة السويدية، لكي تنفذ منها من جديد وتخاطب الشركات الصغيرة والمتوسطة وإدارات تكنولوجيا المعلومات بنفس لغة مايكروسوفت القديمة ولكن وفق مفهوم مختلف يضيف إلى السعر الرخيص والسهولة في الاستخدام ميزة المصدر المفتوح لقاعدة البيانات والترخيص القانوني ذي الشروط الأخف والأسهل..

شركة IBM : أتاحت قاعدة بيانات كلاودسكيب التي جرى تطويرها في منتصف التسعينيات كقاعدة بيانات علائقية متخصصة في العمل مع لغة جافا للبرمجة، بعد قيامها بشراء شركة أنفورمكس لقواعد البيانات عام2001، والتي كانت بدورها قد اشترت كلاودسكيب في عام 1999، وكلاودسكيب من المنتجات المميزة .

شركة IBM وتدعم أيضًا LINUX

مؤسسة برمجيات أباتشي.

قواعـــد بيانات :

كلاود سكيب : كلاودسكيب تصبح مفتوحة المصدر بعد أن كانت من البرمجيات مغلقة المصدر، في محاولة لتوليد المزيد من الاهتمام بالمنتج والتسهيل على المبرمجين في الوصول إليه، ومشروع بلوني الذي يستهدف تطوير نظام مفتوح المصدر لإدارة الوثائق،و مشروع جيبوس الذي يتم خلاله تطوير برمجيات مفتوحة المصدر للحاسبات الخادمة العاملة ببرمجيات جافا، وقاعدة بيانات MYSQL ماي أس كيو ال الذي أعلن عن تطورات وتحسينات عليها، و استطاعت مضاعفة رءوس الأموال المستثمرة في الشركة خلال العام الماضي ويتوقع أن تحقق أرباحًا، وكذلك قاعدة بيانات أنجريس آر 3 ومن المتوقع الحصول على اعتماد هذه الرخصة من مؤسسة مبادرة المصادر المفتوحة التي ترعى هذا الاتجاه دوليًّا لتقدم الحماية القانونية المطلوبة من قبل المؤسسات والمستخدمين.

المنهج وليس صراع بين ويندوز ولينكس **Windows & LINUX** :

يبقى التأكيد على أن هناك الكثير مما يمكن قوله بشأن منهج المصادر المفتوحة، لكنني سأتوقف عند هذا القدر من المقالات، وفي الختام أعاود التذكير بأننا لسنا أمام صراع بين لينكس وويندوز كما يتصور البعض خطأ، ولكن أمام منهج يتبعه من يؤمنون بالحرية ويمارس الانفتاح والعطاء باقتدار مع الآخرين، ومن يمتلكون

ذهنًا مبدعًا وثّابًا قادرا على التخيل والقبول بالمخاطرة والعمل والمثابرة، ومن يسعون بجد إلى تحقيق قيمة مضافة تقود للتعامل بندية واستقلال وبشكل مشرف مع الآخرين حول العالم ومن يحرصون على الفعل والإضافة، وشراء والملاحقة ومن ينحازون للاستثمار في البشر بدلا من الاستثمار في شراء المنتجات، منهج يجعل اليد العليا للعقل الجمعي التصنيعي وليس للنهم الاستيرادي، وفي النهاية منهج للتنمية المستقلة المتحررة من التبعية والخضوع للاحتكارات انطلاقًا من الانتصار للذات والثقة بالنفس.

مميزات البرامج وملاحظات عليها :

● إتاحة الكود المصدر.

● عدد كبير من المطورين Developers يعملون على تطوير البرنامج .

● تطور البرنامج يكون أسرع بكثير من البرامج التجارية.

● القدرة على التعديل و التطوير و التحسين و الضبط .. نظراً لإتاحة كود المصدر

● تحقيق الاستقلالية.

● أرخص بكثير في تطبيقها من البرامج التجارية.

● يمكن الوصول إليه من أي مكان في العالم .

● لا يعتمد على نظام تشغيل معين أو على مواصفات مادية معينة .

● سرعة الوصول إليه و تشغيله بسهولة .

● سهولة التعلم.

ملاحظات على البرامج مفتوحة المصدر :

● عدم وجود ضمان لكفاءة البرنامج و ملاءمته لمكان ما (يمكن التجربة دون تكاليف مادية باهظة).

- مخاطرة أن يحتوي البرنامج على أخطاء أثناء الاستخدام (يمكن الاستفسار من مكتبات طبقت هذا النظام).

- لا توجد حقوق ملكية فكرية (ولكن توجد حقوق مادية لمقدمي خدمة التحميل والتشغيل والدعم الفني) .

- إمكانية محدودة للاستفادة ماديًّا من البرامج (لشركات البرمجيات) حيث إن كل المصادر متاحة مجانًا .

- الدعم الفني (يمكن لأي مكتبة أن تقدم الدعم الفني من خلال مختصين بها) .

هل هناك أنظمة مفتوحة المصدر للمكتبات ؟

الإجابة: نعم، هناك أنظمة مفتوحة المصدر للمكتبات ، وهى أنظمة لم تكتمل بعد وتم إنشاؤها من خلال مساهمات ذاتية في عمليات البرمجة ولا حظر في أن (يدلو كل بدلوه) وفيها من المتخصصين في عمليات البرمجة المناسبة للغة النظام، ويكون ذلك من خلال عمل Download لتلك الأنظمة بمتطلبات تشغيلها ثم التعديل فيها بما يتناسب مع متطلبات المكتبة. وفي الغالب تفي هذه الأنظمة بمتطلبات بعض المكتبات ومن هذه الأنظمة نظام يسمى KOHA ، وآخر يسمى Openbiblio وهى أنظمة سهلة الاستخدام ومتطلباتها كما يلي:

LINUX (Free Operating System) نظام تشغيل لينكس

MySQL Database Engine محرك قاعدة البيانات

Apache Web Server لوضع الفهرس على شبكة الإنترنت

PERL or PHP لغات لإمكانية التعديل في المصادر المفتوحة

وكل هذه المصادر متاحة على شبكة الإنترنت يمكن عمل تحميل لها Download بالمجان،ويمكنك زيارة موقع http// www.sourceforge.net ستجد به العديد من هذه البرامج التي يمكن استخدامها في مجالات متعددة .

ولكن يجب عند اختيار نظام المكتبات الآلي أن يكون له دعم فني على مستوى جيد يضمن استقرار النظام وحل مشكلاته بسرعة وكفاءة، مع تلبية متطلبات المكتبة التي تقتني هذا النظام ، وتزويدها بنسخ الترقية والتحديث اللازمين .

و الأنظمة بمتطلباتها ووصف مختصر لإمكانياتها نجدها في الملحق الرابع الخاص بالأنظمة مفتوحة المصدر.

2/6 - نموذج لنظام آلي متكامل مفتوح المصدر :

مكونات النظام وإمكانياته : يحتوي النظام على كافة وظائف نظام المكتبات الآلي المتكامل ، حيث يحتوي على وظائف الفهرسة والإعارة والبحث المباشر والتزويد، و يجري حاليًا تطوير وإضافة وظائف ضبط الدوريات و التقارير والجرد، و يعتمد هذا النظام على الشبكة الداخلية و شبكة الإنترنت حيث إنه Web-Based ، لذا يمكن فتح النظام والدخول إليه من أي جهاز من خلال متصفح الإنترنت المتاح على هذا الجهاز مثل: Internet Explorer ,Netscape , ...

أما عناصر تشغيل النظام الرئيسية:
- نظام تشغيل : Linux or Windows وكلاهما متوفر .
- محرك قاعدة بيانات : MYSQL متوفر بالمجان .
- عارض إنترنت Apache Web Server متوفر بالمجان .
- النظام مفتوح المصدر KOHA ,Open biblio ,PHPMy Library
- متصفح إنترنت Internet Explorer ,Netscape,

وظيفة البحث المباشر ألـ **OPAC**

- يعتمد على استخدام متصفح شبكة الويب Web-Based
- إمكانية البحث بأكثر من حقل (العنوان – المؤلف – الموضوع - الناشر ..)
- إمكانية البحث باستخدام الكلمات المفتاحية (Keywords)

- إمكانية البحث برقم التصنيف
- إمكانية البحث بنوع الوعاء (كتاب – فيديو – CD ...)
- تعديل البيانات الخاصة ببطاقة معينة .
- بيانات الكتب المعارة و تاريخ الإعادة المتوقع .
- إمكانية الحجز للأوعية.
- عرض بيانات الأعضاء بما فيها معرفة الغرامات الخاصة بالعضو.
- البحث عن كتب داخل أحد الفروع .

● الفهرسة :

- عمليات الفهرسة .
- دعم كامل لـ MARC (استيراد – تصدير).
- دعم Z39.50 و من خلاله يمكن البحث عن بطاقات ببليوجرافيـة عـلى الإنترنـت و تحميلها مباشرة إلى قاعدة بيانات النظام .

● الاشتراكات والعضوية:

- إضافة – تعديل – حذف للأعضاء .
- تقسيم الأعضاء إلى فئات .
- إمكانية إعطاء صلاحيات للأعضاء كل حسب متطلبات استخدامه للنظام .
- إمكانية البحث عن الأعضاء .
- حفظ ملف عن كل عضو (الكتب المتأخرة – الغرامات - ...)
- عمل Account حساب لكل عضو (اسم مستخدم و كلمة مرور)

● الإعارة :

- استعارة- إعادة- نقل المقتنيات بين الفروع Intransit.

- الكتب التي لم يتم ردها المتأخرة .
- المعاملات اليومية Transaction .

● التقارير:

به عدد من التقارير:

- تقرير الكتب المعارة .
- تقرير أكثر الكتب إعارة (معدل دوران مرتفع Turn Over Rate).
- تقرير بالأعضاء الأكثر استعارة للكتب.

قائمة بالكتب مرتبة (برقم ديوي - بالعنوان - تاريخ إدخالها للنظام).

ضبط الدوريات :

جاري العمل في إعداده ويدعم هذه الوظيفة لكن بها بعض المشاكل الجاري العمل عليها .

● كما يدعم العديد من أنظمة التصنيف العالمية .

● بدء العمل في تعريب النظام داخل مصر ، ويمكن أن تتولى كل مكتبة الدعم الفني بذاتها من خلال متخصصين بها والتعريب أيضًا . ومع وجود بعض المشاكل التي تطرأ على النظام أثناء تشغيله إلا أنه كل مشكلة تظهر تجد وراءها فريقًا من العمل لمحاولة الإصلاح وتقديم أفضل إصدارة من خلال موقع النظام على شبكة الإنترنت .

خطة مشروع إنشاء نظام آلي متكامل محلي للمكتبات :

بعد صدور وثيقة النظم الآلية المتكاملة للمكتبات: المواصفات التقنية والوظيفية - الاختبار والاعتماد، والتي عقدت بالقرية الذكية تحت رعاية وزارة الاتصالات وتكنولوجيا المعلومات ومركز تقييم واعتماد هندسة البرمجيات، أصبح لدينا المعايير الموحدة المطلوب تطبيقها وتواجدها بالأنظمة الآلية للمكتبات،

والنظام الذي يدعم المواصفات القياسية التي أعدتها اللجنة سيكون نظامًا معتمدًا من وزارة الاتصالات ويكتسب ثقة المكتبات لتطبيقه بها .

وملخص المشروع هو الاختيار من بين أكثر من نظام مكتبات يمكن أن يتوافقوا مع المكتبات المصرية ومن هذه البرامج :

Library Integrated System (Koha or Openbiblio or phpMyLibrary)

والأنظمة السابق ذكرها تم اختيارها من بين 63 نظامًا مفتوح المصدر، ويتطلب الأمر بعض البرامج المساعدة واللازمة لتشغيل النظام مثل: محرك قاعدة البيانات، ونظام التشغيل، ومتصفح الإنترنت وهي كما يلي :

Database Engine (My SQL)-

Operating system (Linux)-

-Web Browsing

-Internet Server Apache

-Programming Language Perl or PHP

ويتطلب الأمر وجود مدير للمشروع على درجة عالية من الكفاءة في الإدارة والمكتبات ويحمل درجة علمية أكاديمية (الدكتوراه على الأقل) ، معه فريق من العمل يصل إلى 10 أفراد منهم 3 مبرمجين ، و مصمم جرافيك ، ومنسق للمشروع ، ومقيِّم للمشروع ، ومتطوعين للعمل بحد أقصى 4 أفراد .

والنفقات ستكون على التدريب ، والتطوير والدعاية والإعلان والمرتبات ومتطلبات العمل .

ويستغرق إتمام العمل 3 سنوات تقريبًا العام الأول في عمليات التدريب والتجهيز واختيار الأنظمة المناسبة والتقييم المبدئي قبل الإتاحة ، وفي العام التالي يتم إعداد بعض التحديثات والترقية و إنتاج الورقيات التي تعرف بالبرنامج وطريقة تشغيله والتمهيد للإعلان عن النظام ، وفي العام الثالث يتم التسويق للنظام، بواسطة المؤتمرات أو اللقاءات والندوات الخاصة بالمكتبات والمعلومات .

الخلاصة : المصادر المفتوحة ويقصد بها إتاحة الكود الخاص بالبرمجيات Source Code ، ذلك المفهوم الجديد الذي بدا لنا في الآونة الأخيرة ، والمصادر المفتوحة ليست وليدة اليوم أو العام ولكنها منذ ما يربو على عشر سنوات، وإن اختلف المسمى لها عما قبل وهي تعتمد أساسا على ما يسمى البرمجيات الحرة Free Software Foundation ويوماً بعد يوم يزداد مستخدمو تلك البرمجيات، وأكثرها شهرة على الإطلاق نظام التشغيل ليونيكس LINUX ، ويصل مستخدموه إلى أكثر من 2 مليون مستفيد وهى مجانية (تكاليف ضئيلة).

وهذه البرمجيات لها سياسات معلنة ومتعارف عليها وتتعرض الورقة للحريات الأربع التي تقوم عليها هذه البرمجيات، وبالرغم من أن هذه البرمجيات تدعمها دول عديدة منها: ألمانيا – الصين- بريطانيا – فرنسا – البرازيل – روسيا – نيوزيلندا – ماليزيا – الأرجنتين- الهند (تقريبا نصف سكان الأرض)، وأن دخل الهند من تنمية ذلك المفهوم تضاعف، إلا أن لهذا المفهوم معارضين كما أن له أنصار وكل له وجهة نظره .

وكما أن لهذه البرامج مفتوحة المصدر مميزات، فإن لها سلبيات وعليها ملاحظات ينبغي تداركها والإعداد لها ، وأعتقد أن هذه فرصة العرب كي يضعوا أقدامهم على طريق التكنولوجيا كرواد أو مشاركين بفعالية للبدء من حيث انتهى الآخرون خاصة أن من يملك المعلومات يملك المستقبل .

ولاشك أن من بين تلك البرامج مفتوحة المصدر سنجد برامج خاصة بأنظمة المكتبات ومتطلبات لتشغيلها منها (Koha, Openbiblio , My Library, Libsys , MySQL, Perl , PHP, and Apache)

وهي تحتوي على وظائف الفهرسة والإعارة والبحث المباشر والتزويد، و يجري حاليًا تطوير وإضافة وظائف ضبط الدوريات و التقارير والجرد وهي الوظائف التي تناسب أغلب المكتبات لدينا وهذه الأنظمة مطبقة بمكتبات عديدة

في مختلف دول العالم و يعتمد هذا النظام على الشبكة الداخلية و شبكة الإنترنت حيث إنه Web Based لذا يمكن فتح النظام والدخول إليه من أي جهاز من خلال متصفح الإنترنت.

كما نحاول تقديم مشروع لإعداد نظام آلي متكامل محلي من خلال الاستفادة ببعض البرامج المتاحة مفتوحة المصدر، وتفصيل هذا المشروع نجده في الملحق الخامس. فهل نستطيع أم أن الآفاق المغلقة ستقف عقبة أمام البرامج مفتوحة المصدر .

المصـادر

مجلة لغة العصر / مؤسسة الأهرام . القاهرة : الأهرام ،2005 ـ ع 127

فؤاد أحمد إسماعيل ، أحمد أمين : لماذا النظام الآلي الجديد بمكتبة مبارك العامة. عالم المكتبات والمعلومات والنشرـ -المجلد الخامس – العدد الأول – يوليو 2003 ص.(309 – 324) .

عامر إبراهيم قنديلجي، إيمان فاضل السامرائي: حوسبة (أتمتة) المكتبات ، دار المسيرة 2004 .

أحمد أمين أبو سعـدة: مصادر مفتوحة وآفاق مغلقة، ورقة مقدمة إلى الملتقى العربي الثاني لتكنولوجيا المكتبات والمعلومات (يوليو 2005).

محمد محمد الهادي: تكنولوجيا الاتصالات وشبكات المعلومـات مـع معجـم شارح للمصطلحات ، المكتبة الأكاديمية، 2001 .

سامح زينهم عبد الجواد: نظم المكتبـات المتكاملـة: الاتجاهـات والتكنولوجيات الحديثة، 2007 .

سامح زينهم عبد الجواد. المكتبات والأرشيفات الرقمية : التخطيط والبنـاء والإدارة.-ج 1 2007 .

عاطف السيد قاسم: شبكات المعلومات وتكنولوجيا الاتصالات:مكتبة الأمل،2007

Internet Sites :

http://sourceforge.net/

http://www.arabeyes.org

http://www.eglug.org

http://www.warshah.org/

http://firstmonday.org/issues/issue9_4

http://obiblio.sourceforge.net/demo

http://en.wikipedia.org/wiki/RFID

http://www.libdex.com

www.sourceforge.net

الفصل السابع

بناء مواقع المكتبات على الإنترنت Website

تمهيد

تنفق الكثير من المكتبات ومراكز المعلومات مواردها على الكثير من الخدمات والأنشطة حتى تصل إلى مجتمع المستفيدين وتعرفهم بها ، و لكن تغفل كثيراً عن أحد الوسائل الفاعلة في التعريف بها داخليًّا وخارجيًّا على المستوى المحلي والقومي والعالمي ، ويتمثل ذلك في عدم وجود موقع للمكتبة أو مركز المعلومات على شبكة الإنترنت ، مع أن هذا يحقق لها الكثير وتستطيع من خلاله أن تقدم خدمات غير مباشرة وتخفف من ضغوط العمل خاصة في الرد على الاستفسارات الشائعة .

ولكن مع ذلك يجب الأخذ في الاعتبار كم وكيف المعلومات التي يجب أن يحتويها الموقع على شبكة الإنترنت، ومدى سهولة الوصول للمعلومات، ومدى توافقه مع نوع المكتبة وعدد أعضائها والخدمات المقدمة إليهم؛ لذا فنرى أن هناك من الخصائص العامة التي يجب أن يحتوي عليها أي موقع، وأخرى يجب مراعاتها عند التصميم للموقع كما يجب الاهتمام بتحديث البيانات؛ لأن موقع المكتبة يجب أن يبدو وكأنه كائن حي يجب أن يتنامى، ويجب أن يتفاعل مع الزائرين للموقع وهذا هو ما يتناوله هذا الفصل .

1/7- مكونات موقع المكتبة على الويب Website :

إعداد موقع للمكتبة على شبكة الإنترنت باللغتين العربية و الإنجليزية أو إحداهما على الأقل يحتوي على بيانات لا تدع للزائر سؤالًا دون جواب؛ ولذلك يجب أن يحتوي موقع المكتبة على نقاط أساسية منها:

- مقدمة تاريخية عن المكتبة تتناول فكرة إنشائها ومراحل تأسيسها وافتتاحها وماهيتها وأهدافها .
- مجلس الإدارة وتناول أعضاء المجلس ووظائفهم الحالية، ودورهم في اتخاذ القرارات الخاصة بالمكتبة، وجدول ومحاضر الاجتماعات وعرض القرارات قيد الدراسة التي تهم مجتمع المستفيدين وإتاحة إبداء الرأي والمشاركة .
- مبنى المكتبة: وهو يتناول توضيحًا تفصيليًا لموقع المكتبة وكيفية الانتقال إليه من أماكن الميادين العامة والأحياء المشهورة والقريبة منه . كما يتناول قاعات المكتبة وأماكن الخدمات بها مثل: خدمة التصوير والإعارة والإعادة و ...أي كل الخدمات التي تهم المستفيد والتي تجيب على كل استفساراته حين يحضر إلى مقر المكتبة ، ويمكن توضيح ذلك بالصور أو بوضع ملف فيديو يأخذ الزائر في جولة داخل المكتبة .
- المقتنيات :وتتناول أعداد وأنواع المقتنيات وفئاتها وكيفية التعامل معها وأهميتها بالنسبة للمستفيدين .
- السياسات والنظم :وتتناول سياسات ولوائح المكتبة الخاصة بالإعارة والاشتراكات ، وتنمية المقتنيات وشئون العاملين وعرض ذلك يهم المكتبات الأخرى؛ حيث تبادل الخبرات والتجارب .
- الهيكل الإداري : وهو يتناول بيانات عن العاملين بالمكتبة، و المسمى الوظيفي لكل منهم، وكيفية الاتصال سواء بالتليفون أو الفاكس أو بالبريد الإلكتروني والمسئوليات التي تصلهم بالمستفيدين كما يفضل عرضهم حسب الإدارات التي يتبعونها .
- الإحاطة الجارية : و تتناول إحاطة المستفيد باهتماماته داخل المكتبة من مقتنيات جديدة أو برامج تدريبية أو أنشطة ثقافية - فنية - مختلفة ، أو نشرة إخبارية تصدرها المكتبة تتناول أخبار المكتبة وكل ما هو جديد بها .

- المكتبة الرقمية : وتتناول بعض المقتنيات في صورة إلكترونية، حيث يمكن تصفح كتاب أو عرض شريط فيديو أو سماع شريط كاسيت من خلال موقع المكتبة، وهذا بالطبع مع مراعاة حقوق الطبع والنشر والملكية الفكرية، وليس بالضرورة عرض لكل المحتوى ولكن بالنسبة للكتاب يمكن أن يكون العرض للغلاف وصفحة المحتوى ، وبالنسبة لشرائط الفيديو والكاسيت عرض مقطع أو نموذج منه فقط؛ وذلك لإعلام المستفيد وترغيبه وتشويقه في زيارة المكتبة.

- دليل المستفيدين : ويتناول الخدمات التي يمكن أن يحصل عليها المستفيد داخل وخارج المكتبة سواء كان عضوًا بها أو غير عضو، ومنها قواعد ارتياد المكتبة ورسوم الخدمات والأنشطة الدائمة والحالية ، ونظام الإعارة والاشتراك ورسوم الخدمات المكتبية والمعلوماتية وكيفية تعامل غير الأعضاء مع المكتبة، ويمكن إضافة العديد من ذلك حسب طبيعة وسياسة كل مكتبة .

- فهرس المكتبة : أهم العناصر التي يجب أن يحتوي عليها موقع المكتبة على شبكة الإنترنت، حيث إنه يتناول البحث في فهرس المكتبة من خلال شبكة الإنترنت دون الحاجة إلى الذهاب إلى مقر المكتبة لمجرد البحث عن وعاء، كما يجب أن يتضمن الفهرس على شبكة الإنترنت بعض الخدمات التي تهم المستفيد منها تجديد الاستعارة، السماح بتعديل بعض بياناته ، تغيير كلمة المرور الخاصة ، معرفة حالته بالنسبة إلى المكتبة من حيث الغرامات ونهاية الاشتراك، عدد الأوعية المعارة إليه ، تاريخ رد الأوعية ، و...

- مواقع ذات الصلة : وتتناول مواقع تكون مفيدة لزائري الموقع والمترددين عليه، ويفضل للمكتبة العامة أن تكون في مختلف المجالات وبصفة خاصة ما يخدم مجتمع المستفيدين بمختلف الاهتمامات والفئات ، أما المكتبة المتخصصة فيجب أن تكون المواقع في نفس مجال التخصص، والتخصصات ذات الصلة. وإذا كانت مكتبة أكاديمية فيجب أن تكون المواقع ذات الصلة بالجامعات والمنح

الدراسية والدورات التدريبية ومجال علوم تلك الأكاديمية ، أما المكتبة الوطنية فيجب أن تعنى بالتراث والتاريخ والخرائط وكافة الإنتاج الفكري بالبلد بالإضافة إلى ما سبق.

وتختلف عناصر موقع المكتبة من مكتبة إلى أخرى حسب نوعها وطبيعة عملها والخدمات التي تقدمها ونوع المستفيدين المترددين عليها والمهتمين بها ، فموقع مكتبة الطفل تختلف عنه لمكتبة متخصصة أو عامة أو أكاديمية أو وطنية أو ....، وذلك من حيث العناصر التي يجب أن يتناولها بالبيانات، وهكذا حسب سياسة كل مكتبة ونترك الإبداع لمسئولي موقع المكتبة على شبكة الإنترنت في كل مكتبة .

- أما من حيث تصميم الموقع للمكتبة، فيجب أن يكون تصميم موقع المكتبة على شبكة الإنترنت يجمع بين البساطة والتميز والوقار ، يحترم فكر الزائر ويتعامل مع سلوكياته كأنه زائر لمقر المكتبة ، فيعطي لكل صفحة بالموقع ما يتناسب مع زائرها.

وفي موقع مكتبة الطفل، هناك زائرون من الأطفال ،لابد أن يجد ما يناسبه من ألوان وأفكار جاذبة له ، ولا مانع من بعض المعلومات العامة مع بعض الصور، وأن يكون الموقع قليل النصوص مع إتاحة بعض المشاركات مثل: القصص والمسابقات والرسوم والفنون والهوايات .

وفي موقع المكتبة العامة، يبدو الأمر مختلفًا نسبيًّا حيث إن زائر الموقع من فئات العمر المختلفة (أطفال - كبار - شيوخ - ...) ، فلابد أن يجد كل زائر ما يناسبه .

وفي موقع المكتبة المتخصصة، لابد أن يجد الزائر - وأغلبهم من الباحثين - قوائم الإحاطة الجارية التي تفي بمتطلباتهم تضم الجديد في الإنتاج الفكري من الكتب والأوعية المختلفة وخاصة الدوريات والمقالات الحديثة، يجب أن يتضمن البحث في قواعد البيانات المتخصصة مع شرح وتوضيح لكيفية عمل ذلك، حتى لا تمثل عائقًا لغير المتمرسين باستخدام تكنولوجيا المعلومات .

وفي موقع المكتبات الأكاديمية، يجب أن يجد الزائر المتطلبات الدراسية وقواعد التعامل مع المعهد أو الكلية أو الجامعة والمناهج الدراسية والمواد التي تضمها تلك المكتبة من المناهج والمقررات والإصدارات الجديدة التي وردت المكتبة مما يتناسب مع تلك المقررات الدراسية .

وفي موقع المكتبات الوطنية، فالأمر أعم وأشمل بما يضم ما سبق ذكره؛ فهي تخاطب وطنًا بأكمله بمختلف طوائفه من عامة الشعب وأكاديمين ومتخصصين، ويجب أن يبرز الموقع دور هذه المكتبة وكيفية خدمة المجتمع وأن يكون تميزها محط النظر .

أما من حيث الأدوات التي يمكن استخدامها داخل مواقع المكتبات على شبكة الإنترنت؛ فيمكن استخدام ملفات HTML وتدعيمها بملفات Flash لإضافة بعض الحركة إلى الموقع ولا يجب الإفراط في ذلك؛ حتى لا يمل الزائر وينصرف عن بيانات الموقع ، واستخدام تكنولوجيا Dot Net في إدارة بعض قواعد البيانات في الموقع، كما يجب أن يكون هناك تناسق بين تصميم الصفحة الرئيسية Home Page وتصميم الصفحات الداخلية Internal Page .

أما من حيث أشكال التصميم، فهناك بعض التصميمات التي يمكن لكل مكتبة أن تختار ما يناسبها منها أو الحصول على تصميم جديد من خلال تلك الأفكار .

2/7 - نماذج من مواقع المكتبات على الإنترنت **Websites** :

وتشتمل على تصميمات مختلفة لبعض المكتبات: مكتبات أمريكية و أوروبية وعربية (عامة- أكاديمية – متخصصة- قومية) ومنها :

- مكتبة الكونجرس الأمريكية www.loc.gov
- مكتبة ألكسندريان العامة 2007: www.apl.lib.in.us

- الاتحاد العالمي لمؤسسات ومعاهد المكتبات (الإفلا العالمية) : www.ifla.org
- المكتبة القومية الأسترالية: www.nla.gov.au
- موقع المكتبة القومية البريطانية www.bl.uk
- المكتبة القومية الزراعية الأمريكية الرئيسية www.nal.usda.gov :

The Consortium of University Research Libraries

- تكتلات مكتبات البحوث بالجامعات في الجزيرة الإنجليزيةwww.curl.ac.uk
- مكتبة الإسكندرية Bibliotheca Alexandrina: www.bibalex.org
- دار الكتب المصرية www.darelkotob.gov.eg
- مكتبة مبارك العامة www.mpl.org.eg
- المكتبة القومية الزراعية المصرية   http:// nile.enal.sci.eg

● مكتبة الكونجرس الأمريكية **www.loc.gov**

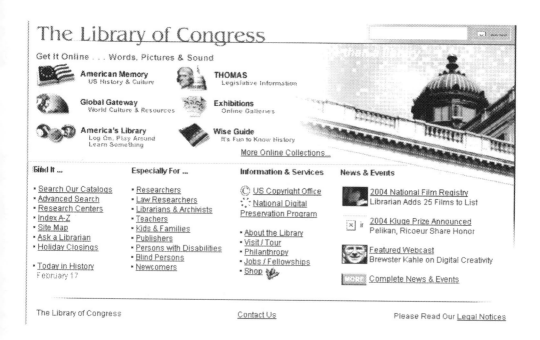

شكل (30) موقع مكتبة الكونجرس

والموقع غاية في البساطة، ورقة التصميم قمة في المحتوى (السهل الممتنع)، وهو يمثل المكتبة تمثيلاً صادقًا بل ويمثل ثروة معلوماتية للعاملين في مجال المكتبات كما يمثل ثروة معلوماتية لمجتمع المستفيدين ،ولابد أن يجد الزائر لهذا الموقع ضالته المنشودة مهما كانت ، سواء كان مواطنًا أمريكيًا أو غيره، أي أن هذا الموقع يعتبر موقعًا عالميًا أعد ليستفيد منه القاصي والداني ، والصفحات الداخلية تضم العناصر الأساسية للصفحة الرئيسية home Page، ولكنها تختلف تمامًا عن بعضها في المضمون والتصميم وسيرد ذلك تفصيليًا ، أما الصفحة الرئيسية فتتكون من عدد من العناصر وهي :

- اسم المكتبة ولوجو أو رمز المكتبة مع صور للمكتبة من داخل وخارج المبنى .
- فهرس المكتبة .
- مصادر المعلومات الإلكترونية المتاحة بالمكتبة والتي يمكن الاطلاع عليها وتصفحها .
- اسأل أخصائي المكتبات .
- البحث عمومًا سواء داخل أو خارج الموقع .
- مصادر معلومات لـ :

● الأطفال والعائلة .

● مجتمع المكتبيين .

● الناشرون .

● الباحثون .

● المعلمون .

● الزائرون .

- معلومات عامة عن :

● المكتبة

● أجندة الأحداث .

● وظائف .

● سوق الكتب .

● دعم المكتبة .

- مصادر أخرى للمكتبة :

● مركز الفلكلور الأمريكي .

● مواد لذوي الاحتياجات الخاصة :سمعية، وأخرى بطريقة برايل للمكفوفين.

● مكتب حقوق الملكية الفكرية .

● مجلس إدارة حقوق الملكية الفكرية .

● قانون مكتبة الكونجرس .

● مركز الأبحاث .

● أخبار ومدونات .

● مواد إذاعية .

● أرسل بريدًا إلكترونيًا .

● الذاكرة الأمريكية : وهي تقدم خدمة مجانية للوصول إلى الخرائط ومعلومات وملفات سمعية وبصرية .

● المعارض : تقدم عرضًا لمواد قديمة وحديثة .

● توماس :توماس جيفرسون يقدم معلومات تاريخية وحديثة عن المكتبة .

● بوابة عامة : مصادر متعددة اللغات عن الثقافات المختلفة .

● نقاط مضيئة بالمكتبة Library Highlight ، وتختلف هـذه الموضـوعات مـن وقت لآخر:

- مهرجان الكتاب الدولي 2007 .

- شهر التوعية بذوي الاحتياجات الخاصة .

- دليل المكتبة : كتب وموسيقى و العالم الجديد .

- أماكن في الأخبار .

- حدث في مثل هذا اليوم .

- موضوعات شائعة ومقتنيات :

- الحرب الأهلية أو المدنية .

- توماس جيفرسون .

- الضغوط العظمى .

- ضريبة الحقوق .

- أخبار من المكتبة :

- أثناء عمل المكتبة :

- تشجيع الأطفال على القراءة من خلال حملة قومية (مهرجان القراءة للحياة) .

- محادثة سمعبصرية .

- أمريكا زمان : ويقدم جرائد من عام 1900- 1910 بها معلومات.

- هل تعلم ؟ ويتناول خبر غريب وإشارة إلى وجود المزيد منها .

- ثم عناصر دائمة في كل الصفحات وتظهر متراصة في أسفل الصفحة الرئيسية وهي:

- عن – اتصل بنا – الإتاحة – قانون – حكومة أمريكا .

أما الصفحة الداخلية، فنتعرض لها من خلال إحدى الصفحات، وهي صفحة عن المكتبـة About the Library ونجد محتواها كما يلي :

- البحث (عادي وخيارات أو بحث متقدم) .
- عنوان الصفحة الداخلية المختارة وهي عن المكتبة About the Library
- معلومات عامة .
- مكاتب أخصائي المكتبات .
- الهدف واستراتيجية المكتبة .
- التاريخ .
- حدث ما .
- دعم المكتبة .
- أخرى .
- اعرف أكثر عن المكتبة .
- رسالة ترحيب من مسئول المكتبة .
- ثم عناصر دائمة في كل الصفحات، وتظهر متراصة في أسفل الصفحة الرئيسية وهي:

عن – اتصل بنا – الإتاحة – قانون – حكومة أمريكا .

ولكن الملفت للنظر رغم أن هذه المكتبة تحتوي على مواد من مختلف دول العالم بمختلف اللغات، إلا أن موقعها يتحدث بلغة واحدة فقط وهي اللغة الإنجليزية .

وهناك تصميم جديد ولا يختلف كثيراً في المحتوى :

شكل رقم (31) موقع مكتبة الكونجرس تصميم جديد

● مكتبة الكونجرس : صفحة داخلية من الموقع

شكل (32) موقع مكتبة الكونجرس صفحة داخلية

● مكتبة ألكسندريان العامة 2007، 2004:   www.apl.lib.in.us

شكل (33) موقع مكتبة ألكسندريان العام 2004

موقع مكتبة ألكسندريان العامة بأمريكا – الصفحة الرئيسية، 2007 .

www.apl.lib.in.us

وقبل البدء في عرض محتويات الموقع يلفت الانتباه أن المكتبة قد غيرت التصميم للموقع خلال ثلاث سنوات، وهذا يعني أنه لابد من تغيير التصميم كل فترة مع الاحتفاظ بسمات المكتبة حتى لا يمل ولا يفر المستفيد وحتى يألف الموقع زائره.

شكل (34) موقع مكتبة ألكسندريان العام 2009

ومع أن الموقع قد تغير تصميمه إلا أن بساطة التصميم لم تتغير، وظل الموقع يحتفظ بسمته وشكله المألوف لدى زائره ، وسيتم عرض الموقع الحديث 2007، حيث إنه يحتوي على محتويات الموقع 2004 ويزيد عليه ، أما المحتوى فهو كما يلي :

- اسم المكتبة ولوجو أو رمز المكتبة مع صور متداخلة للمكتبة من داخل وخارج المبنى .

تنويه عن ضرورة معرفة الجديد من الأخبار عن ومن المكتبة على الخط المباشر.

عن مكتبة ألكسندريان .

- اتصل بنا .

- الفهرس الآلي للمكتبة .

- خدمات المكتبة .

- مصادر للأبحاث .

- للأطفال فقط .

- ركن الشباب .

- خدمات الكبار .

- الغرفة الهندية .

- قرأنا لك (ينصح بقراءته) .

- مجتمع المعلومات .

- أصدقاء المكتبة .

- أيكونات بالصور تتناول :

● البحث على الخط المباشر OPAC .

● نوادي المكتبة .

● اسأل أخصائي المكتبة .

● أما الصفحة الداخلية، فنتعرض لها مـن خـلال إحـدى الصـفحات، وهـي صـفحة عـن المكتبة About the Library ونجد محتواها كما يلي :

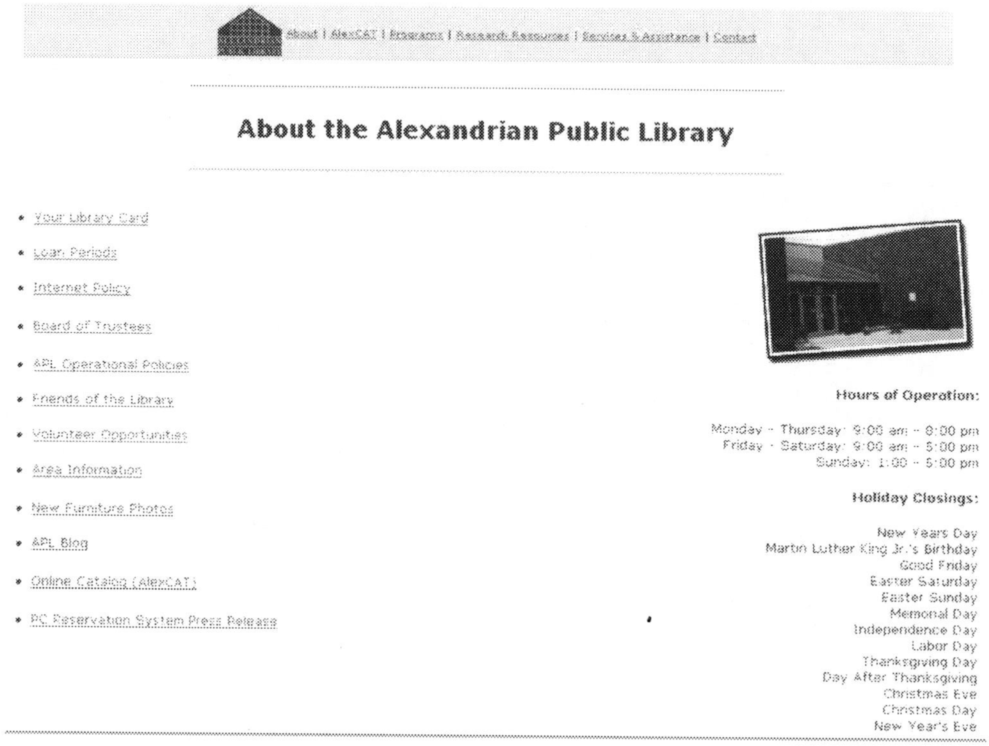

About | AlexCAT | Programs | Research Resources | Services & Assistance | Contact

About the Alexandrian Public Library

- Your Library Card
- Loan Periods
- Internet Policy
- Board of Trustees
- APL Operational Policies
- Friends of the Library
- Volunteer Opportunities
- Area Information
- New Furniture Photos
- APL Blog
- Online Catalog (AlexCAT)
- PC Reservation System Press Release

Hours of Operation:

Monday - Thursday: 9:00 am - 8:00 pm
Friday - Saturday: 9:00 am - 5:00 pm
Sunday: 1:00 - 5:00 pm

Holiday Closings:

New Years Day
Martin Luther King Jr.'s Birthday
Good Friday
Easter Saturday
Easter Sunday
Memorial Day
Independence Day
Labor Day
Thanksgiving Day
Day After Thanksgiving
Christmas Eve
Christmas Day
New Year's Eve

شكل (35) موقع مكتبة ألكسندريان العامة - صفحة داخلية

عنوان الصفحة الداخلية وعمودان من البيانات: عمود ثابـت عـلى اليمـين ويحتـوي على مواعيد فتح المكتبة، وأيام الإجازات خلال العام كله، أما العمـود الأيسر- فهو متغـير المحتوى تبعًا لعنوان الصفحة الداخلية وصفحة عن المكتبة تحتوي على :

- بطاقة العضوية بالمكتبة ، وكيفية الاشتراك ، وقيمته ومستنداته وهكذا......

- فترة الإعارة .

- لوائح استخدام الإنترنت .

- لوائح التشغيل بالمكتبة .

- أصدقاء المكتبة .

- فرص للتطوع .

- صور للأثاث الجديد .

- مدونة المكتبة .

- الفهرس الآلي على الخط المباشر OPAC .

- نظم الحجز بالمكتبة .

- وفي ذيل الصفحة الداخلية نجد عنوان المكتبة ووسائل الاتصال بها .

مكتبة ألكسندريان العامة : www.apl.lib.in.us

● الاتحاد العالمي لمؤسسات ومعاهد المكتبات (الإفلا العالمية) : www.ifla.org

شكل (36) موقع الاتحاد العالمي لمؤسسات ومعاهد المكتبات الأفلا العالمية

- الصفحة الرئيسية **Homepage** :

الموقع يتميز ببساطة التصميم ولكنه مع ذلك غني في المحتوى، وهو مناسب جدًا لموقع منظمة عالمية تمثل الاتحاد العالمي لمؤسسات ومعاهد المكتبات (الإفلا) بمختلف فئاته وثقافاته، وهو يركز أكثر على إصداراته ونشراته وتوصياته ومؤتمراته التي تقام في كل عام في بلد مختلف المكتبة تمثيلاً صادقًا بل ويمثل ثروة معلوماتية للعاملين في مجال المكتبات كما يمثل ثروة معلوماتية لمجتمع المستفيدين ، وطبيعة الزائر لهذا الموقع تختلف عن طبيعة الزائر لموقع المكتبات وخاصة العامة منها، فزائر هذا الموقع متميز وباحث عن معلومات علمية مركزة وقضايا عالمية في مجال المكتبات والمعلومات .

- وليس هدفنا تحليل الموقع ولكن الهدف هو عرض أفكار الموقع وخدماته، ومع ذلك يمكننا القول أن أغلب المواقع التي تهتم بالمحتوى وليس بالمظهر تستخدم الخلفية البيضاء في جميع صفحاتها، وهذا الموقع بالتحديد طرح لزواره تقييمه نظرًا لأنه سيتم إعادة تصميمه قريبًا .

ويبدأ الموقع في صفحته الرئيسية برمز (لوجو) المنظمة واسمها وهو:

International Federation of Library Associations and Institutions

وإذا كان تصميم رمز (لوجو) الاتحاد العالمي للمكتبات مقسمًا لأعمدة وصفوف، فإن تصميم الصفحة الرئيسية يبدو كذلك فهناك ثلاثة أعمدة رئيسية غير متساوية في بداية ونهاية الصفوف المعدة للبيانات، وبنظرة فاحصة تجد وكأن تصميم الصفحة كشكل قارة أمريكا الشمالية !! ، وهذا ليس مجالنا ولكن ... أما المحتوى في الصفحة الأولى فهو :

العمود الأول :

ما الجديد ؟ What's New? . ويتناول الأخبار الجديدة ومواعيد المؤتمرات الندوات و أماكنها والأنشطة الجديدة أي كل ما يمكن أن يبدو أمام زائر الموقع

- البحث : ويحتوي البحث داخل محتوى الموقع كله من خلال قاعدة بيانات بها النشرات والإصدارات القديمة وملفات المؤتمرات السوية والدورية التي ينظمها أو يشترك بها الاتحاد العالمي .

- اتصل بنا : Contact وبالطبع يتناول كيفية الاتصال من خلال الموقع أو بالتليفون أو بالفاكس أي يوفر عدة وسائل للاتصال

وتعتبر هذه العناصر السابقة من العناصر الأساسية التي نجدها ضمن كل موقع، سواء لمكتبات أكاديمية أو عامة أو متخصصة أو قومية أو مؤسسات ذات العلاقة بعلوم المكتبات والمعلومات بل ويمكننا القول بأنها أساسية أيضًا لجميع المواقع مهما اختلفت أنشطتها ومجالات عملها لأنها تهم المستفيد أو الزائر لأي موقع.

العمود الثاني :

الأنشطة والخدمات التي يقدمها الاتحاد العالمي لمؤسسات ومعاهد المكتبات (الإفلا) .

إصدرارت الاتحاد العالمي لمؤسسات ومعاهد المكتبات (الإفلا) .

مصادر المعلومات والمقتنيات الإلكترونية، وهي عبارة عن ملفات يمكن الإطلاع عليها أو تحميلها من على الموقع في صورة إلكترونية وليست ورقية.

العمود الثالث :

عن الإفلا About IFLA ،و يتناول فكرة عامة عن الإفلا ودورها وإداراتها ولجانها وأعضاء المجلس وأدوارهم وأنشطتهم ومناصبهم وجزء من سيرتهم الذاتية، حيث إن الاتحاد العالمي ..(الإفلا) ممثل من قارات العالم كلها .

العضوية : كيفية الانضمام و الاشتراك بالإفلا .

المشاركين والمعاونين للإفلا وماهية المشاركة التي يقومون بها ودورهم في خدمة علوم المكتبات والمعلومات .

المؤتمر السنوي : ويقام في كل عام ببلد مختلف وليس بالضرورة أن يقام بأمريكا أو أوروبا، ولكن حسب المقترحات والملف المقدم لاستضافة المؤتمر، ويحظى هذه المؤتمر باهتمام النخبة من المتخصصين في مجال المكتبات والمعلومات، ويرجع ذلك إلى التكلفة العالية لنفقات المؤتمر والتي لا تتوقف على قيمة الاشتراك بالمؤتمر فقط، ولكن نفقات السفر والإقامة وخلافه وحسب مكان الانعقاد ومكان المشترك، ولكن الإفلا تقدم كافة التسهيلات التي تساهم في نجاح المؤتمر ووسائل الراحة للمشتركين ، بل وتقدم الإفلا منحًا مجانية لحضور المؤتمر، وإحدى هذه المنح تقدم من الأستاذ الدكتور شوقي سالم (الأستاذ بجامعة الإسكندرية قسم المكتبات بكلية الآداب) وهو أحد أعضاء المجلس الحالي.

ثم يقدم الموقع بعض المواقع الأخرى التي تخدم موقع الإفلا وتخدم مجتمع المكتبات والمعلومات .

● أما الصفحة الداخلية، فنتعرض لها من خلال إحدى الصفحات وهي صفحة : ما الجديد ؟ What's New؟ ونجد محتواها كما يلي :

شكل (37) موقع الاتحاد العالمي لمؤسسات ومعاهد المكتبات الأفلا العالمية - صفحة داخلية

تجد عنوان الصفحة الحالية (What's New) بارزًا ولكن ليس في أعلى الصفحة، وتجد بعض العناصر الرئيسية من الصفحة الرئيسية مثل: الأنشطة والخدمات ، واتصل بنا، والبحث.

أما المحتوى التفصيلي لصفحة داخلية وهي – ما الجديد؟

- تصميم الصفحة أيضًا من خلال عمودين أساسيين والخلفية الغالبة هي اللون الأبيض:

العمود الأول :

البحث من خلال محرك البحث جوجل Google ، وهو إما داخل موقع الإفلا أو داخل شبكة الإنترنت عمومًا .

عرض لأشهر العام الحالي حتى الشهر الحالي .

أرشيف للعام الماضي .

العمود الثاني :

ويعرض بالتفصيل كل ما تم بالتفصيل خلال أشهر العام ثم برنامج الشهر الحالي وأحداثه ، وكل حدث منها يمثل وصلة Link لمزيد من التفاصيل .

● المكتبة القومية الأسترالية: www.nla.gov.au

الرئيسية :

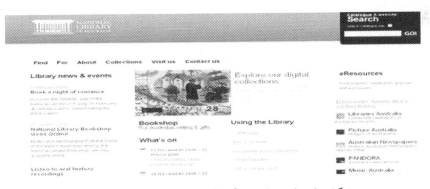

شكل (38) موقع المكتبة القومية الاسترالية

والموقع كما يبدو من الصفحة الرئيسية سهل التصميم و هو في نفس الوقت جذاب و هناك تناسق إلى حد كبير في التصميم، يبدو في أعلى الصفحة رمز وشعار المكتبة وهو المتبع في كل التصميمات للموقع ذات المعلومات الثقافية والتي تخدم المجتمع بصفة عامة، والتي منها المكتبات فهي تميل إلى تقديم المعلومة أكثر منها الدعاية والإعلام؛ لأنها تعتبر جهات غير ربحية ، والموقع مصمم بطريقة الأعمدة من خلال ثلاثة أعمدة كما يحتوي الموقع أيضًا على قوائم منسدلة رئيسية كما يبدو في الشكل ، و كل منها تحتوي على عناصر فرعية ، ومحتويات الموقع في الصفحة الرئيسية هي :

- القائمة الأولية: وتحتوي على خمس عناصر وكل عنصر منها يحتوي على عناصر فرعية منسدلة منه وتلك العناصر هي :

- بحث Find ، For عن About ، المقتنيات Collections ، زورونا Visit Us .

- أخبار وأحداث : ويتم عرض أحدث الأخبار والأحداث التي تقوم بها المكتبة بعرض أحدها، ثم للتعرف على المزيد يوجد وصلة Link ، وهذا يمثل عنصر جذب أو تشويق لزائر الموقع خاصة إذا كان الحدث المعروض ذا قيمة، كما أنك يمكنك أن تطلع من خلال تلك الوصلة على أحداث وأخبار قديمة أيضًا.

استخدام المكتبة Using the library ويتيح هذا العمود سبعة عناصر هي :

- الفهرس: ويمكنك التعرف على فهرس المكتبة والبحث خلاله والتعرف على أحدث ما وصل للمكتبة من مقتنيات .

- اسأل أخصائي المكتبة Ask a Librarian ؛ أي يمكنك إرسال استفسارات وتلقي الرد عليها من خلال البريد الإلكتروني.

- الأسئلة الأكثر ترددًا Frequently Asked Questions : وهي نتاج للاستفسارات والأسئلة التي ترد للموقع تبعًا للنقطة السابقة .

- دليل الموضوعات Subject Guide : وهو دليل للبحث داخل الموقع عن موضوعات أو مقتنيات تهم المستفيدين .
- الحصول على بطاقة العضوية بالمكتبة Get a Library Card ، وهو يساعد المستفيد في الاشتراك بالمكتبة وإدخال بياناته للحصول على بطاقة المكتبة.
- المواقع ذات الصلة مرتبة ترتيبًا أبجديًا Websites A-Z .

أما العمود الثالث

فهو يهتم بالعرض لمقتنيات المكتبة سواء كانت تقليدية أو الكترونية و كتب أو دوريات وخلافه ومكوناته هي :

- البحث سواء داخل فهرس المكتبة أو داخل الموقع ذاته .
- مصادر المعلومات الإلكترونية E-Resources وتحتوي على دوريات متاحة بالنص الكامل وأدلة بالموضوعات والفهارس ومواقع الإنترنت.
- اكتشف Discover : وهو يقدم وسيلة أخرى للبحث داخل مقتنيات المكتبة خاصةً المقتنيات الحديثة أي أن هناك شكل مختلف للبحث .
- **مكتبات أستراليا** Libraries Australia : ويتناول مكتبات استرالية والتعرف عليها والبحث داخل فهرس موحد لها .
- اسأل الآن Ask Now : وهي تمثل خدمة مرجعية افتراضية .
- صور أستراليا Australia Images :ويتناول أستراليا من خلال الصور عادات وتقاليد ومواقع مختلفة منها .
- موسيقى أستراليا Australia Music : ويتناول فنون الموسيقى في أستراليا ومقطوعات منها يمكن الاستماع إليها من على الموقع .
- الرقص في أستراليا Australia Dancing : ويتناول الرقص في أستراليا، ويبدو أن هناك اهتمامًا عامًّا بالفنون كما يبدو في هذه النقطة والنقطة السابقة .

وعند الاختيار لأحد القوائم يبدو كما في الشكل التالي تظهر القائمة المنسدلة بمكوناتها ، وعلى سبيل المثال تم اختيار قائمة (عن المكتبة About)، وهي تحتوي على عدد من العناصر يزيد عن العشرة، وتحتوي على تعريف بالمكتبة من كافة جوانبها مثل :

- من نحن؟ Who We Are ويعطي فكرة عامة عن المكتبة .
- لوائح وخطط المكتبة Policy & Planning: وتتناول سياسات المكتبة الداخلية في تعاملاتها مع مجتمع المستفيدين وتقديم الخدمات ، كما تتناول بعض خطط التطوير التي تقوم بها المكتبة .
- الأنشطة Activities : وهي عنصر مهم بالمكتبة ويمكن الحصول عليه من أكثر من مكان بالموقع .
- المنح Grants : منح تضمها المكتبة .
- وظائف خالية بالمكتبة : ويتم الإعلان عن شروط التقدم إليها والمؤهلات المطلوبة والمرتب المتوقع .
- ثم الخدمات التي تقدمها المكتبة واتجاهات المكتبة ورؤيتها وعرض لبعض التقارير التي توضح سياساتها وأنشطتها .
- عرض إجمالي للعام Year In review: ويتناول تقييمًا مبدئيًا للمكتبة وما تقدمه من خدمات للمجتمع .

اتصل بنا Contact Us :لإتاحة العلاقة والتواصل بين زائر الموقع والمكتبة .

ثم تختم الصفحة الرئيسية Home page بعناصر متجاورة تعبر عن الموقع إجماليًا وتقنياته وهي :

- عن الموقع : About This Site

- حقوق التصميم للموقع : Copyright
- خصوصية الموقع : Privacy
- الإتاحة للموقع : Accessibility
- خريطة الموقع : Site Map
- البحث في الموقع : Site Search
- مواقع أخرى : Websites A-Z
- اتصل بالموقع : Contact Us

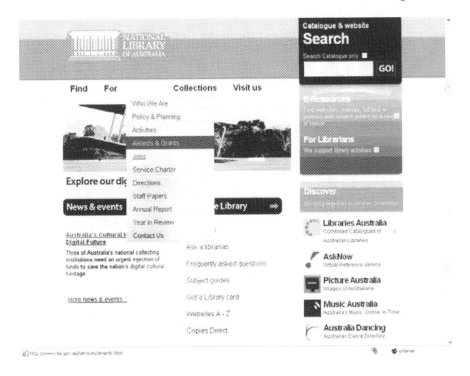

شكل (39) موقع المكتبة القومية الاسترالية - قائمة

أما الصفحة الداخلية، فنتعرض لها من خلال إحدى الصفحات وهي صفحة عـن المكتبـة About the Library ، وهـي نفـس القائمـة المنسـدلة في الشكل السـابق وتم التعرض لمحتواها .

شكل (40) موقع المكتبة القومية الاسترالية – صفحة داخلية

ونجد أن شكل التصميم في الصفحة الداخلية لم يختلف كثيرًا عنه في الصفحة الأولى، إلا أن العمود الرئيسي في الصفحة الأولى كان على يمين الصفحة أما في الصفحة الداخلية فأصبح على يسار الصفحة ، وتم اختيار اللوائح والخطط Policy & Planning من قائمة About التي تم الإشارة إليها سابقًا، ونجد بها لوائح المكتبة في التشغيل والتعرض لميزانية وموازنة المكتبة وسياسات الرقمنة وإداراتها .

• موقع المكتبة القومية البريطانية www.bl.uk الصفحة الرئيسة- التصميم السابق:

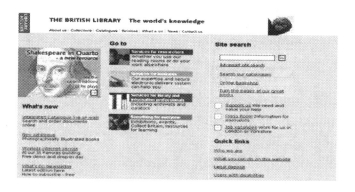

شكل (41) المكتبة القومية البريطانية – التصميم السابق

- **موقع المكتبة القومية البريطانية www.bl.uk الصفحة الرئيسة- التصميم الحالي:**

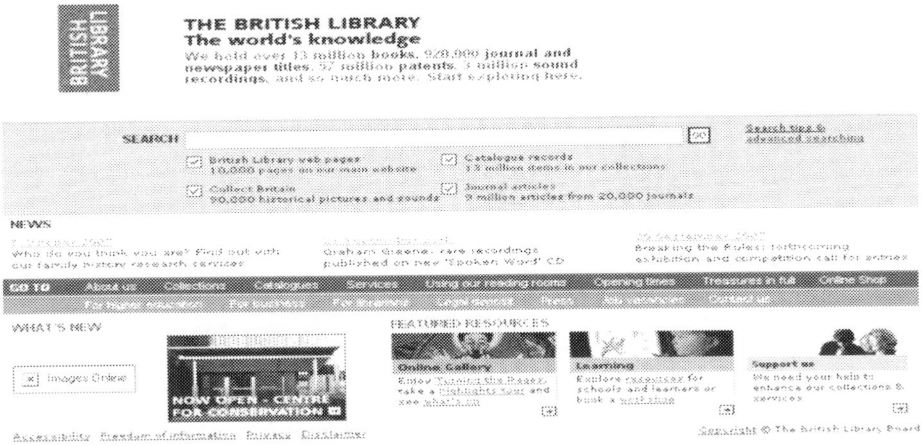

شكل (42) موقع المكتبة القومية البريطانية - التصميم الحالي

الصفحة الرئيسة لموقع المكتبة القومية البريطانية www.bl.uk التصميم الحديث:

الصفحة الرئيسية **Home Page** (قديمًا وحديثًا) :

التصميم رقيق وتقليدي جدًّا والموقع قابل للتمدد والإضافة والتعديل دون ملاحظة أو دون هدم أو تأثر أو تبعات في التصميم ، ويعتمد على التلميحات والصور الخفيفة المتعارف عليها والمعبرة السهل التعامل معها وفهمها، ويلاحظ في التصميم أنه يستخدم تصميم الصفوف أو الفقرات المتعاقبة وليس الأعمدة المتجاورة. وفي أعلى الصفحة تجد لوجو أو رمز المكتبة وبجواره شعار المكتبة هو: (المكتبة البريطانية عالم المعرفة) ثم الإشارة إلى عدد مقتنيات المكتبة الذي يصل إلى 13 مليون كتاب، و 920 ألف مجلة وجريدة، و3 مليون مواد سمعية أما المحتويات الرئيسية للموقع فهي كما يلي :

- البحث: ويحتل الجزء الأكبر في الصفحة الرئيسية ويمثل في الصف الأول من الصفحة ،وهو يستحق فهو مقسم إلى أربعة أقسام: الأول منها خاص بالبحث

في موقع المكتبة الذي يصل إلى 10 آلاف صفحة ويعتبر أكبر موقع مكتبة في العالم ، والثاني منها البحث داخل فهرس كتب المكتبة بما يحويه من 13 مليون كتاب ، والثالث خاص بالبحث في 90 ألف صورة تاريخية والمواد السمعبصرية، والرابع منها و البحث في 9 مليون مقالة داخل 20 ألف دورية . وتوجد طريقتان للبحث العادي والبحث المتقدم .

الصف الثاني ويتمثل في الأخبار News من خلال ثلاثة أعمدة متجاورة بفاصل خفيف، تعبر عن ثلاثة أحداث منها القديم والحالي والحديث (خلال الشهر السابق والحالي مثلاً) .

والصف الثالث يحتوي على القوائم كثيرة العدد؛ نظرًا لما يحتويه الموقع من معلومات ويميل أكثر للعرض الأفقي وليس الرأسي؛ أي الذي يطرح أغلب محتوياته في الصفحة الأولى ، حيث تجد حوالي 17 قائمة نجد منها المتكرر وسبق الحديث عنه في مختلف المواقع والبعض منها يذكر في المواقع الأخرى كمعلومة ولا يطرح في شكل قائمة مثل مواعيد فتح المكتبة تم وضعه في قائمة وليس كمعلومة، وهكذا في أمور أخرى قد نتعرض لها في السطور التالية .

GO TO	About us Collections Catalogues Services
	Using our reading rooms Opening times
	Treasures in full Online Shop

For higher education For business For librarians

Legal deposit Press Job vacancies Contact us

About us : عن المكتبة ويتناول فكرة عن تاريخ المكتبة

Collections: مقتنيات المكتبة

Catalogues : فهارس المكتبة كما تم وصفها في بداية الموقع

Services : الخدمات التي تقدمها المكتبة

Using our reading rooms : استخدام قاعات الإطلاع وسياستها

Opening times : ساعات عمل المكتبة حسب كل خدمة وقاعة Treasures in full

Online Shop : الشراء على الخط المباشر

For higher education : مواد للتعليم العالي

For business : مواد للأعمال والتجارة

For librarians : للمكتبيين وأخصائي المعلومات

Legal deposit Press

Job vacancies : الوظائف المتاحة

Contact us: اتصل بنا

ونلاحظ أن قائمة عن المكتبة والفهرس واتصل بنا وساعات العمل من المعلومات البديهيـة بمواقع المكتبات؛ لذلك نجدها بكافة المواقع تقريبًا وإن اختلـف الشكـل؛ فمـرة نجدهـا تـذكر كمعلومة على الصفحة الأولى، ومرة نجدها قائمة، وأخرى نجدها إحدى عناصر قائمة .

أما الصف الأخير فنجده يحتوي على :

WHAT'S NEW

Accessibility Freedom of information Privacy Disclaimer

Copyright © The British Library Board

شكل (43) جزء من موقع المكتبة القومية البريطانية

ويتكون من خمس خلايا تقريبًا تساهم في توطيد العلاقة بين المستفيد والمكتبة، فهي تقدم له خدمات ولكنها ذات طبيعة خاصة؛ أي تقدم لفئة معينة من المستفيدين منها ما هو خاص بالتعليم وتقديم مقتنيات تساعدهم على أداء واجباتهم وأبحاثهم، وكذلك يوجد جاليري فنون على الخط المباشر ثم يمكنك أخذ جولة داخل المكتبة للتعرف على أروقتها ومبانيها وقاعاتها ، ثم توجيه المستفيد أنه يمكن أن يسهم في اختيار مقتنيات المكتبة .

الصفحة الداخلية لموقع المكتبة(عن المكتبة About Us) www.bl.uk/about

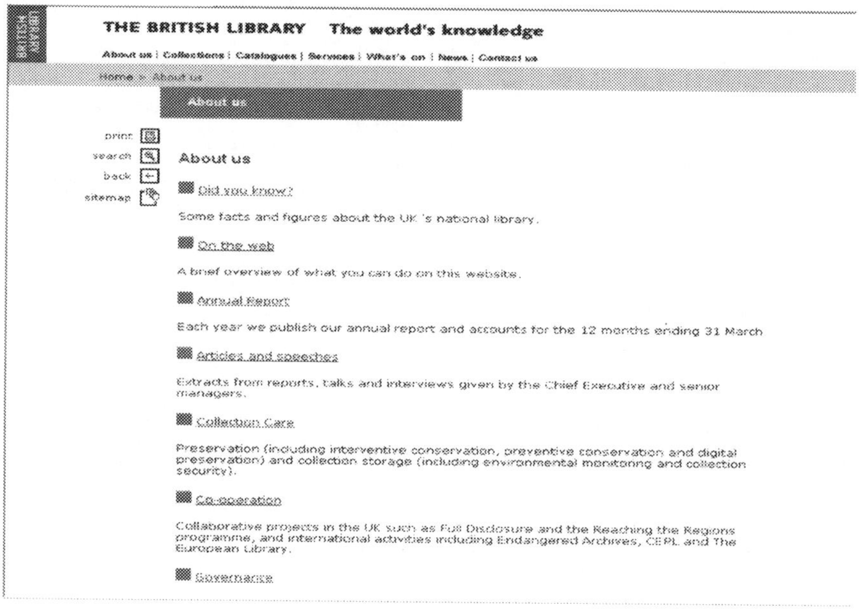

شكل (44) موقع المكتبة القومية البريطانية - صفحة داخلية

ونجد أن التصميم اختلف تمامًا عن الصفحة الرئيسية وإن كان أبسط وتقليديًا أكثر، وهذا ليس بغريب على موقع يحتوي 10 ألاف صفحة ، ونلاحظ أن القائمة الرئيسية بالصفحة الداخلية اختلفت عن القائمة بالصفحة الرئيسية Home Page واقتصرت على المهم ، الذي نجده ثابتًا في كل المواقع تقريبًا وقد تم الإشارة إلى ذلك سابقًا.

أما محتوى (عن المكتبة About Us) فنجد أنها صيغت في شكل قائمة عمودية من عدة عناصر، وهي تتيح لك معرفة معلومات وحقائق عن المكتبة الوطنية البريطانية وماذا يمكن أن يقدمه لك موقع المكتبة .، وتقارير دورية شهرية والتقرير السنوي المجمع لها خلال عام ، وكذلك تجد مقالات وأحاديث تم أخذها من التقارير أو من خلال الرئيس التنفيذي أو المدير ، ثم ماذا عن رعاية المقتنيات والمشروعات والأنشطة التي تدعمها وتقوم بها المكتبة من خلال مشروعات دولية وخلافه، ثم الحديث عن موقع المكتبة الوطنية وكيف يمكن الوصول إليه ، ومواعيد عمل المكتبة للزوار والقراء والموظفين وكل المبنى عمومًا، وكذلك يمكنك الاطلاع على سياسات المكتبة ولوائحها واستراتيجياتها، وكما يحثك الموقع عن طريقة عمله والإعدادات الفنية حتى يستطيع زائر الموقع على شبكة الإنترنت متابعة الموقع بأفضل شكل ، ثم تختتم القائمة العمودية باتصل بنا باختيارك لبيانات القسم الذي تود الاتصال به سواء بالبريد الإلكتروني أو تليفونيًا، وهي بكل المواقع سواء كانت مكتبات أو غيرها .

وعلى يسار الصفحة تجد تلميحات ورموزًا لأدوات يمكن استخدامها مثل: أداة للطباعة (طابعة) أو البحث (عدسة)، وسهم للرجوع (سهم) أو التقدم، وخريطة الموقع (صفحات متتالية)، وسهم للصعود لأعلى الصفحة (سهم) .

أما في نهاية الصفحة، فتجد صفًّا يحتوي على عناصر هي نفس عناصر القائمة الرئيسية بالصفحة الداخلية وهي:

About us Collections Catalogues Services What's on on News Contact us Sitemap Privacy Disclaimer

Copyright © The British Library Board

● المكتبة القومية الزراعية الأمريكية الرئيسية www.nal.usda.gov :

شكل (45) المكتبة القومية الزراعية الأمريكية

● الصفحة الرئيسية للمكتبة القومية الزراعية الأمريكية :

وتصميم هذا الموقع يختلف تمامًا عن المواقع التي تم عرضها من قبل لعدة أسباب منها: أن المكتبة مكتبة متخصصة في علوم الزراعة، وأيضًا هذه المكتبة لها دور بارز على كافة المستويات المحلية والدولية وخدماتها متعددة وذات طبيعة خاصة، وكذلك نجد أن زائر هذا الموقع هو مستفيد متخصص سواء كان باحثًا أكاديميًا أو باحثًا عن معلومة متخصصة في علوم الزراعة وفروعها والعلوم ذات الصلة أحيانًا مثل الصيدلة والأعشاب والطب البيطري والجيولوجيا وغيرها، لذا لم يعن هذا الموقع ببساطة التصميم، و إنما اعتنى بعرض المعلومات بطريقة رأسية وأفقية على حد سواء. ويبقى أن نقول أن هذه المكتبة أحد مشروعات (USDA) United states Department of Agriculture .

والتصميم نجد أنه اعتمد على القوائم الأفقية المنسدلة، واعتمد كذلك على القوائم الرأسية المنسدلة أيضًا. والقائمة الأفقية تتكون من عناصر رئيسية موجودة بكل المواقع تقريبًا :

NAL Collections	NAL Catalog	About NAL	Home
Contact Us	Help	NAL Services	Information Centers

وكما بالشكل فالقوائم الرئيسية الأساسية الأفقية وهي موجودة بكل صفحات الموقع وليست الصفحة الرئيسية Homepage فقط، وهي تمكن الزائر من التعرف على معلومات عامة عن المكتبة ، وكذلك البحث على الخط المباشر في فهرس المكتبة الزراعية الأمريكية Catalog ، والتعرف على مقتنيات المكتبة كما يشير إلى وجود مراكز للمعلومات Information Centers تعين الباحثين والطلبة في مجال الزراعة والعلوم ذات الصلة، ثم تتعرض القوائم للخدمات Services التي تقدمها المكتبة لمجتمع المستفيدين سواء الزائرين للموقع على شبكة الإنترنت أو الزائرين لموقع المكتبة الفعلي. وجدير بالذكر أنك إن لم تستطع استخدام الموقع أو الوصول لمعلومة ما فإنك ستجد قائمة المساعدة Help للرد على استفساراتك ومساعدتك، وتنتهي القائمة الأفقية باتصل بنا Contact Us

أما القائمة الرأسية، فهي تتكون من عدة عناصر قد يبدو أن بعضها مكرر وهي كما بالشكل التالي :

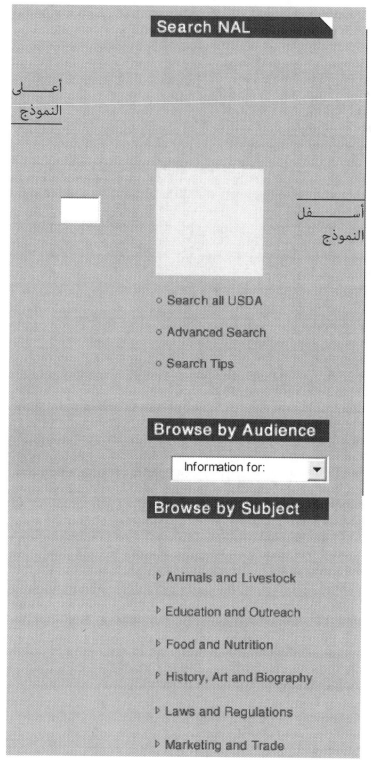

أعــــلى
النموذج

أســـفل
النموذج

وهذه القائمة نجد أنها أيضًا تحتوي على البحث داخل الـ NAL المكتبــــة الزراعيـــة الأمريكيـة، بـل ويزيـد عليهـا البحــث داخـل USDA كـما توجد طريقة بحث عادية أو بحـث متقـدم مـع وجـود تلميحـات تساعد في عمليـة البحث ذاتها وكيفية الوصـول إلى المعلومات بطريقة أسهل وأدق.

ثم تجـد أداة للحصـول عـلى معلومات من خلال اختيـارك للموضوعات الزراعية وذات الصـــلة المحـــددة منهـا: الحيوانات والتعليم والوصول للغـير والغـذاء والطبيعـة والتاريخ والقـانون والتسـويق والتجارة، ،والمصادر الطبيعية والبيئة ، النباتات والمحاصيل ،البحث العلمي والتكنولوجيا. وأخيرًا لجان التطوير .

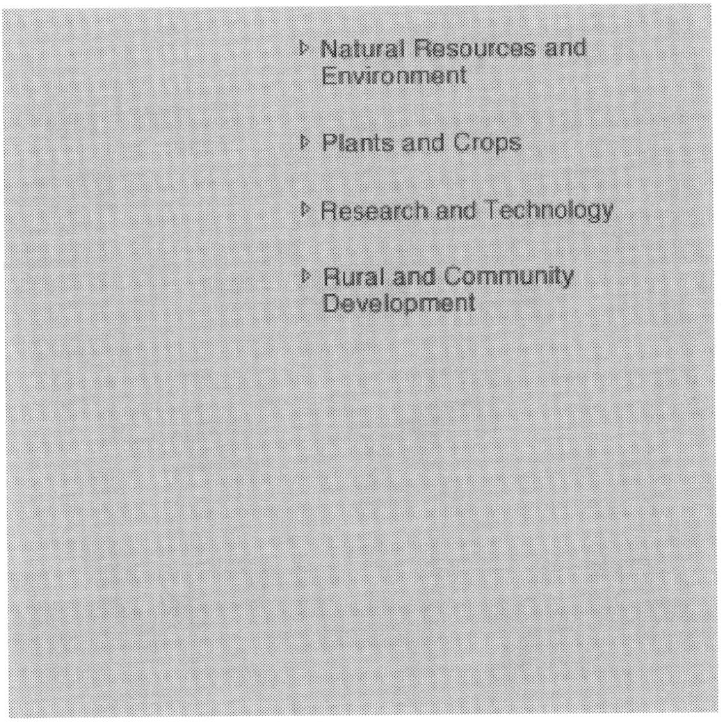

وبعد القائمتين الرأسية والأفقية تجد شعار المكتبة الزراعية الأمريكية وهو:
(الوصول المتقدم للمعلومات الزراعية) .

ثم تجد عنوان: في الأخبار، ويتناول أحدث الأخبار المرتبطة بالمكتبة سواء كانت
مشروعات تقدمها المكتبة أو أخبارًا وردت عن المكتبة ، ثم تجد موضوعات يتم إلقاء
الضوء عليها تحت عنوان Spotlights .

وتحت عنوان أنا أريد أن :

- أبحث في فهرس المكتبة (أجريكولا) .
- اسأل سؤالًا .
- طلب مواد من المكتبة .
- البحث في الكتب النادرة والمخطوطات .
- شراء منتجات من المقتنيات الخاصة .
- المكتبة الرقمية لـ USDA.
- كما يوجد عرض لبعض المؤتمرات التي تشارك فيها المكتبة مع وجود وصلة Link تشير لمزيد من التفاصيل .

!Error

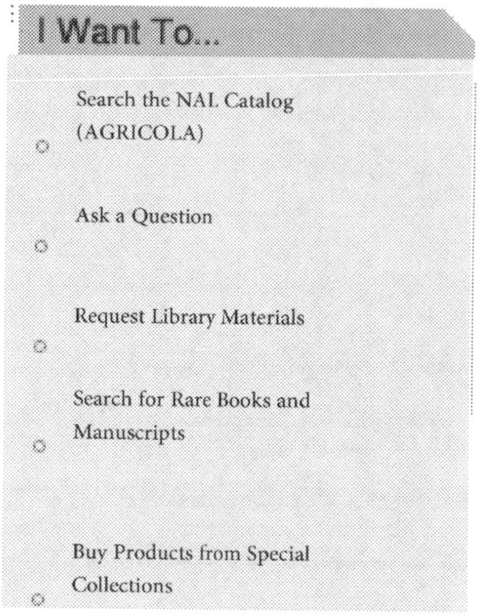

I Want To...
Search the NAL Catalog (AGRICOLA)
Ask a Question
Request Library Materials
Search for Rare Books and Manuscripts
Buy Products from Special Collections

!Error

!Error

DigiTop
USDA's Digital Desktop Library

!Error

AgNIC
Agriculture
Network
Information
Center

!Error

NAL on the Road
Oct 14-18, 2007
American Association for

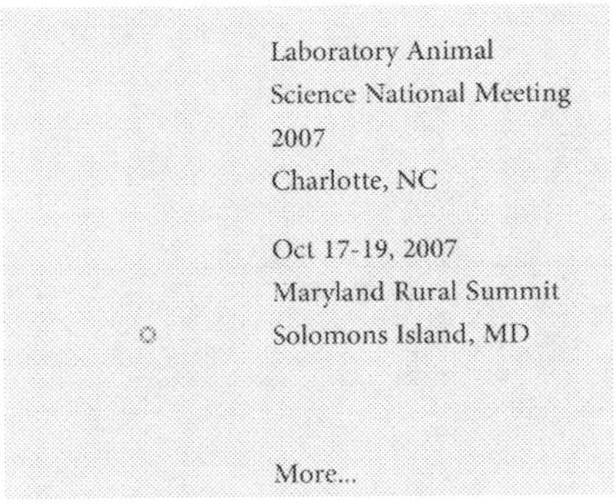

```
Laboratory Animal
Science National Meeting
2007
Charlotte, NC

Oct 17-19, 2007
Maryland Rural Summit
Solomons Island, MD


More...
```

(شكل 46) موقع المكتبة القومية الزراعية الأمريكية - صفحة داخلية

وفي نهاية الصفحة، نجد عددًا من الوصلات لمواقع ذات الصلة بعلوم الزراعة سواء كانت مؤسسات أو معاهد بحثية، وجودة المعلومات، وخريطة موقع المكتبة على شبكة الإنترنت وسياسات المكتبة. وتعدى الأمر ذلك إلى مواقع أمريكية عامة منها: موقع الحكومة الأمريكية والبيت الأبيض الأمريكي كما يلي :

NAL Home | USDA | Agricultural Research Service | Science.gov | GPO Access | Web Policies and Important Links | Site Map| FOIA | Accessibility Statement | Privacy Policy | Non-Discrimination Statement | Information Quality | USA.gov | White House

الصفحة الداخلية About من موقع المكتبة الزراعية الأمريكية :

وهو نفس تصميم الصفحة الرئيسية للموقع وبيانات القائمة المطلوبة تظهر في وسط الصفحة أفقيًا ورأسيًا .

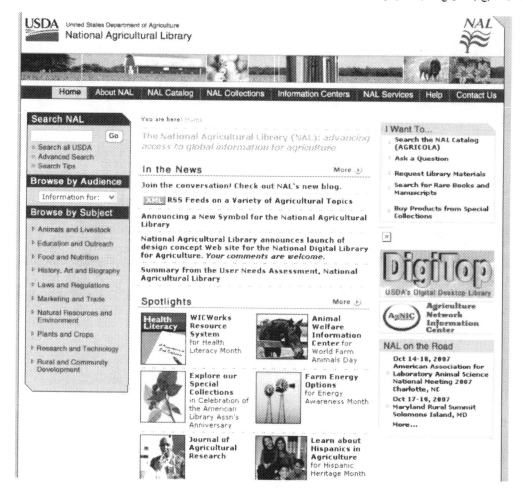

شكل (47) المكتبة القومية الزراعية الأمريكية - صفحة داخلية

ويتم تقديم فقرة مختصرة عـن كـل عنصر ـ مـن عنـاصر الصـفحة بالإضافة لوجـود العناصر في صورة قائمة على يمين الصفحة وقائمة صفحة عن المكتبة هي :

- السياسات واللوائح ودليل المستفيدين بالمكتبة .
- زيارة المكتبة وتتناول موقع المكتبة والفروع ذات الصلة بها وعناوينها ووسائل الاتصال بها .
- التقارير الدورية سواء كانت شهرية أو سنوية .
- مؤسسات مشاركة ومتعاونة مع المكتبة الزراعية الأمريكية .

- الهيكل الإداري للمكتبة من الموظفين والوظائف ووسائل الاتصال بكل قسم، ومن المسئول عنه ومراسلته بالتليفون أو الفاكس أو بالبريد الإلكتروني .

- تكتلات مكتبات البحوث بالجامعات في الجزيرة الإنجليزية (التصميم القديم **2005**):

تصميم الصفحة الرئيسية تقليدي، وهو عبارة عن صور للمكتبات المشتركة معًا في التكتل وهم 5 مكتبات بالجامعات .

شكل (48) تكتلات مكتبات البحوث بالجامعات (قديم)

The Consortium of University Research Libraries : www.curl.ac.uk

أما التصميم الحالي 2007 ، فهو مختلف تمامًا عن القديم ويساعد زائر الموقع في الوصول إلى المعلومة التي يريدها من الصفحة الرئيسية Home Page ، وهو تصميم غير تقليدي حديث (Modern) ويستخدم لونًا واحدًا تقريبًا ولكن بدرجاته المختلفة، وتصميم الصفحة الرئيسية هو نفسه تصميم الصفحة الداخلية Internal Page ، ومحتوى الصفحة عبارة عن قائمة رأسية تتكون من عناصر تكرر ذكرها، وهذا يدل على أنها أصبحت سمة من سمات المواقع منها: عن المكتبة About ، وخدمات المكتبة Services و الأعضاء Members والأخبارNews ، وخريطة الموقع Site Map والبحث Search واتصل بنا Contact Us . والعجيب أن هذا التصميم هو نفس تصميم مكتبة مبارك العامة بمصر في 2002 مع اختلاف اللون المستخدم، مما يدل على أن هناك أيضًا اتصالًا وتوارد أفكار، ولكن يجب أن نقول أن تصميم مكتبة مبارك العامة كان بالتعاون مع شركة ألمانية بدعم من مؤسسة برتلسمان

الألمانية. وعند الاختيار لأي عنصر من القائمة تظهر قائمة منسدلة ويلاحظ أنها شفافة إلى حد ما، ويمكنك اختيار أحد العناصر الفرعية وعندئذ تظهر البيانات في نفس الصفحة مع ظهور تأثير يتضح على القائمة، كما بالشكل في اختيارنا لقائمة About ، وهي تحتوي على عدة عناصر ولكنها كلها داخل صفحة واحدة، أي أنك باختيارك لأحد هذه العناصر الفرعية يمكنك الإطلاع على بقية العناصر بالتحرك لأعلى أو لأسفل حسب ترتيب هذا العنصر ضمن القائمة .

- عن المكتبة **About**:-

- هدف المكتبة ورؤيتها Mission , Vision ، وخطتها الاستراتيجية Strategic Plan ، ومجلس الإدارة Board ، واللجان والتقارير السنوية والأنشطة وهذا ما يبدو بالشكل التالي.

The Consortium of University Research Libraries
www.curl.ac.uk/about

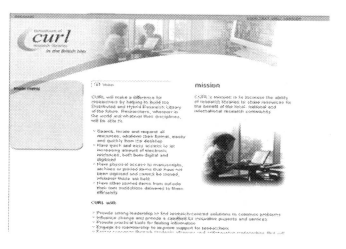

mission

شكل (49) تكتلات مكتبات البحوث بالجامعات

● مكتبة الإسكندرية Bibliotheca Alexandrina: www.bibalex.org

شكل (50) موقع مكتبة الإسكندرية – الصفحة الرئيسية

موقع مكتبة الإسكندرية يبدو في تصميمه مختلف نسبيًا عن بقية المواقع السابقة؛ فهو يجمع بينها فنجد القوائم الرأسية والقوائم الأفقية والأعمدة وبينها صفوف تبدو كالفقرات، والموقع من تصميم شركة كندية .

وفي أعلى الموقع، تجد صور متحركة بتقنية الفلاش Flash يركز على مبنى المكتبة الرائع في صورته الجميلة نهارًا والخلابة ليلاً والمبنى هو أهم معالم مكتبة الإسكندرية حيث لم تكتمل مقتنياتها بعد ، والموقع غزير بالمعلومات لطبيعة المكتبة وأهدافها وخدماتها ، الموقع يقوم وبشكل متميز لتسويق كل خدمات وأنشطة

المكتبة وإبراز دور المكتبة كمنبر للثقافة والحضارة بمختلف صورها الأدبية والفنية وإرضاء كافة زوراها بمختلف اهتماماتهم، ولعل أهم ما يبرزه الموقع هي المؤتمرات والأنشطة فستجد الإشارة إليها في أكثر من موضع في الصفحة الرئيسية فستجد إشارة إليها في الفقرات السيارة Scrolling وستجد إشارة أخرى في فقرة الأخبار News، و إشارة أخرى في عمود الأحداث Events.

ويميز هذا الموقع أنه متاح بأكثر من ثلاث لغات؛ لأنه يخاطب العالم كله، ويجب ألّا نتجاهل أن مجلس أمناء المكتبة من مختلف دول العالم بلغاته المتعددة منها الإنجليزية والفرنسية وبالطبع اللغة العربية .

أما عن محتوى الصفحة الأولى، فنجد قائمة المكتبة، وقائمة للمتاحف الفنية، وقائمة لمراكز الأبحاث، وقائمة للمؤتمرات، وقائمة للتسوق. وهذا يوضح أن دور Bibliotheca Alexandrina ليس مجرد مكتبة فقط ولكن هناك أماكن داخل المكتبة لا تقل أهمية عن الكتب والمكتبة فهناك تجد المتاحف وما تحويه من تحف فنية وآثار رائعة من كل العصور تقريبًا. وبالإضافة إلى ذلك تجد بالصفحة عناصر مثل: عن المكتبة، واتصل بنا، وخريطة الموقع. وهي ثوابت بكل المواقع التي تم عرضها .

مكتبة الإسكندرية Bibliotheca Alexandrina   www.bibalex.org/about:

* **الصفحة الداخلية (About   عن المكتبة)** وهي تختلف قليلاً في ألوانها، ونجد أنها توضح دور المكتبة وماهيتها والهدف منها، وأن شعارها هـو: (مكتبة الإسكندرية نافـذة مصر على العالم ونافذة العالم على مصر!)، وتجد بهذه الصفحة أيضًا قانون إنشاء المكتبة ومجلس الأمناء وبروتوكولات التعاون وكلمة مدير المكتبة وحقائق عـن المبنى وطابعه المعماري. كما أن الصفحة تحتوي على عنصر البحث داخل فهرس المكتبة .

ويهتم الموقع بعرض أجندة الأنشطة والمؤتمرات والتي تمتد لأشهر قادمة، ومحدد بها القاعة المستخدمة والتاريخ والساعة والموظف المسئول عن هذا النشاط أو المؤتمر وما إذا كانت الدعوة عامة أو بدعوات خاصة أو باشتراك ما .

وجدير بالذكر أن الموقع يغطي بعض الندوات واللقاءات والأنشطة ويتيحها في صورة ملفات إلكترونية يمكن تحميلها Dawnload ومشاهدتها فيما بعد حتى أصبحت تمثل أرشيف قيِّم.

الصفحة الداخلية (About عن المكتبة) www.bibalex.org/about

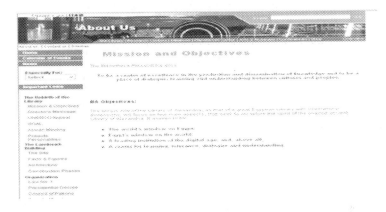

شكل (51) موقع مكتبة الإسكندرية – صفحة داخلية

مكتبة مبارك العامة www.mpl.org.eg

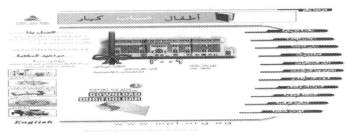

شكل (52) موقع مكتبة مبارك العامة

موقع مكتبة مبارك العامة على شبكة الإنترنت يتميز ببساطة التصميم مع صبغة فنية، وهو معد باللغتين الإنجليزية والعربية (الموقع الافتراضي)؛ أي الذي يفتح أولًا للزائر، ويمكنه تغيير اللغة من أي صفحة سواء كانت الرئيسية أو الداخلية، ويحتوي على بيانات لا تدع للزائر سؤالًا دون جواب. و يحتوي موقع المكتبة على نقاط أساسية منها:

- مقدمة تاريخية عن المكتبة: تتناول فكرة إنشائها ومراحل تأسيسها وافتتاحها وماهيتها وأهدافها .

- مجلس الإدارة: ويتناول أعضاء المجلس ووظائفهم الحالية .

- مبنى المكتبة .

- المقتنيات :وتتناول أعداد وأنواع المقتنيات وفئاتها.

- السياسات والنظم :وتتناول سياسات ولوائح المكتبة الخاصة بالإعارة والاشتراكات ، وتنمية المقتنيات.

- الهيكل الإداري : وهو يتناول بيانات عن العاملين بالمكتبة و المسمى الوظيفي لكل منهم وكيفية الاتصال سواء بالتليفون أو الفاكس أو بالبريد الإلكتروني، والمسئوليات التي تصلهم بالمستفيدين .

- الإحاطة الجارية : و تتناول إحاطة المستفيد باهتماماته داخل المكتبة من مقتنيات جديدة أو برامج تدريبية أو أنشطة ثقافية – فنية - مختلفة ، و النشرة الإخبارية التي تصدرها المكتبة تتناول أخبار المكتبة وكل ما هو جديد بها وهي غير حديثة.

- المكتبة الرقمية : وتتناول بعض المقتنيات في صورة إلكترونية حيث يمكن تصفح كتاب من خلال موقع المكتبة .

- دليل المستفيدين : ويتناول الخدمات التي يمكن أن يحصل عليها المستفيد داخل وخارج المكتبة سواء كان عضوًا بها أو غير عضو، ومنها قواعد ارتياد المكتبة

ورسوم الخدمات والأنشطة الدائمة والحالية ، ونظام الإعارة والاشتراك ورسـوم الخدمات المكتبية والمعلوماتية وكيفية تعامل غير الأعضاء مع المكتبة.

- فهرس المكتبة :وهـذا ينقل المسـتفيد إلى موقع آخـر يمكنـه القيـام بعمليـات البحـث وخدمات النظام الآلي المتاح على شبكة الإنترنت OPAC.

- أنشطة الشهر: تتناول أهـم النـدوات والأنشطة التـي تقدمها المكتبـة ومكتبـة فـرع الزيتون خلال الشهر.

- كتاب الشهر : ويتناول عرض لكتاب ولكن العرض لايتم دوريًا.

- نادي تكنولوجيا المعلومات: ويتضمن إلقاء الضوء عـلى بعـض الأفكار والمصطلحات والنصائح التي تفيد في استخدام تكنولوجيا المعلومات وهذا من خلال نشرة تكنولوجيا المعلومات ويمكن تحميل ملف النشرة واستعراضه داخل الموقع.

- الكلمات السيارة: Scrolling وتتناول التنوية الحالي عن ندوة أو نشاط أو خدمة أو..

● الصفحة الداخلية: مكتبة مبارك مبنى المكتبة

والتصميم مختلف عن الصفحة الرئيسية

مبنى المكتبة: وهو يتناول توضيحًا تفصيليًا لموقع المكتبة وعـرض خريطـة جغرافيـة توضح كيفية الانتقال إليه من أماكن الميادين العامة والأحياء المشهورة والقريبة منه . كما يتناول مقطعًا رأسيًا من طوابق المكتبة موضحًا به قاعات المكتبـة وأماكن الخـدمات بـه مثل: خدمة التصوير والإعارة والإعادة والإطلاع ...أي كل الخـدمات التـي تهـم المسـتفيد والتي تجيب على كل استفساراته حين يحضر إلى مقر المكتبة .

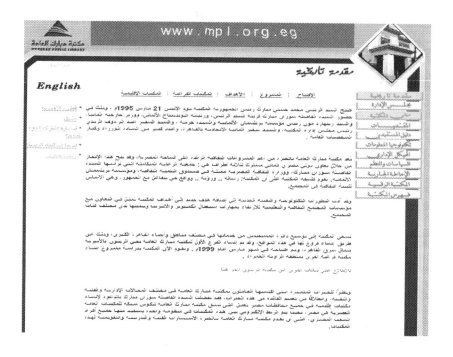

شكل (53) موقع مكتبة مبارك العامة – صفحة داخلية

● المكتبة القومية الزراعية المصرية http://nile.enal.sci.eg

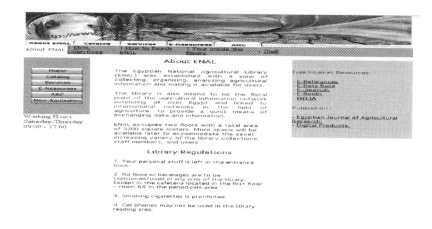

شكل (54) موقع المكتبة القومية الزراعية المصرية

وتصميم الصفحة الرئيسية Homepage هـو نفس تصميم الصفحة الداخلية ويستخدم نفس الألوان وهو الأبيض للخلفية واللـون الأخضر ـ للقائمـة الرئيسـية الرأسـية والأفقية، حيث إن تصميم الصفحة يعتمد على ثلاثة أعمـدة رئيسية: الأوسـط منهـا هـو موضع الصفحة الداخلية التي يتم فتحها، أما العمـودان الأيمـن والأيسرـ فيحتويـان عـلى القائمة الرئيسية، ولا يتغيران بتغير الصفحـة الداخلية التـي يـتم فتحهـا، أمـا مـن حيـث المحتوى للصفحة فتجد لوحة فنية رائعة تـم إعدادها بشـكل جيد ومعبر عـن الزراعـة والبحث. و هناك أيضًا قائمة أفقية وتقريبًا هي نفسها القائمة الرأسية وتحتوي على :

- عن المكتبة About .

- خدمات المكتبة Services .

- فهرس المكتبة Catalog .

- مصادر معلومات إلكترونية E- Resources .

- مركز البحوث الزراعية ARC وهو الجهة التي تتبعها المكتبة القومية الزراعية .

مقتنيات جديدة New Acquisitions .

وفي حالة فتح أي من هذه العناصر فتظهر عناصرها الفرعية ، وعـلى سـبيل المثال نجد أن قائمـة (عـن المكتبـة – About) عنـد فتحهـا تظهـر عناصرهـا الفرعيـة وهـي :

ماهية المكتبة ENAL Objective .

- كيف تصل إلى المكتبة: وهـي مـن النقـاط المميـزة بالموقع، حيـث تجـد وصفًـا بالرسـوم المتحركة يوضح لك كيفية الوصول للمكتبة من الميادين العامة القريبة من المكتبة وهي تسهل على زائر المكتبة لأول مرة .

- جولة داخل المكتبة Tour Inside the library ويأخذك موقع الإنترنت في جولة داخل الموقع الفعلي .

- العاملين Staff ويتيح التعرف على مديري الإدارات ورؤساء الأقسام بالمكتبة مع توضيح وظائفهم وكيفية الاتصال بهم .

أما العمود الثالث، فيهتم بمصادر المعلومات غير التقليدية والمتاحة على شبكة الإنترنت، مثل المراجع والكتب وقواعد البيانات والدوريات وغيرها، وكلها في صورة إلكترونية .

ونظرًا لأن المكتبة القومية الزراعية مكتبة متخصصة، وهي نموذج مصغر للمكتبة القومية الزراعية الأمريكية، وتصميم الموقع قريب من حيث المبدأ من تصميم موقعها ولكن مع الفارق في حجم المحتوى .

3/7 - بوابات المكتبـات :

كثيرًا ما يحدث الخلط بين عدة مصطلحات في مجال عرض المعلومـات علـى شبكة الإنترنت من هذه المصطلحات الرئيسية مصطلح (البوابة Portal – البوابة Gateways – محرك البحث Search Engine – موقع الإنترنت Website) ، ويقع هذا الخلط نتيجة للترجمة فقط ووجهة نظر المـترجم عند التعبير عـن أي مـنهم، أو أنه يقصد اللفظ ولا يقصد المفهوم . ويحدث هذا الخلط لاشتراك هذه المصطلحات جميعًا في احتوائهم علـى معلومات، وكذلك في إتاحتهم للمستفيدين عبر شبكة الإنترنت ، وأيضًا إمكانيـة البحـث داخل كل منها ، والبعض مـن هـذه المصطلحات يحتوي في داخله علـى البعض الآخر، ويمكن تشبيهها بما يلي :

1- دوائر مختلفة القطر ولكن مركزها واحد .

2- دوائر متقاطعة يشترك كل منها في مقطع من الآخر .

وهناك نوعان مـن البوابـات Portal : بوابـات عامـة General Portal ، وبوابـات متخصصة Specialized أو تخدم فئة معينة من المستفيدين Niche . بعـض البوابـات العامة منها Yahoo, Excite, Netscape, Lycos, CNet , Microsoft Network, and AOL.com, و American Online's ومـن البوابـات العربيـة العامـة بوابـة معلومـات مصر Egypt Information Portal ويحمل شعارًا « المعلومات حق لكل مواطن » وهو صادر عن مجلس الوزراء المصري (مركز المعلومات ودعم اتخاذ القرار IDSC)، وموقع البوابة الرسمية لحكومة دبي dubai.ae. ومن أمثلة البوابات المتخصصة Garden.com متخصصــة في الحـــدائق و Fool.com متخصصـة في الاسـتثمار، وبوابـة SearchNetworking.com لمديري شبكات الكمبيوتر. وهكذا وكلها تهدف إلى جذب أكبر عدد ممكن من المستفيدين .

خدمات البوابات Portal Services : تحتوي البوابـات وخاصـة العامـة منهـا عـلى خدمات أساسية، منها دليل لمواقع انترنت ، إمكانيـة البحـث في مواقـع أخـرى ، الأخبـار ، معلومات عن الطقس والبلاد وخرائطها ، البريد الإلكتروني ، إمكانية عرض منتجات وطرق البيع والشراء ، وأحيانًا تتيح منتديات متخصصة . وتعتبر بوابة Excite من أوائل البوابات التي تتيح للمستفيدين إمكانية إعداد بوابة شخصية للمستفيد؛ أي أن المستفيد يستطيع أن يعـدل في شكل البوابة لتتناسب مـع اهتماماتـه مـن حيـث محتـوى البوابـة ونـوع الإعلانات بها والشكل العام للبوابة من حيث الألوان والتصميم والخلفية وشيء مـن هـذا القبيل .

وأغلب البوابات تستخدم شكل اليـاهو Yahoo في المحتـوى والتقسيـم والسرعة في التحميل والرد على طلبات المستفيدين. و تحاول الشركات الخاصة إتاحة البوابات وجذب أكبر عدد من المستفيدين وعدد من الإعلانات والترويج لها، بل وصل الأمر بشكل تجـاري أن تقييم الموقع مرتبط بعدد زواره وكلما ازداد العدد ازداد الـدخل المـادي للبوابـة وبنـاء على ذلك يزداد عدد الشركات المعلنة به

والمستثمرون، حتى إن بعض البوابات تقدم دخلاً ماديًا لزائريها حتى تزيد من الزوار فتزيد من الإعلانات فيزداد دخلها وهكذا.

وبعد ما سبق عرضه عن البوابات هناك عدة تساؤلات لابد من طرحها :

- هل يمكن أن تكون للمكتبة بوابة على شبكة الإنترنت ؟
- هل بوابة المكتبة تختلف عن موقعها على شبكة الإنترنت ؟
- هل إعداد البوابة بالشيء اليسير على المكتبات ؟
- هل البوابة ضرورية لكل مكتبة ؟

والإجابة على هذه التساؤلات كما يلي :

1- يمكن أن تكون للمكتبة بوابة على شبكة الإنترنت تعبر عنها وتخدم المجتمع المحيط به، وتتسع دائرة الخدمات أو تقل حسب طبيعة كل مكتبة ودورها المنوط بها في المجتمع؛ فهناك مكتبات لها دور دولي وأخرى محلي وأخرى على مستوى الحي الموجودة به . ويزيد على ذلك ميزانية كل مكتبة وإمكانية المتابعة المستمرة لخدمات البوابة وتطويرها.

2- بالطبع، بوابة المكتبة على شبكة الإنترنت تختلف عن موقع المكتبة على شبكة الإنترنت، بل وتختلف البوابة حسب نوع المكتبة من حيث إنها مكتبة عامة – متخصصة – أكاديمية – قومية - .. ، حيث إن مجتمع المستفيدين تختلف اهتماماته (الثقافة – العمر – الاحتياجات – المعلومات – سرعة الرد - ...) ، وإن كانت البوابة تشترك مع موقع المكتبة في عديد من الخصائص ولكنها تختلف فيما يلي :

- يجب أن تحتوي البوابة على دليل مواقع ذات الصلة، وليس بالضرورة أن يحتوي الموقع على ذلك .

- يجب أن تحتوي البوابة على إعلانات في مجالات الاهتمام لتقرب العلاقة بين المستفيدين واهتماماتهم ، و يجب ألّا يحتوي موقع المكتبة على إعلانات ذات الصلة، حيث إن ذلك قد يسبب شبهة في بعض التعاملات داخل المكتبة .

- البوابة غالبًا تقوم على أساس تجاري Business Model ، والمكتبة في الغالب لا تقوم على هذا الأساس خاصة المكتبة العامة .

- البوابة تقدم خدماتها لعدد أكبر مما يخدمه موقع المكتبة .

- البوابة تتيح العديد من الخدمات، والمعلومات ليس بالضرورة أن توجه لأعضاء المكتبة، أما موقع المكتبة فتتركز خدماته على أعضاء المكتبة .

- البوابة تركز في تصميمها على كم المعلومات وسهولة الوصول إليها كوسيلة لجذب المستفيدين ، أما موقع المكتبة فيركز على التصميم بصفة أكبر .

3- إعداد البوابة ليس بالشيء اليسير على المكتبات؛ لأنه يتطلب جهدًا ومتابعة وتكلفة قد لا يطيقها كثير من المكتبات، والبعض منها يعتبر أن البوابات ليست دورها الرئيسي وأن توجه ميزانيتها لخدمة أعضائها داخل المكتبة، خاصة وأن كثيرًا من المكتبات لا تجد عددًا كافيًا من العاملين، لأداء خدماتها الرئيسية، وتحتاج إلى عاملين على درجة عالية من الكفاءة في التعامل مع تكنولوجيا المعلومات .

4- وأخيرًا، ليس بالضرورة أن تكون لكل مكتبة بوابة على شبكة الإنترنت وإنما يجب أن تكون هناك بوابة واحدة لكل المكتبات ذات منظومة واحدة أو لكل المكتبات العامة أو كل المكتبات الأكاديمية أو كل المكتبات داخل البلد الواحد؛ وهذا سيوفر الكثير من الجهود وتكرار الأعمال والأخبار مما يمثل عبئًا على كل مكتبة في جمع البيانات وإتاحة المعلومات وصيانتها بخلاف التكلفة المادية على كل مكتبة . أما أن تكون هناك بوابة واحدة لكل المكتبات

المصرية مثلاً على أن تخدم أعضاء وغير أعضاء كل تلك المكتبات، والمكتبات كلها تشترك في صيانة المعلومات وتتولى تباعًا أراء واستفسارات الزائرين فهذا هو الأفضل .

وبعد الرد على تلك الاستفسارات ، نرى أن الأمر مـا زال قيـد البحـث والتنظيم،وقـد يكون لك عزيزي القارئ رأي آخر نسعد به ، وقد تغير الأيام القادمة والتطور السـريـع في تكنولوجيا المعلومات كل الآراء .

المصادر :

كابرون . تعريب: سرور علي إبـراهيم سرور: الحاسـبات والاتصـالات والإنترنـت. دار المريخ للنشر، الرياض، المملكة العربية السعودية،2003 م.

محمد فتحي عبد الهادي و أسامة السيد محمـود : مصـادر وخـدمات المعلومـات المرجعية في المكتبات ومراكز المعلومات .- القاهرة: المكتبة الأكاديمية،2006 .

أحمد أمين أبو سعدة: متطلبات تكنولوجيا المعلومات بالمكتبـات الحديثـة.- المـؤتمر القومي الثامن لأخصائي المكتبات والمعلومات في مصر (يونيو 2008)

هبة عبدالستار مصيلحي: استبيان عن بوابات المكتبات 2008.

Internet Sites:

مكتبة الكونجرس الأمريكية   www.loc.gov

مكتبة ألكسندريان العامة 2007:   www.apl.lib.in.us

الاتحاد العالمي لمؤسسات ومعاهد المكتبات (الإفلا العالمية) :   www.ifla.org

المكتبة القومية الأسترالية:www.nla.gov.au

موقع المكتبة القومية البريطانية www.bl.uk

المكتبة القومية الزراعية الأمريكية الرئيسية : www.nal.usda.gov

The Consortium of University Research Libraries

تكتلات مكتبات البحوث بالجامعات في الجزيرة الإنجليزية www.curl.ac.uk

مكتبة الإسكندرية Bibliotheca Alexandrina: www.bibalex.org

دار الكتب المصرية www.darelkotob.gov.eg

مكتبة مبارك العامة www.mpl.org.eg

www.whatis.com

المكتبة القومية الزراعيةhttp://nile.enal.sci.eg

الفصـل الثامن

إدارة مصادر المعلومات الرقمية وإتاحتها

تمهيد

تعد مصادر المعلومات الرقمية في الوقت الحالي دليلاً على تطور المكتبات ومواكبتها للعصر وكذلك على وجود موارد مالية متوفرة لدى تلك المكتبات، لأن إتاحة مصادر المعلومات الرقمية تحتاج تكلفة أعلى نظرًا لمتطلبات التشغيل وتذليل العقبات التي قد تواجه إتاحة هذه المصادر، خاصة وأن إدارة المجموعات الرقمية تختلف عن إدارة المجموعات التقليدية ويؤكد ذلك ما سنتعرف عليه من مصادر للمعلومات للرقمية سواء كانت عربية أو أجنبية. وهناك عدد من نماذج المكتبات الرقمية العربية والأجنبية التي يمكن الاستفادة بتجاربها.

وتعتبر قواعد البيانات العالمية من أهم وأثمن مصادر المعلومات الرقمية، ولها أهمية كبيرة خاصة بالنسبة للباحثين من مجتمع المستفيدين.

1/8 - متطلبات تشغيل مصادر المعلومات الرقمية:

مصادر المعلومات غير الورقية وغير التَّقليدية: وهي أوعية المعلومات المتاحة أو التي تحولت من شكلها الورقي إلى الشكل الذي يقرأ ويبحث فيه بواسطة أجهزة إلكترونية سواء كانت أجهزة حاسب إلكتروني أو ملحقاتها أو خلافه،أو أن هذه المصادر يقصد بها كل ماعدا مصادر المعلومات التقليدية، وبشكل أدق يقصد المعلومات المتاحة في صورة إلكترونية أو رقمية وبشكل أكثر دقة أي يمكن التعامل المباشر مع محتواها من خلال أدوات تكنولوجيا المعلومات والاتصالات السابق ذكرها، ولقد كان لذلك أثر في ظهور أنواع جديدة من المكتبات مثل: المكتبة الرقمية، والمكتبة الإلكترونية، والمكتبة الافتراضية. وهذه الأنواع الثلاثة السابقة

نجد أن وجه الاتفاق بينها هو وجود محتوى غير تقليدي وغير ورقي يمكن التعامل معه باستخدام أجهزة وأدوات أخرى.

ولعل هناك من مصادر المعلومات ما هو غير ورقي ولكنه تقليدي، ويستخدم أجهزة إلكترونية لتشغيله ولكنه لا يندرج تحت أوعية المكتبات الإلكترونية أو الرقمية أو الافتراضية ومنها: شرائط الفيديو التناظري، وشرائط الكاسيت، والمصغرات الفيلمية وما شابه ذلك من مصادر معلومات تناظرية وليست رقمية. ولعل أهم ما يميز مصادر المعلومات الرقمية هو سهولة التخزين، وسهولة الاسترجاع، وسهولة الاختيار، وسهولة التعديل والحذف والإضافة.

- و مجمل القول أن مصادر المعلومات بالمكتبات تنقسم إلى ثلاثة أنواع:

- مواد مطبوعة ورقيًا سواء كانت كتبًا أو دوريات أو نشرات أو...

مواد غير مطبوعة ورقيًا مثل شرائط الكاسيت وشرائط الفيديو والمصغرات الفيلمية (ميكروفيلم وميكروفيش) وكلها تحتاج إلى أجهزة الكترونية تتطور يومًا بعد يوم وموادها ما زالت تنتج أيضًا.

مواد في صورة إلكترونية أو رقمية، وهي تشمل كل المواد السابقة ولكن في صورة يسهل التعامل معها من خلال الحاسب الإلكتروني وملحقاته، وهذه المصادر قد تختلف حسب الوسيط أو Media المخزن عليه محتوى المواد، وكل منها يعتبر نواة لإنشاء مكتبة غير تقليدية (إلكترونية – رقمية – افتراضية) وقد يكون الوسيط أحد الأنواع التالية:

- الأقراص المرنة Floppy Disks.

- الأقراص الثابتة أو الصلبة Hard Disks بسعات مختلفة التي قد تصل إلى مئات أو آلاف الجيجا بايت.

- الأقراص المليزرة CD-ROM والتي تصل سعتها إلى 900 ميجا بايت.

أقراص الفيديو الرقمية DVD Digital Video Disks والتي تزيد سعتها عن 4 جيجا بايت.

- شرائط بيانات رقمية DDT Digital Data Tape وتزيد سعتها عن 40 جيجا بايت.

ومن هذا نستدل أن كل مصادر المعلومات تصدر جنبًا إلى جنب ولم يندثر نوع منها تبعًا لآخر، فنجد كتبًا ودوريات في صورة ورقية ومع ذلك يمكن أن تجدها في صورة رقمية أو إلكترونية وكذلك تجد بعض المواد السمعبصرية Audio Visual في صورتها التقليدية ويمكن أن تجدها في صورة إلكترونية بنفس المحتوى، ووجد أن كثيرًا من الناشرين الأجانب يفعل ذلك تيسيرًا على المكتبات ومن باب التغيير مرحلة تلو الأخرى أما الناشرين العرب فلازال أمامنا وقت حتى نرى ذلك نظرًا لطبيعة المكتبات والبنية التكنولوجية بها فلا زال لدينا مكتبات ليس بها أجهزة حاسب إلكتروني وملحقاتها، وأغلب المكتبات ليس بها شبكة للمعلومات وكثير منها ليس بها خدمة الإنترنت، بل وأغلب المكتبات لا تعلم شيئًا عن أجهزة الفيديو الرقمية DVD Digital Video Drive (Device) وغير ذلك من أدوات تكنولوجيا المعلومات التي تساعد على اقتناء مصادر المعلومات الرقمية، مما يجعل كثيرًا من الناشرين العرب يتردد في إصداراته الرقمية حتى يضمن المبيعات بنفس كفاءة المواد التقليدية، ويعود ذلك إلى أن ميزانيات المكتبات محدودة ولوائحها قديمة لا تتماشى مع العصر الحالي وتحتاج إلى كثير من التغيير فلا زالت المخازن والمشتريات تحتاج إلى شكل مادي من أشكال مصادر المعلومات، لأنه كيف يتم عمل إذن إضافة لملف إلكتروني تم تحميله أو التعامل معه من خلال شبكة الإنترنت؟ بل كيف يتم استلام ملف إلكتروني من خلال شبكة الإنترنت؟ وحتى إذا تم تحميل الملف من شبكة الإنترنت وتم تحميله على أسطوانة مليزرة CD- ROM أو أي وسيط آخر Media لـن يعتبر هذا شيء مادي أصلي ولكنه نسخة لا يعترف بها، ومن ثم في مثل هذه الحالات يحتاج الأمـر إلى الشـرح والتوضيح وتفهم من الإدارة ومزيد من الجهد حتى

يتم الإقناع وتتم الإضافة ويتم التسليم والتسلم هذا في بعض المكتبات العربية المتطورة فما بالك في المكتبات التقليدية سواء كانت مدرسية أو عامة أو قومية أو أكاديمية أو...ومن هنا لابد من التوعية والاهتمام بالتنمية البشرية للعاملين بالمكتبات ليس فقط لأخصائي المكتبات والمعلومات ولكن لجميع العاملين بما فيهم المشتريات والمخازن؛ حتى نساهم في السعي بخطوات نحو المفاهيم الحديثة في مجال المكتبات والمعلومات، ولابد وأن يسهم الناشرون كذلك في تلك الخطوة سواء بالنشر في هذا الموضوع و التوعية بالندوات والمؤتمرات أو رعاية ذلك، أو تنظيم الدورات التدريبية أو دعم المكتبات؛ ليكون لديهم أدوات تكنولوجيا المعلومات حتى تكون لدى المكتبات المقومات الأساسية في التعامل مع الإصدارات الإلكترونية لأن الأمر بحق جد خطير، وبهذه الطريقة قد نجد أنفسنا نقف بمفردنا مكتوفي الأيدي في فلاة وغيرنا ينعم بالجنان والخضرة (مصادر المعلومات هي مصادر القوة).

ونحن في هذا الفصل لسنا بصدد التمييز بين أنواع المكتبات، ولكننا بصدد التعرف على مصادر المعلومات غير الورقية التي تتناسب مع أدوات تكنولوجيا المعلومات ولقد تناولنا في المقدمة أهمية مصادر المعلومات غير الورقية في ظل بنية تحتية معلوماتية.

حول مفهوم المكتبة الرقمية والإلكترونية والافتراضية:

كثيرة هي تعريفات المكتبة الرقمية والإلكترونية والافتراضية وحتى الآن لا توجد صيغة واحدة تم الاستقرار عليها، ويرجع ذلك إلى وجهات النظر ونظرة مجتمع المكتبة ومدى توفر تكنولوجيا المعلومات وأدواتها بها، ولكن الجدير بالذكر أن هناك اتفاقًا تامًا على أن المكتبة الإلكترونية أو الافتراضية أو الرقمية لابد وأن تحتوي على مصادر معلومات في صورة غير تقليدية هذا من حيث مصادر

المعلومات المتاحة بتلك المكتبة، أما من حيث نوع المكتبة وكيانها المادي فهنا يقع الاختلاف والاتفاق ولذلك نعرض ما يلي [1]:

- يرى البعض أن المكتبة الإلكترونية هي جزء من المكتبة التقليدية ولكنه إلكتروني بما يحتويه من مصادر معلومات غير تقليدية.

- يرى البعض أن المكتبة الرقمية هي أيضًا جزء من المكتبة التقليدية ولكنه جزء يحتوي على مصادر معلومات غير تقليدية.

يتفق الجميع على أن المكتبة الافتراضية هي مكتبة ليس لها كيان مادي؛ أي ليس لها مبنى ولكنها قد توجد في أكثر من مكان، ويتغير مكانها بتغير مكان حفظ ملفات مصادر المعلومات؛ أي أنها مكتبة كمسمى وتحتوي على مصادر معلومات إلكترونية كانت أو رقمية أيًّا كان مسمى المحتوى.

يتفق الجميع على هذه الأنواع من المكتبات (الرقمية – الإلكترونية – الافتراضية) توجد من خلال بنية تحتية لتكنولوجيا المعلومات تساعد على النشر والاسترجاع والمعالجة والتخزين والإتاحة في صور مختلفة سواء داخل المكتبة أو خارجها سواء كان كيانًا ماديًّا (مبنى) أم لا.

يتفق الجميع على أن هذه المكتبات المشار إليها لا تغني عن وجود العامل البشري سواء في التنظيم والإعداد والتحويل والتخزين والاسترجاع؛ أي في كل مراحل الرقمنة والتعامل مع مصادر المعلومات.

يتفق الجميع على أن هذه الأنواع من المكتبات تحتاج إلى مهارات خاصة لدى المستفيدين ومن باب أولى لدى العاملين بالمكتبات أو العاملين عليها.

يتفق الجميع وبلا شك أن هذه الأنواع من المكتبات تحتاج إلى طرق تقليدية في الاختيار والاقتناء والتنظيم والتعريف بطرق الاستخدام والنشر حتى وإن كانت

---

(1) بعض من العناصر التي حددها اتحاد مكتبات البحث Association of Research Libraries.

بعض المراحل تتم في صورة إلكترونية إلا أنها لا تخلو من بعض الخطوات التقليدية، ولعل هذا من أهم معوقات استخدام وظائف التزويد بالأنظمة الآلية المتكاملة للمكتبات Acquisitions وخاصة بمكتبات بعض دول العالم العربي.

يتفق الجميع على أن المكتبات الرقمية والإلكترونية والافتراضية مكلفة ماديًّا لكنها توفر في المساحات المادية (للمبنى) وتحتاج إلى نوع آخر من المساحات (سعات التخزين)، والأمر لا ينتهي بعد وجود المقتنيات في صورة إلكترونية ولكن الأمر وراءه جهد كبير حتى يتيح التعامل والاسترجاع مع تلك المواد من خلال شركات كبرى لها باع طويل ليس في هذا الأمر فحسب ولكن في تطوير المكتبات بصفة عامة وسنتعرض لهذا الأمر.

يتفق الجميع على أن المكتبات الرقمية أو الإلكترونية الافتراضية يجب أن تتاح عن بعد لمجتمع المستفيدين.

يتفق البعض على أن أهم المؤسسات التي ساهمت في إثراء المجموعات الرقمية هي مؤسسات الصحافة والإعلام، فأصبحت الجرائد والمجلات والدوريات تصدر في صورتها التقليدية إلى جانب صورتها الرقمية، حتى أصبح الآن هناك دوريات لا تصدر إلا في صورة إلكترونية فقط وخاصة في دول العالم الثالث رغم فقره الشديد، حيث إن بعض الصحف والمجلات التي قد يحذر طبعها تتخذ من شبكة الإنترنت وسيلة -بلا رقيب-لإصدارها في صورة إلكترونية.

نود الإشارة إلى تعريف اصطلاحي تبناه عماد عيسى صالح في رسالته للدكتوراه على أن المكتبة الرقمية هي: تلك المكتبة التي تتجه سياستها نحو زيادة رصيدها من المصادر الرقمية، سواء المنتجة أصلاً في شكل رقمي أو التي تم تحويلها إلى الشكل الرقمي (الرقمنة)، وتتم عمليات ضبطها ببليوجرافيًّا وتنظيمها وصيانتها باستخدام نظام آلي متكامل، يتيح أدوات وأساليب بحث واسترجاع لمختلف أنواع مصادرها، سواء على مستوى بدائل الوثائق (الميتاداتا) أو الوثائق

نفسها (المحتوى)، ويتاح الولوج إلى مستودعاتها الداخلية والخارجية والاستفادة من خدماتها المختلفة عن طريق شبكة حاسبات، سواء كانت محلية أو موسعة أو عبر شبكة الإنترنت.

2/8 - مشكلات وصعوبات إتاحة المكتبات الرقمية والالكترونية والافتراضية:

وإذا كنا قد تعرضنا لأهمية ومميزات المكتبة الإلكترونية أو الرقمية أو الافتراضية فإنه وبلا شك لا يخلو الأمر من مشكلات وصعوبات تحول دون هذه المكتبات أو سلبيات تظهر عند الاستخدام لها ومنها:

- تكلفة هذه الأنواع من المكتبات غير التقليدية عالية وتحتاج إلى تكلفة إضافية لضمان استقرار عملها وإتاحتها وحفظها؛ لأن الأمر يتطلب أدوات تشغيل من أجهزة حاسب إلكتروني وملحقاتها وخط اتصال بشبكة الإنترنت للإتاحة الخارجية والحاجة إلى التحديث المستمر سواء للأجهزة أو للبرمجيات، وتزداد التكلفة خاصة مع المكتبات التي لا تمتلك بنية تحتية في تكنولوجيا المعلومات.
- تحتاج إلى وسائل تأمين مشددة على المعلومات خوفًا من الفقد أو الضياع أو التلف أو الاستهداف، ففيروس حاسب إلكتروني واحد قد يكون كافٍ لهدم كل تلك المعلومات.
- يحتاج العاملون بالمكتبة وخاصة أخصائي المكتبات إلى إعادة تدريب وتأهيل للتفاعل والتعامل مع تلك المجموعات الرقمية، وقد يتطلب الأمر تدريب المستفيدين كذلك.
- وجود قيود وقواعد لاستخدام المجموعات الرقمية قد تكون محددة بعدد مرات أو الدخول عليها من أجهزة معينة، أو استخدام معرف مستفيد وكلمة مرور أو دفع مبلغ معين عند تحميل المعلومات أو عند طباعتها، أو قد يكون استخدام تلك المصادر محددًا بوقت معين سواء في الدخول عليه، أو العمل عليه واستخدامه، أو دفع تكلفة إضافية عندما يجد المستفيد ما يبحث عنه.

- إتاحة بعض المجموعات الرقمية لا يعني تملكها ولكن يعني استخدامها فترة الاشتراك فيها، وبعدها ينتهي الاشتراك ولا يستطيع المستفيد استخدام ما كان يستخدمه من قبل.
- لا تزال جهات النشر والمستفيدون يعانون من مشكلة حقوق الملكية الفكرية سواء من حيث طباعة المستند أو حفظه في صورته التي هو عليها.
- تحتاج إلى مساحات تخزين عالية السعة مما يتبعه تكلفة.
- ليست كل الأنظمة الآلية يمكنها التعامل مع المجموعات الرقمية، وخاصة مع المكتبات التي تحتوي على مجموعات حديثة وتقليدية وأخرى رقمية أو إلكترونية.
- تحتاج المجموعات الرقمية إلى أدوات لإداراتها وإتاحتها لمجتمع المستفيدين.
- تتطلب إتاحة المجموعات الرقمية خط اتصال عالي السرعة والكفاءة سواء من ناحية المكتبة أو من ناحية المستفيد.
- تتطلب إتاحة المجموعات الرقمية بنية تحتية قوية في تكنولوجيا المعلومات.
- الثقة في جودة المعلومات وخاصة المتاحة بلا رابط على شبكة الإنترنت باعتبارها أحد الوسائل التي تقدم مجموعات رقمية (غير تقليدية) سواء كان مصدر المعلومات من مواد مطبوعة أو إلكترونية أو رقمية الأصل، فعلى المكتبة أن تتوخى الحذر فيما تتيحه أو تقدمه للمستفيدين، ومصدره شبكة الإنترنت وخاصة كمصادر مرجعية.
- التغيير المستمر الذي قد يطرأ على بعض المجموعات الرقمية يحتاج إلى متابعة دائمة لتقدم المكتبة للمستفيد أحدث وأدق المعلومات.
- مشكلات أخرى ترتبط بكل مكتبة دون الأخرى منها: هل سياسة المكتبة الإتاحة من خلال الإنترنت؛ أي من أي مكان أو الإتاحة من خلال إنترانت IntrAnet داخل حيز معين من الإنترنت أو من خلال الشبكة الافتراضية (VPN

(Virtual Private Network) أو من خلال شبكة محلية(Local Area Network LAN) أم غير ذلك.

3/8 - إدارة المجموعات الرقمية:

إن إتاحة المجموعات الرقمية ليس هو الهدف في حد ذاته، وإنما الهدف لدى المكتبات هو إتاحة هذه المجموعات الرقمية لمجتمع المستفيدين حتى يكون هناك مردود سواء مادي أو معنوي لتقديم الخدمات ذات الصلة بهذه المجموعات، ومن هنا كان لابد من التفكير في وسيلة لإدارة هذه المجموعات، لأنه ليس بالضرورة أن يكون النظام الآلي المتكامل المستخدم بالمكتبة التقليدية قادرًا على التعامل مع محتوى تلك المجموعات الرقمية وإتاحتها، حيث إن لتلك المجموعات الرقمية سمات خاصة ومعايير مختلفة يجب اتباعها وتحقيقها.

ولقد بدأت المكتبات والشركات على حد سواء في الاتجاه نحو ذلك منذ حوالي خمسة عشر عامًا عندما بدأت مكتبة الكونجرس الأمريكي في بدء مشروع «الذاكرة الأمريكية American memory »، واستطاعت أن تحول حوالي خمسة ملايين وثيقة خلال خمسة أعوام، وبدأت أيضًا بعض الجامعات في ذلك المشروع ومنها جامعة كاليفورنيا بالولايات المتحدة الأمريكية التي بدأت مشروع المكتبة الرقمية عام 1996 ولم تكن بعد أنظمة إدارة تلك المجموعات قد بدأت في الانتشار أو الاهتمام بمجال المكتبات وما تحويه من مجموعات رقمية إلى جانب مجموعاتها التقليدية. ولقد كانت هناك مبادرات من بعض الشركات الأمريكية أيضًا في إعداد أنظمة ومنها شركة 3M وهي من كبرى الشركات التي اهتمت بأدوات تكنولوجيا المعلومات وخاصة وسائط التخزين وتأمينها سواء داخل المكتبات أو غيرها من المؤسسات، واهتمت هذه الشركة بتأمين مقتنيات المؤسسات ضد السرقة أيضًا، وأنتجت البوابات الإلكترونية وملصقات التأمين التي توضع داخل المقتنيات بالمكتبات والمنتجات بالمحلات التجارية فإذا ما خرجت هذه المنتجات دون البيع أو المقتنيات دون إعارة

أعطت إنذارًا وتنبيهًا لاتخاذ الإجراءات المناسبة. ومن الشركات الكبرى والتي لها موقع على شبكة الإنترنت لبيع الكتب ويعتبر من أكبر وأشهر المواقع في العالم وهو موقع شركة أمازون Amazon.com ، وهو يتيح وسائل متعددة للحصول على المجموعات سواء كانت في صورة تقليدية أو في صورة رقمية ولكن بالطبع كل محتوى الموقع في صورة رقمية؛ لذا كان لابد لتلك الشركة من استخدام نظام لإدارة ذلك المحتوى.

ولعل الأمر أصبح أيسر في الوقت الحالي؛ حيث أصبحت نظم إدارة المحتويات الرقمية متاحة وكثيرة وعلى مختلف المستويات وتتناسب مع كافة المحتويات المطلوب إتاحتها، بل وهناك منها ما هو متاح بالمجان بعد انتشار برمجيات المصادر المفتوحة Open Sources التي خدمت كل المجالات بما فيها المكتبات ، وأغلب هذه الشركات التي قدمت أنظمة لإدارة تلك المجموعات الرقمية بالمكتبات هي في الأصل من الشركات التي تقدم أنظمة لإدارة المكتبات عمومًا في صورتها التقليدية، ومنها ما يقدم أكثر من منتج حسب متطلبات المكتبات وسنتعرض لبعض تلك الأنظمة :

- شركة VTLS: وهي من كبرى الشركات المنتجة لأنظمة المكتبات وسبق الحديث عنها في الفصل الخاص بنظام المكتبة الآلي المتكامل، وأنتجت نظامًا يسمى VITAL.
- شركة Innovative: وأنتجت هذه الشركة نظامًا يسمى MetaSource ، وهو نظام متطور يتكون من عدة أدوات تتيح له التعامل الكامل مع الصور بكافة أشكالها Format (TIFF, JPEG,PMB,PDF,PSD.....) والملفات الصوتية والفيديو بكافة أشكالها (WAV,MIDI,AVI,QT,...) وتسجيلات الـ XML والدعم الكامل للميتاداتا Metadata.

- شركة Srsi Dynix: وهي اتحاد لشركتي SIRSI وشركة Dynix ، وكلاهما منتجًا لأنظمة مكتبات آلية متكاملة؛ فالأولى أنتجت نظام Unicorn اليونيكورن، والثانية أنتجت نظام Horizon الهوريزون، وحاليًا أصبح هناك نظام واحد للمكتبات تكوّن من دمج النظامين المشار إليهما ويسمى النظام الجديدٍ Symphony. أما نظام إدارة المجموعات الرقمية فيسمى Hyperion Digital Media Archive ، ويوجد نظام آخر يسمى Digital Link وخلال فترة قريبة سيتم توحيدهما ليكونا نظامًا واحدًا .
- شركة Endeavor Information System: وأنتجت نظامًا يسمى ENCompass Solution ، وهو أيضًا يوفر الوظائف المطلوبة والاحتياجات اللازمة لإدارة تلك المجموعات الرقمية سواء كانت جرائد أو قواعد بيانات أو كتبًا أو مواقع إنترنت أو فهارس وأدلة أو...
- شركة EXLibrIS: وهذه الشركة أيضًا من منتجي الأنظمة الآلية المتكاملة، ونظامها يسمى ALEPH سبق الإشارة إليه في فصل سابق، أما نظام إدارة المجموعات الرقمية فيسمى Digital Tools وهو من الأنظمة القوية بغض النظر عن الشركة المنتجة له والتحفظ عليها، وهذا النظام مهيأ لعمل أكثر من مكتبة معًا (اتحاد مكتبات) بمجموعاتها المختلفة صور- نصوص- ملفات صوتية- فيديو-... كما يتضمن بالإضافة إلى ذلك وظيفة الإيداع للرسائل العملية وغيرها.

وعلى المكتبة إذا أرادت أن يكون لديها مجموعات رقمية، فإنه يتحتم عليها وجود أنظمة لإدارة تلك المجموعات، وتتمتع هذه الأنظمة بوظائف يجب أن تقوم بها منها:

- الفهرسة لتلك المجموعات أي فهرسة المحتوى ويرمز إليها غالبًا بالميتاداتا Metadata بالمعايير المختلفة بها، والخطط المتبعة معها منها MARC 22 أو دوبلن كور Dublin Core أو خطة الوصف الأرشيفي المكود EAD:Encoded Archival Description وخطة تكويد النص ETI Encoded Text.

- البحث: ويتم من خلاله البحث على مستندات معينة وطلب وصفها فقط أو النص الكامل.

- التحرير: ويقصد به تحرير المحتوى الرقمي.

- التخزين: ويقصد به تخزين الملفات الرقمية رغم سعتها التي تتطلبها؛ نظرًا لتعدد أشكال الملفات بين النصوص والصور والصوت والفيديو وخلافه .

- التقارير: وهي تحصر كل الإجراءات التي تتم داخل النظام وداخل كل وظيفة.

استيراد المستندات والميتاداتا أي أن النظام قادر على تحميل الملفات الإلكترونية الجاهزة والمعدة من قبل بأنظمة أخرى أو من مصادر خارجية.

وأخيرًا فإن مصادر المعلومات الرقمية أصبحت تمثل مختلف المواد السمعية والبصرية Audio Visual Materials ومصادر المعلومات الإلكترونية المخزنة على الأقراص المدمجة CD أو أقراص الفيديو الرقمية DVD، وهى تعتبر كنواة لإنشاء مكتبة رقمية أو إلكترونية أو افتراضية، لأنها أصبحت تنتج بالفعل، ولقد أصبح هناك العديد من البرامج التدريبية والتعليمية تصدر في صورة إلكترونية وهى ما تمثل قيمة للدارس Self Study ، خاصة من لا يتوافر لدية الوقت والتنظيم الكافي لحضور الدورات التدريبية المنتظمة بمراكز التدريب المختلفة، فأصبح هناك العديد من تلك الإصدارات تتيح تعليم الرسم والفنون المختلفة، وتعليم الحاسب الإلكتروني بتطبيقاته شائعة الاستخدام مثل الويندوز MS Windows والأوفيس MS Office وبرامج الجرافيكس والرسوم المتحركة Adobe Photoshop ,Macromedia Flash

وإذا بحثت فسوف تجد مثل هذه الإصدارات في مختلف التطبيقات، بل وأصبحت بعض إصدارات الكتب التعليمية والعلوم التطبيقية يرفق معها أقراص مليزرة، يشمل التطبيق العملي لتمارين ومحتوى الكتاب الورقي، مما يفرض على المكتبة إتاحة استخدام تلك المرفقات للمستفيدين، ولعل من أحدث وسائط ومصادر المعلومات المستحدثة والتي انتشرت هي أقراص DVD الفيديو الرقمية وهى ذات سعة تخزين تفوق سعة الـ CD لذلك تستخدم في المواد الفيلمية.

4/8 - نماذج لمصادر المعلومات الرقمية العربية والأجنبية:

ومن نماذج المطبوعات التي يجدر الإشارة إليها أنها رغم أهميتها واستخدامها الأكثر شيوعًا وتواجدها الدائم بالمكتبات ومراكز المعلومات وتسعى كثير من المكتبات لاقتنائها بل والتحديث الدائم لها، فقد تم إصدارها إلى جانب صورتها الورقية التقليدية، وأصبحت تصدر في صورة إلكترونية على أقراص مليزرة CD ROM وكذلك على أقراص فيديو رقمية DVD هذا بالفعل ما تم مع الموسوعة البريطانية Britannica، ولاشك أن ذلك أضاف لها الكثير من المميزات فأصبحت تحتوي على الصور الملونة الواضحة والرسوم التوضيحية الثابتة والرسوم المتحركة بل وملفات صوتية وملفات فيديو وفهارس وكشافات وإحالات كل هذا في صورة الكترونية يسهل التعامل معها وتصفحها والبحث فيها.

وإذا كنا نتحدث عن أهمية مصادر المعلومات الإلكترونية أو الرقمية وضرورة إنتاجها بكثافة أكبر حتى تتحول مكتباتنا في هذا الاتجاه، فإننا نجد على الجانب الآخر مكتبات اتخذت خطوات جادة وبدأت بتحويل جزء من مقتنياتها التي تملكه أو تنشره من مصادره التقليدية سواء كانت ورقية في صورة كتب ونشرات ودوريات أو المخطوطات إن وجدت أو في صورة شرائط كاسيت أو شرائط فيديو تناظري تقليدي من خلال الندوات واللقاءات والاجتماعات والأنشطة والدورات التدريبية وخلافه، وكل ذلك بدأت في تحويله إلى صورة رقمية ويتم تحميلها على

وسائط للتخزين Hard Disks وإتاحتها من خلال شبكة المكتبة كل مكتبة بقدر مقتنياتها وميزانيتها، ولعل من أهم الأمثلة على تلك المكتبات مكتبة الإسكندرية ولديها مشروع طموح، وكذلك المكتبة الوطنية المصرية (دار الكتب) التي تلقت دعم من مكتبة الكونجرس في هذا الأمر وتم توريد ماكينات الرقمنة وتم البدء في المشروع، وقد كان لمكتبة مبارك السبق في هذا الأمر في عام 2001 حيث تم رقمنة عدد من شرائط الفيديو التناظري إلى ملفات إلكترونية تمت إتاحتها على شبكة المكتبة لفترات طويلة، ولكن توقف المشروع لأولويات العمل بالمكتبة وعدم وجود الموظفين المتفرغين لهذا المشروع والميزانية المطلوبة للتطوير، وإن كان المشروع قد توقف بها لتحويل مقتنياتها إلا أن الفكر لم يتوقف. وتم إضافة عنصر(المكتبة الرقمية) إلى موقع مكتبة مبارك على شبكة الإنترنت ويحتوي على ثلاث مصادر لمكتبة منها: كتب يتم عرضها وتصفحها من خلال موقع المكتبة وهي كتب قد لا تجدها على رفوف المكتبة وهي كتب متاحة بالمجان تم تحميلها من خلال شبكة الإنترنت، والمصدر الثاني هو عبارة عن كتب أطفال موجودة على رفوف المكتبة ويتم عرض صفحة الغلاف بالموقع، ولكن عند تصفح الكتاب يكون من خلال موقع آخر له حقوق الملكية الفكرية والنشر على شبكة الإنترنت، والمصدر الثالث هو عبارة عن مواقع Internet Sites تتيح مصادر معلومات إلكترونية.ولكن هذه المصادر عمومًا تحتاج إلى تحديث دائم، حيث إن الكتب المتاحة كانت في مجال الحاسب الإلكتروني فقط وكتب الأطفال يمكن زيادتها.

ومن المشروعات العالمية التي بدأت عملية التحول لمصادر المعلومات الورقية إلى مصادر معلومات إلكترونية وإتاحتها على شبكة الإنترنت أولاً بأول نجد المشروع الذي تقوم به جامعة ماريلاند Maryland University بالولايات المتحدة الأمريكية، وهو لتحويل بعض كتب الأطفال من مختلف دول العالم بمختلف اللغات ويعرض الكتاب بأكثر من لغة منها اللغة الأصلية للكتاب بالإضافة إلى

لغات رئيسية منها: الإنجليزية والفرنسية والألمانية والعربية وكذلك تجد اللغة الفارسية والصينية أي بكل اللغات التي لها تراث وإنتاج فكري تمت الرقمنة له ويسمى هذا المشروع International Children Digital Library (ICDL) وهذا المشروع يهدف إلى تحويل ملايين الكتب ولم ينته بعد من التمام. www.icdlbooks.org

وبالرغم من كل التشجيع والمساندة لوجود مصادر المعلومات غير الورقية أو غير التَّقليدية، ورغم كل الجهود فيبدو أنه لن تتوقف الإصدارات في الصورة الورقية وأنها تقف جنبًا إلى جنب مصادر المعلومات غير التقليدية لما لها من طبيعة خاصة بالمكتبة من جهة والمستفيد من جهة أخرى، ويكفي الكتب والمكتبات أنهما اشتقا من فعل واحد وهو « كتَب».

5/8 - أشهر المكتبات الرقمية العربية:

في بداية أي مشروع يجب الرجوع إلى أهل الخبرة والمشورة وتقييم التجارب السابقة، لذلك ننصح أي مكتبة لم تبدأ بعد في مشروع المكتبة الرقمية أن تلجأ إلى كل مكتبة بدأت أو أنهت هذا المشروع والاستفادة من العقبات والسلبيات التي واجهتها لتفاديها والإطلاع على خطط العمل، كما يجب توفير مصدر للتمويل لأن هذا قد يكون سببًا في توقف المشروع في وقت ما من بدايتها أو يؤثر على جودته أو على استمراره.

وهناك من المكتبات العربية التي بدأت هذا المشروع، وليس بالضرورة أن تكون هذه المشروعات قد اكتملت أو تسير على النهج الصحيح ولكن لكل منها سمات معينة بدأ في ظروف مناسبة، ومع تغير الظروف تغيرت الأهداف فتأثرت أغلب هذه المشاريع إما بالتوقف أو الاستمرار بالاعتماد على جهود الآخرين، وقليل من هذه المشاريع تم وفقًا لما كان مخطط له، ومشروع المكتبة الرقمية ليس بالضرورة أن تتبناه مكتبة من المكتبات التقليدية ولكن هناك مشروعات مكتبة رقمية دون وجود أية مكتبة تقليدية، ويقصد من ذلك أن هناك مشروعات قائمة

بذاتها ولا تتبع أية مكتبة ولكنها قد تكون تابعة لمؤسسة معينة أو جهة من الجهات أوالمنظمات، ومنها ما تغيرت تبعيته فبدأ المشروع من خلال مؤسسة، ثم انتقل مشروع الرقمنة إلى مكتبة ما. وبالتأكيد أن هناك العديد من مشروعات الرقمنة العربية لم نطلع عليها أو نعرفها فليعذرنا القائمون عليها. وفيما يلي نتعرف على بعض من مشروعات الرقمنة:

أ - مشروعات رقمنة داخل المكتبات:

- دار الكتب المصرية.
- مكتبة المسجد النبوي الشريف http://www.mktaba.org.
- مكتبات كليات المعلمين بوزارة المعارف.
- مكتبة الإسكندرية.
- مكتبة الوراق الرقمية .
- مكتبة المنظمة العربية للتنمية الإدارية .
- مكتبة جامعة المنصورة.
- مكتبة مبارك العامة.
- المكتبة القومية الزراعية.

ب. مشروعات رقمنة داخل المؤسسات:

- المركز القومي لتوثيق التراث الحضاري والطبيعي.
- الشبكة القومية للمعلومات.
- موقع مرايا الثقافي.
- موقع الموسوعة الشعرية.
- معهد الإمارات للأبحاث والدراسات الاستراتيجية.
- مركز سوزان مبارك للحضارة الإسلامية.

- المجلس الأعلى للشئون الإسلامية.
- المكتبة العربية.
وتفصيل هذه المشروعات نتعرف عليه في السطور التالية:

أ - مشروعات رقمنة داخل المكتبات:

دار الكتب المصرية: لعل أهم ما تحتويه دار الكتب المصرية هي المخطوطات، فضلًا عن الإنتاج الفكري المصري، والتي تزيد صفحات مشروع الرقمنة الذي يشملها عن 21000 صفحة في عام 2007.

مكتبة المسجد النبوي الشريف http://www.mktaba.org :

وهي بالطبع تقوم بجمع الكتب الإسلامية وتتيحها في قاعدة بيانات للبحث داخل المسجد النبوي لكنها حتى الآن ليست متاحة على شبكة الإنترنت.

مكتبات كليات المعلمين:

وهي تتبع وزارة المعارف بالمملكة العربية السعودية وهي تمنح الخريجين فيها درجة البكالوريوس في التعليم الابتدائي، و أغلب مقتنياتها تساهم في إتاحة المعلومات التي تخدم العملية التعليمية في الكليات؛ أي تقدم المقتنيات لخدمة أغراض التدريس والبحث وخدمة المجتمع.

مكتبة الإسكندرية:

وتتبنى مكتبة الإسكندرية العديد من مشروعات الرقمنة منها: مشروع المكتبة العربية الرقمية، ومشروع المليون كتاب، وأرشيف الإنترنت، ومشروع الألف محاضرة.

مكتبة الوراق الرقمية :

وهي مكتبة رقمية بالمفهوم؛ أي أنه ليست هناك مكتبة تقليدية بهذا الاسم ولكن هي موقع على شبكة الإنترنت (www.alwaraq.net:) قامت شركة كوزموس

للبرمجيات بدولة الإمارات المتحدة بإنشائه وبدأ بتقديم خدماته بالمجان ثم تحول إلى مشروع تجاري يتيح الطبع والتخزين باشتراك، وهو يهتم بكتب التراث العربي في مجال الأدب والعلوم الدينية والثقافية، وكان من أوائل مشروعات الرقمنة العربية المتميزة.

مكتبة المنظمة العربية للتنمية الإدارية:

وهى تابعة للمنظمة العربية للتنمية الإدارية إحدى منظمات جامعة الدول العربية ومشروع المكتبة الرقمية كان مشروع طموح جدًّا خاصة أن الموارد المالية كانت متوفرة ومخصصة له فقط ولكن التوسع أحيانًا يؤدي إلى البطء والتأخير في التنفيذ والمشروع يهدف إلى التطوير في ثلاثة محاور: المحور الأول ويتناول إنشاء وتطوير قواعد بيانات تخدم كافة الدول العربية في المجال الإداري للأعمال والتعريف به، وإتاحة البيانات للعاملين في هذا المجال سواء كانوا شركات أو مؤسسات أو بيوت خبرة أو أفراد. والمحور الثاني ويتناول مشروع كشاف الاستشهادات المرجعية في علوم الإدارة العربية؛ بهدف رصد الاتجاهات العلمية في الإدارة وذلك من خلال الدوريات التي تصدر في هذا المجال. والمحور الثالث ويتناول بوابة المنظمة العربية للتنمية الإدارية على شبكة الإنترنت بهدف إعداد واجهة بحث واحدة لعدة قواعد بيانات تغطي مقالات وإصدارات وأعمال مؤتمرات و أطروحات إلى ما يزيد عدد صفحاتها عن 200 ألف صفحة .

مكتبة جامعة المنصورة:

جامعة المنصورة بمصر من الجامعات التي تهتم بمجالات التكنولوجيا والتطوير ومن الجامعات التي تولي قطاع المكتبات بها أولوية واهتمام، ويدل على ذلك أنها أول جامعة تنتج نظام آلي متكامل للمكتبات يثبت أنه نظام منافس ويمكن الاعتماد عليه، بل وامتدت خدمات هذا النظام إلى خدمات الجامعة مثل الجداول الدراسية والامتحانات وشئون العاملين وأخرى عديدة، لذا لم يكن غريبًا أن تتطلع

الجامعة إلى مشروع المكتبة الرقمية، ففضلاً عن وجود قواعد البيانات العالمية تم إنشاء قواعد بيانات ببليوجرافية ومستخلصات للرسائل الجامعية والدوريات العلمية، وأصبحت متاحة من كافة مكتبات الجامعة، ولا زال هذا المشروع قيد الاهتمام من الجامعة.

مكتبة مبارك العامة:

بدأت المكتبة مشروع الرقمنة باستخدام عدد من قواعد البيانات المتاحة على الأقراص المليزرة في مجال المكتبات والمعلومات ومجال التعليم والجامعات، ونظرًا لأن المكتبة عامة فلم تلق هذه الخدمة رواجًا بين مجتمع المستفيدين فتم إيقاف الاشتراك. وبدأت المكتبة مشروع الرقمنة فواجهت حقوق الملكية الفكرية، ولما كانت المكتبة تتميز بأنشطتها الثقافية من ندوات ومعارض وأمسيات وقد تم تسجيلها على شرائط الفيديو كاسيت وإتاحتها للمستفيدين، فكانت الفكرة أن يتم رقمنة هذا الإنتاج من شرائط الفيديو كاسيت وتحويله إلى صورة رقمية تتاح لمجتمع المستفيدين من خلال الشبكة الداخلية للمكتبة من خلال جهاز خادم Server ؛ تمهيدًا لإتاحته من خلال موقع المكتبة على شبكة الإنترنت، وبدأ هذا المشروع بإمكانيات بسيطة جدًّا ولم تتكلف المكتبة أية نفقات مالية إضافية، وبدأ هذا المشروع بجهود فردية وبالفعل تم تحويل عدد من الندوات والأمسيات واللقاءات الخاصة بالمكتبة، ولكن لم تكن الجودة مناسبة لإتاحتها على شبكة الإنترنت، وتم إعداد خطة عمل حتى يسير المشروع ويحقق الهدف المرجو منه وبالفعل تم البحث عن مصدر للتمويل لهذا المشروع وتم إيقاف المشروع الأولي أملاً في التوسع وتنفيذ خطة العمل الجديدة، ولكن توقف المشروع وتوقفت التوسعة، وتم اللجوء إلى أفكار وحلول أخرى غير مكلفة، منها عمل وصلات Links لمواقع تتيح المكتبة الرقمية، ولها حق النشر ـ الإلكتروني، ومنها مشروع ICDL رقمنة كتب الأطفال International Child Digital Libray وهو مشروع يهدف لرقمنة ملايين الكتب من مختلف دول العالم ومنها كتب باللغة العربية.

المكتبة تتيح أيضًا بعض قواعد البيانات في مجال المكتبات والمعلومات LISA وفي مجال التعليم ERIC وفي مجال الجامعات Petrson.

المكتبة القومية الزراعية المصرية:

وهي من أوائل المكتبات التي بدأت مشروع الرقمنة في حين كان كثير من المكتبات لا تعرف كثيرًا عن خدمات الإنترنت، وبدأت برقمنة الإنتاج الفكري لدورية مركز البحوث الزراعية، وكان متاحًا للبحث بالمجان من خلال موقع المكتبة على شبكة الإنترنت، ولكن لظروف ما توقف العمل في هذا المشروع ولجأت المكتبة إلى شراء حق الاستخدام لقاعدة بيانات الإنتاج الفكري للدوريات في المجال الزراعي والتي أعدته الشبكة القومية للمعلومات وتقوم المكتبة بربطه مع النظام الآلي المتكامل للمكتبة؛ حتى يكون البحث داخل مقتنيات المكتبة وكذلك داخل محتوى الدوريات في آن واحد. وباعتبار أن قواعد البيانات المتاحة على الأقراص المليزرة من مصادر وأشكال المكتبة الرقمية فإن المكتبة القومية الزراعية من أوائل المكتبات المصرية التي اقتنت قواعد البيانات المتاحة في مجال الزراعة والطب البيطري نظرًا لميزانيتها الضخمة التي بدأت بها، ولكن لم تمض سنوات حتى انخفضت تلك الميزانية فلجأت المكتبة إلى حلول أخرى حتى لا تتأثر الخدمات الإلكترونية، حيث إن المكتبة تمثل المتنفس المثالي للباحثين والدارسين في المجال الزراعي في مصر.

ب - مشروعات رقمنة داخل المؤسسات:

المركز القومي لتوثيق التراث الحضاري والطبيعي:

تم إنشاؤه في عام 2000 برعاية وزارة الاتصالات والمعلومات المصرية ويوجد بالقرية الذكية وبجوار مبنى وزارة الاتصالات والمعلومات، ثم انتقلت تبعيته إلى مكتبة الإسكندرية. ويتبنى هذا المركز التوثيق لجوانب عديدة، وهو مشروع جاد ولا تكفي هذه السطور للتعريف به ويتضمن توثيق المخطوطات والتراث المعماري

لمدينة القاهرة والتراث الشعبي، بل وامتد الأمر أيضًا إلى التراث الموسيقي في مصر- وهذه المشروعات متاحة على موقع مكتبة الإسكندرية على شبكة الإنترنت.

الشبكة القومية للمعلومات:

وهي تابعة لأكاديمية البحث العلمي والتكنولوجيا بمصر، وأحدث مشروعات الرقمنة بها هو مشروع رقمنة الإنتاج الفكري في دوريات مجالات الزراعة والطب والهندسة وغيرها، وتم تكشيفها وإتاحتها للبحث في صورة قاعدة بيانات يمكن البحث داخلها على الخط المباشر Online باشتراك باستخدام Username & Password ، كما يمكن شراؤها والاحتفاظ بها، وهذا بالفعل ما لجأت إليه المكتبة القومية الزراعية حتى تستطيع إتاحة تلك الخدمة داخل مقر المكتبة وليس من خلال الخط المباشر للشبكة القومية للمعلومات.

موقع مرايا الثقافي:

وعنوان الوقع www.maraya.net وهو موقع يعتبر غير ربحي واجتهادات شخصية؛ حيث لا يتبع مكتبة معينة أو مؤسسة ما، ولكن يقوم على جهود باحث وشاعر وهو عدنان الحسيني من لبنان، وشاعر هو على بن تميم من الإمارات والموقع يعمل لجمع الشعر والقصة والمسرح من الإنتاج الفكري العربي ولكن ما تم جمعه نسبيًّا قليل ولكنه مستمر في الجمع.

موقع الموسوعة الشعرية :

وعنوان الموقع .www.cultural.org وهو يتبع المجمع الثقافي في أبو ظبي بالإمارات العربية المتحدة. وهي بداية أعمال المجمع الثقافي في مجال النشر الإلكتروني، و تهدف إلى جمع كل ما قيل في الشعر العربي منذ فترة العصر الجاهلي وحتى عصرنا الحاضر، ومن المتوقع أن تضم أكثر من ثلاثة ملايين بيت، ويهتم بالشعر العربي العمودي الموزون وباللغة العربية الفصحى. ويضم الإصدار الحالي من الموسوعة الشعرية ما يزيد على المليون بيت من الشعر موزعة على الدواوين

الشعرية الكاملة لأكثر من ألف شاعر، في حين يتم زيادة هذا الحجم بمعدل مائة ألف بيت شهريًّا، يتم إدخالها وتدقيقها ومراجعتها للتأكد من خلوها من الأخطاء حرصًا على أهمية هذه المادة، ولتعرض بالشكل اللائق بالشعر الذي يعتبر ديوان العرب.

معهد الإمارات للأبحاث والدراسات الاستراتيجية:

ويقوم مشروع الرقمنة على الإنتاج الفكري العلمي للمعهد باستخدام نظام نوليدج بيس KnowledgeBase ، ولكن هذه المكتبة الرقمية غير متاحة إلا للعاملين ضمن المعهد.

مركز سوزان مبارك للحضارة الإسلامية:

ومشروع الرقمنة بهذا المركز يهدف إلى توثيق الإنتاج الفكري الخاص بالحضارة العربية والإسلامية في المجالات المختلفة (العلوم - الآداب - الفنون - العمارة -الآثار- التاريخ) ومن ثمَّ إتاحة هذا التراث لمجتمع المستفيدين من الباحثين والدارسين والمهتمين بهذا المجال، كما يقوم المركز أيضًا بالاستفادة من كافة مصادر المعلومات المجانية والربط أو تحميل المعلومات منها وإتاحتها على شبكة الإنترنت.

المجلس الأعلى للشئون الإسلامية:

وهذا المجلس تابع لوزارة الأوقاف المصرية، وهو يقدم خدمات جليلة خاصة في إنتاجه الفكري باللغة الإنجليزية ودوره في تصحيح المفاهيم الخاطئة ضد الإسلام، ويقوم بنشر الأبحاث والدارسات الإسلامية على موقعه على شبكة الإنترنت www.islamic-council.com ولا تتضمن المكتبة الرقمية كتبًا فقط ولكن امتدت إلى رقمنة بعض المخطوطات.

المكتبة العربية:

وهـي مكتبـة عـلى شـبكة الإنترنـت تهتم بتوصيل كافة العلـوم للمسـتفيد العـربي وعنوانها http://abooks.tipsclub.com وهـي تمثـل تجمـع لكثير مـن الإصدارات بـل يعتبرها البعض أكبر مكتبة رقمية عربية.

ويلاحظ مع كل هذه المشروعات الرقمية أن نجاحها دائمًا يتوقف على وجود خطـة تمويل وبخاصة إذا كان من جهة أجنبية سواء كانت عربية أو غيرها، ولقد ارتبطت هيئـة المعونة الأمريكية USAID بأكثر من مشروع للرقمنة خاصة بمصر.

6/8 - متطلبات رقمنة مقتنيات المكتبات:

هناك العديد من الإنتاج الفكري المتخصص الذي تناول هـذه المتطلبـات وبتفصيل قـد لا يكون محلـه هنـا؛ لأن الأمـر يحتـاج إلى توضـيح وتفصيل ومراعـاة لكـل حـالات المشروعات الرقمية وخاصة إذا كانت تشمل مقتنيات المكتبة بكافة مصادر المعلومات بها بدءًا من الكتب والدوريات وشرائط الفيديو و... وامتدادًا إلى شرائط الكاسيت إذا مـن مصادر المعلومات المهمة بالمكتبة. ولكن على أية حال بعد توفير المـوارد الماليـة للمشروع فإن هناك أمور عامة يجب مراعاتها مع أي مشروع مكتبة رقمية منها:

- يجب التأكد من اقتناع الإدارة التـابع لهـا المشروع سـواء كانـت مكتبـة أو مؤسسـة أو منظمة أو شركة تجارية بضرورة تنفيذ مشروع المكتبة الرقمية.

- يجب اختيار فريق العمل في هـذا المشروع بدقة؛ لأن مراحـل هـذا المشروع متتاليـة ويجب أن تتم كل مرحلة منه بجودة عالية تساهم في تنفيذ المرحلة التالية لها.

- خطة العمل يجب أن تكون واضحة المعالم وبكافة التفاصيل، و جـزءًا منهـا يتسـم بالمرونة حيث إن التغـيرات في التكنولوجيا سريعـة وقد يتطلب الأمر أثنـاء التنفيـذ الهجرة من تكنولوجيا مستخدمة إلى أخرى أكثر فائدة أو مستقبلية.

- يجب التنفيذ باستخدام التكنولوجيا المتاحة حاليًا وليست التكنولوجيا التي يستطيع الوصول إليها.

- إجراء الاختبارات كـل فـترة لا تزيـد عـن ثلاثـة أشهر لمـا تـم إنجازه في هـذا المشروع والتقييم.

يجب الأخذ في الاعتبار تنوع إصدارات تكنولوجيا المعلومات بالنسبة للمستفيدين، وخاصة في مجال البرمجيات فيجب العمل ببرمجيات معيارية تتناسب مع كافة التطبيقات شائعة الاستخدام.

- يجب الاعتماد على نسق معياري وموحد للمعلومات (مثلاً XML).

- تحديد طريقة الوصول للمعلومات يتوقف على عمليات التنفيذ على سبيل المثال هـل من خلال الشبكة الداخلية أو من خلال شبكة الإنترانت أو من خلال شبكة الإنترنت.

- تحديـد وسـيلة إتاحـة المعلومـات هـل هـي مجانيـة أو هنـاك اشـتراك أو هنـاك رقـم للمستفيد وكلمة مرور ؟ أي كيفية التحقق من سلامة و هوية المستفيدين.

- المحافظة على استخدام تصاريح استخدام البرمجيات.

- الوضع في الاعتبار لمصادر المعلومات التي سيتم رقمنتها بمختلف أنواعها ومدى الفائدة من تحويلها إلى الصورة الرقمية، خاصة إذا كانت معلومات قديمـة ولا تصلـح للتـداول في الوقت الحالي.

- التفكير المستقبلي لتطور المشروع والبنية التحتية المطلوبة مـن برمجيات وأجهـزة ومعدات ومدى قدرتها على التوسع والتخزين وتزايد أعداد المستفيدين.

- استخدام محرك قاعدة بيانات قوي Database Engine.

- تحقيق التأمين للبيانات من حيث النسخ الاحتياطي وتوفير أكثر من جهاز خادم يكون كل منها احتياطي للآخر.

ويحدد بعض أهل الخبرة في المشروعات الرقمية الخطوات في سبع خطوات رئيسية هي:

- تحديد أهمية المشروع.
- تعريف مجتمع المستفيدين من المكتبة الرقمية.
- اختيار وتحليل مصادر المعلومات.
- التخطيط الجيد والدقيق للمشروع.
- تحديد المتطلبات وكيفية توصيل المعلومات.
- تجميع المشروع واختباره.
- خطط الصيانة والحفاظ على التشغيل.

وبعد ليست هذه هي كل ما نتطلع إليه عند تنفيذ مشروع المكتبات الرقمية، ولكن ما سبق ذكره عن المكونات المادية والبرمجيات هو من المتطلبات الفنية للمكتبة الرقمية وهناك من الإنتاج الفكري والأطروحات التي تناولت كافة التفاصيل للمتطلبات الفنية لمشروعات المكتبات الرقمية، ولا داعي للتكرار حيث إنها ذكرت ضمن قائمة المراجع.

7/8 - قواعد البيانات:

ومن مصادر المعلومات الإلكترونية التي يجب إتاحة الوصول إليها هي قواعد البيانات الحديثة على شبكة الإنترنت أو أي شبكة يصل إليها مجتمع المستفيدين؛ ومن هذه القواعد إنفوتراك Info track، وقواعد OVID، وقواعد ويلسن Wilson وغيرها من القواعد المهمة حيث إن إتاحة البحث خلال تلك القواعد يعد بالنسبة لبعض المكتبات المتخصصة منها والأكاديمية أهم الخدمات بل وأكثرها طلبًا من المستفيدين خاصة إذا توافرت بأسعار مناسبة للمستفيدين؛ لأن أسعار تلك القواعد تفوق إمكانيات المستفيد أن يقتنيها بمفرده فتصل أسعار أقل قاعدة منها إلى آلاف

الدولارات، لذلك وفرت بعض المكتبات تلك الخدمة و أتاحت بحث تلك القواعد من خلال شبكة المكتبة أو من خلال شبكة الإنترنت بإعطاء المستفيد صلاحيات الاستخدام (User name & Password)، يمكنه من خلاله التعامل مع تلك القواعد وتخزين التسجيلات وطباعتها حسب سياسة كل مكتبة أو إتاحتها في صورة أقراص مليزرة، ويتم تشغيلها على وحدة طرفية فقط Standalone ؛أي على جهاز واحد فقط ولا يحق للمكتبة إتاحته على شبكة؛ لأن ذلك يكون له تصريح استخدام آخر، وهنا يجب على المستفيد الذهاب إلى مقر المكتبة؛ وبهذا تكون المصادر إلكترونية أو رقمية ولكن مسمى المكتبة في هذه الحالة قد يكون غير رقمية أو الكترونية حسب بعض الآراء ولكنها تبعًا لكل الآراء لا تكون مكتبة افتراضية.

ونظرًا للتكلفة العالية التي تتكبدها المكتبات نتيجة أسعار تلك القواعد وخاصة أنها كلها عالمية وبالرغم من أنها أحيانًا تحتوي على تسجيلات بيان المسئولية لها من الدول العربية فلا توجد قاعدة بيانات عربية حتى الآن أو حتى مصدرها من الدول العربية، وإن كانت هناك نواة لقاعدة بيانات عربية متاحة على موقع www.Cyberarian.inf وتسمى ليزا العربية Arabic LISA.

ولقد اتجهت العديد من المكتبات إلى الاتحاد والاشتراك في قواعد البيانات العالمية وإتاحتها لمجتمع المستفيدين بتلك المكتبات؛ ولذلك ظهر مصطلح «تكتلات المكتبات Consortium » وهذا في الحقيقة ما نفتقده في الدول العربية مع أن ميزانيات المكتبات قليلة، وهي أحوج ما تكون إلى ذلك فنرى كل مكتبة وقد اشترت عددًا من قواعد البيانات ومكتبة أخرى نجد أن لديها بعضًا من هذه القواعد، فنجد أن مكتبتين قد تكونان متجاورتين وفي حيز واحد ولديهما نفس قواعد البيانات، وكان يمكن أن يتحدا في الشراء فيدفع كل منهما أقل مما تدفعه كل مكتبة بمفردها وبالتالي يزداد عدد القواعد المشتركة فيها هاتان المكتبتان وتعتبر التكلفة أقل بكثير عنه في حالة شراء المكتبة بمفردها وتتحقق فائدة أخرى لمجتمع

المستفيدين نظير الإتاحة، ويضاف إلى ذلك أنه يحقق عنصر التعاون بين المكتبات والمستفيدين، ويساعد على عدم التكرار خاصة مع مصادر المعلومات غالية الثمن، ويلجأ الكثير من المكتبات إلى التزويد المشترك حتى لا تتكرر العناوين بها وإذا كان يحدث هذا مع المجموعات رخيصة الثمن، فما بالنا بالمجموعات غالية الثمن ومنها المجموعات الرقمية وبصفة خاصة قواعد البيانات.

ولا يمكن لأي مكتبة مهما كانت ميزانيتها توفير كل تلك القواعد للمستفيدين، لذا يمكن المشاركة والائتلاف في اقتناء هذه القواعد بين المكتبات المختلفة، وإتاحة الوصول إليها كل مكتبة بموقعها دون عناء الميزانية أو المستفيدين.

و أسعار الخدمات للبحث في هذه القواعد بالمكتبات ومراكز المعلومات يختلف حسب نوع القاعدة وكم الاستفادة منها؛ فبعض المكتبات يضع في سياسته أنه لابد من دفع قيمة معينة نظير الاستخدام وليس نظير الاستفادة، والبعض يضع القيمة نظير الاستفادة، والبعض الآخر يضع حدًّا لكل استفادة حسب عدد التسجيلات المحملة. وهناك سياسات تشمل الطباعة لعدد معين من الورق، وأخرى تحاسب على كل ورقة يتم طباعتها. وهكذا على كل مكتبة أن تضع السياسة المناسبة لأعضائها.

أما عن قوائم تلك القواعد المهمة فنجد أنها تتمثل في:

- قواعد بيانات EBSCO
- قواعد بيانات ISI
- قواعد بيانات Pro Quest
- قواعد بيانات Gale
- قواعد بيانات Wilson Humanities
- قواعد بيانات Chemical Abstract CAB

- قواعد بيانات OVID
- قواعد بيانات Medline

وسنتعرض لتفصيل بعض قواعد البيانات التي ورد ذكرها أو لم يرد، ولكن بتصنيف مختلف ويمكن تواجدها بالمكتبة فيما يلي [2]:

(أ) - قواعد بيانات تغطي جميع التخصصات:

قاعدة بيانات **Scoups:**

وهي تتضمن مستخلصات واستشهادات مرجعية حول الإنتاج الفكري في جميع مجالات المعرفة والذي تم نشره سواء على مواقع الإنترنت أو الدوريات العلمية التقليدية، ويصل عدد هذه الدوريات إلى 12850 دورية أكاديمية تقليدية، و 500 دورية إلكترونية، وحوالي 700 مؤتمر علمي دوري، بالإضافة إلى براءات اختراع. وهي من أهم قواعد البيانات العامة لمجتمع الباحثين وغيرهم.

قاعدة بيانات **Science Direct :**

وهي من القواعد التي تتيح النص الكامل للباحثين بالإضافة إلى الأبحاث قيد النشر- وتغطي حوالي 2000 دورية علمية.

قاعدة بيانات **Digital Disseration:**

وهي تغطي أكثر من 6 مليون رسالة جامعية المجازة بالجامعات العالمية الكبرى، وتتنوع الرسائل بين رسائل ماجستير ورسائل دكتوراه.

قاعدة بيانات **Springer:**

وتغطي النصوص الكاملة لأكثر من 1620 دورية علمية متخصصة في كافة المجالات، كما تحتوي على أكثر من 3500 كتاب إلكتروني، وتعتبر من المستودعات المهمة خاصة في العلوم والتكنولجيا.

(2) القواعد التالي ذكرها متاحة من خلال اتحاد المكتبات الجامعية المصرية

قاعدة بيانات Academic Search Complete:

وهي من قواعد البيانات التي تهتم أيضًا بالإنتاج الفكري القديم، فهي تغطي دوريات منذ عام 1975 بما يصل إلى 10000 دورية منها 5500 دورية بالنص الكامل.

(ب) - قواعد بيانات تغطي مجال الطب:

قاعدة بيانات Medline:

وتشتمل هذه القاعدة على مستخلصات أكثر من 4800 دورية علمية في تخصصات الطب المختلفة، بالإضافة إلى 400 دورية متاحة على شبكة الإنترنت.

قاعدة بيانات The Lippincott Wilkins (LWW):

ويوجد منها نوعان: الأول Current وتشتمل على النصوص الكاملة لعدد 22 دورية وتغطي منذ عام 1993 حتى تاريخه. أما النوع الثاني Archive وتشتمل على النصوص الكاملة لعدد 200 عنوان وتغطي الفترة الزمنية منذ عام 1992 حتى عام 2003 فقط.

(جـ)- قواعد بيانات تغطي مجال الهندسة

قاعدة بيانات IEEE Journal:

وتشتمل على النصوص الكاملة لعدد 128 دورية أغلبها مرتبط بهندسة الكهرباء والإلكترونيات وفروعهما والتخصصات ذات الصلة.

قاعدة بيانات ASME Journal:

وتشتمل على النصوص الكاملة لعدد 22 دورية علمية محكمة في مجال الهندسة الميكانيكية، وتصدر عن الجمعية الأمريكية للهندسة الأمريكية.

قاعدة بيانات ASME Standard &API:

وهذه القاعدة تهتم بالمعايير والمواصفات القياسية العالمية في مجال الهندسة الميكانيكية وهندسة البترول.

د - قواعد بيانات تغطي مجال الكيمياء والزراعة والصحة:

قاعدة بيانات CAB & Global Health:

وهـي تشـتمل عـلى مستخلصـات الأبحـاث العلميـة في مجـالات الزراعـة والصحة والكيمياء والعلوم الحيوية، وتغطي الفترة مـن عـام 1973 وحتـى تاريخه بمـا يزيـد عـن 13000 دورية علمية.

هـ - قواعد بيانات تغطي مجال العلوم الاجتماعية والإنسانيات

قاعدة بيانات Wilson Humanities:

وهي تهتم بالعلوم الاجتماعية والإنسانيات، وتشتمل على 500 عنوان في هذا المجال منها النصوص الكاملة لأكثر من 160 دورية علمية محكمة.

ونظـرًا للتكلفـة الباهظـة التي تتكبـدها المكتبـات التي تقتنـي قواعد البيانات العالمية، فإن أغلب المكتبات تقدم خدمة البحث في هذه القواعد نظير مبلغ معين يختلف حسب سياسة كل مكتبة؛ فمن المكتبات تعتبر القيمـة مرتبطـة بالوقت المسـتخدم لتلك القواعد، وأخرى بعدد التسجيلات التي حصل عليها الباحث، والبعض يجمع بين هذه وتلك فيحاسب الباحث على عدد التسجيلات التي حصل عليها بالإضافة إلى دفع قيمـة معينة ثابتة نظير استخدامه لقاعدة البيانات، وأحيانًا تزيد القيمـة إذا استخدم الباحـث أكثر من قاعدة للبحث.

أمثلة لتكلفة البحث في قواعد بيانات بعض المكتبات المصرية :

المكتبة المركزية لجامعة القاهرة المصرية:

2 جنيه مصري / الساعة لاستخدام قواعد البيانات.

1 جنيه مصري لكل مقال يتم تحميله.

3 جنيه مصري للحصول على قرص ممغنط CDROM مـن المكتبـة (غير مسـموح بغـير ذلك) لتحميل المقالات التي تم الحصول عليها.

المكتبة القومية الزراعية المصرية:

5 جنيه مصري لاستخدام قاعدة بيانات واحدة.

10 جنيه مصري في حال الحصول على تسجيلات، ويتم التحميل على قرص مرن Floppy Disk مجانًا.

مكتبة مبارك العامة الرئيسية:

استخدام قاعدة البيانات مجانًا.

10 جنيه مصري في حال الحصول على تسجيلات وتحميلها على قرص مرن Floppy Disk.

ويمكن التعرف على مزيد من قواعد البيانات بزيارة موقع اتحاد المكتبات الجامعية المصرية: http://www.eul.edu.eg

- وتقوم بعض المكتبات بإعداد قواعد بيانات لمختلف وظائف وخدمات المكتبة يمكن من خلالها تقييم هذه الخدمات ومن الممكن أن يكون لكل خدمة قاعدة خاصة بها، مثل: قاعدة بيانات العاملين، وقاعدة بيانات خدمة الإنترنت، وقاعدة بيانات لاستفسارات المستفيدين، وقاعدة بيانات لاستخدام القاعات بالمكتبة. وهذه القواعد الهدف منها الوقوف على مستوى الخدمة، وبمعنى أشمل تقييم الخدمة واتخاذ القرارات المناسبة تجاه تلك الخدمات فكم من خدمات بالمكتبات غير مستخدمة لعدم الإعلام بها، وهنا يأتي دور أكثر من قسم أو إدارة بالمكتبة فمنها دور العلاقات العامة ودور التسويق للخدمات ودور أخصائي المكتبة بالقاعة ودور مقدمي الخدمة ودور قسم الاشتراكات والتنويه عن خدمات المكتبة للمستفيد عند الاشتراك، وكم من خدمات غير مستخدمة لعدم أهميتها، ويلزم ذلك التطوير أو الإلغاء والتفرغ لخدمة أخرى، وكم من خدمات مهملة بالمكتبات رغم أهميتها للمستفيدين؛ نظرًا لعدم وجود تقييم لتلك الخدمات فلابد بين حين وآخر أن يكون هناك تحليل لتلك الخدمات تشمل المكتبة من جهة ومجتمع المستفيدين من جهة أخرى.

وهذه القواعد يجب أن تحتوي على معايير التقييم التي تتمثل في نوع المستفيد وطبيعة عمله والمجال الذي تم البحث فيه ونوع الوعاء الذي قام باستخدامه، ونوع المخرجات (مستخلصات - نص كامل -...)، وعدد التسجيلات، ومدى توافق النتائج مع متطلبات المستفيد، ورأي المستفيد في الخدمة، وتوقيت تشغيل الخدمة، وأمور أخرى قد تختلف من نوع مكتبة إلى أخرى.

المصــادر:

محمد فتحي عبد الهـادي و أسـامة السـيد محمـود: مصـادر وخـدمات المعلومـات المرجعية في المكتبات ومراكز المعلومات.- القاهرة، المكتبة الأكاديمية،2006.

عامر إبراهيم قنديلجي، إيمـان فاضـل السـامرائي: حوسـبة (أتمتة) المكتبات، دار المسيرة 2004.

أحمد أمين أبو سعدة: متطلبات تكنولوجيا المعلومات بالمكتبـات الحديثة.- المـؤتمر القومي الثامن لأخصائي المكتبات والمعلومات في مصر (28 - 30 يونيو 2004).

سـامح زينهم عبـد الجـواد، نظم المكتبـات المتكاملـة: الاتجاهـات والتكنولوجيـات الحديثة، 2007.

سامح زينهم عبد الجواد: المكتبات والأرشيفات الرقمية: التخطيط والبناء والإدارة.- ج.2007.

كابرون. تعريب: سرور عـلي إبراهيم سرور: الحاسـبات والاتصـالات والإنترنـت. دار المريخ للنشر، الرياض، المملكة العربية السعودية،2003 م.

عماد عيسى صالح محمد: المكتبات الرقمية: الأسس النظريـة والتطبيقـات العمليـة،. تقديم محمد فتحي عبد الهادي.- ط1.- القاهرة: الدار المصرية اللبنانية،2006.

رجب عبد الحميد حسنين: المكتبات الرقمية: التخطيط والمتطلبات. cybrarians - -(journal.) 15مـارس 2008 - .(تـاريخ الإتاحـة، يوليو 2008) - . متـاح في: http://www.cybrarians.info/journal/no15/dlib.htm

نـوبرت، ميخائيـل: إنتـاج المشروعـات الرقميـة: محـاضرة الـدكتور ميخائيـل نـوبرت أخصائي برمجة مكتبة الكونجرس الأمريكية.- مكتبة مبارك العامة،2007

Internet Sites:

[URL:http://www.questia.com]

[URL:http://netlibrary.com]

[URL:http://ebrary.net]

[URL:http//onlinebooks.library.upenn.edu]

[URL:www.cultural.org]

[URL:http://www.eul.edu.eg]

[URL:www.mpl.org.eg]

[URL:http://www.cultnat.org]

[URL:http://abooks.tipsclub.com]

[URL:http://nile.enal.sci.eg]

[URL:http://www.mktaba.org]

[URL:www.islamic-council.com]

[URL:www.alwaraq.net]

[URL:http://www.mktaba.org]

[URL:www.maraya.net]

[URL: http://ar.owikipedia.org/wiki]

H.L. Capron.Computer Tools for an Information Age.

http://www.libdex.com

الفصل التاسع

تدريب العاملين على تطبيقات تكنولوجيا المعلومات

تمهيد

لاشك أن تكنولوجيا المعلومات باتت من الأدوات المهمة بالمكتبات، بما تمثله من مقومات رئيسية للخدمات التي تقدمها تلك المكتبات، وأصبحت من السمات الرئيسية لأي مكتبة تود أن تكون لها كيان على المستوى المحلي و الدولي، ولا يكتمل دور تكنولوجيا المعلومات إلا بتواجد إدارة عليا بتلك المكتبات- حديثة ومتطورة- تؤمن بدور تكنولوجيا المعلومات وتقدر أهميتها كوسيلة ضرورية للتقدم والرقي وتنمية المجتمع المحيط وتوفر لها الإمكانيات اللازمة سواء كانت مادية أو عينية، بل وأصبح لتكنولوجيا المعلومات إدارة داخل الهيكل الإداري للمكتبة.

لذا كان على إدارة تكنولوجيا المعلومات بالمكتبات دور مهم ومسئولية تجاه المكتبة، وقد تمثل هذا الدور في أداء العديد من المهام مثل المحافظة على تشغيل أجهزة الحاسب الإلكتروني وملحقاتها ومتابعة تشغيل شبكة المكتبة الداخلية LAN وأجهزتها و الشبكة الموسعة و خدمة الإنترنت، ومعرفة وصيانة البرمجيات المطلوبة لعمل المكتبة، بالإضافة إلى متابعة نظام المكتبات الآلي والصيانة الدورية له وموقع المكتبة على شبكة الإنترنت وإعداد قواعد بيانات لأعمال المكتبة التي تحتاج لذلك وتشغيل قواعد البيانات العلمية العالمية في حال تواجدها وإتاحة مصادر المعلومات غير الورقية والإلمام بما تتطلبه المكتبة من عقود للصيانة ومعرفة الأجهزة التي بالضمان وأمور أخرى مثل ذلك قد تبدو إدارية، ولكنها مهمة لضمان سريان العمل التقني، ومع التطور السريع لتكنولوجيا المعلومات أضيف لتلك الإدارة مهمة

أخرى هي تنمية المهارات والتدريب على استخدام تكنولوجيا المعلومات لدى العاملين بالمكتبة من غير المختصين حتى يمكنهم تحقيق أكبر استفادة ممكنة من أدوات التكنولوجيا المتاحة بالمكتبة والتي سبق التنويه عنها، ودون تداخل مع مسئوليات إدارة التدريب بتلك المكتبات وبعيدًا عن البرامج التدريبية المتخصصة، ولقد نبع هذا الدور من خلال الأعطال التي تواجه إدارة نظم المعلومات من استخدام غير المختصين لتكنولوجيا المعلومات، وهذا هو محور الفصل ونتمنى أن يتحقق الهدف منها[1].

1/9 - أهمية تدريب العاملين على تطبيقات تكنولوجيا المعلومات :

مهما توافرت الإمكانيات وأدوات ووسائل تكنولوجيا المعلومات بالمكتبات لابد من تدريب العاملين لتحقيق أقصى استفادة من هذه الإمكانات وتلك الوسائل؛ حتى تستطيع تشغيلها والاستفادة منها وتقديم نتاجها إلى مجتمع المستفيدين.

ومما لاشك فيه أن المكتبات التي تستخدم أدوات تكنولوجيا المعلومات تحتاج إلى عاملين لديهم قدرة على التعامل مع تلك التكنولوجيا، وأغلب الخريجين حاليًا لديهم معرفة باستخدام الحاسب الإلكتروني وملحقاته ولكن يصعب على غير المتخصصين المتابعة للتطورات التي تتم، كما أن المكتبات لا تستطيع ميزانيتها تلبية احتياجات التدريب لكل العاملين بها في تخصصات أعمالهم المختلفة هذا فضلاً عن تخصص تكنولوجيا المعلومات، وبعيدًا عن البرامج التدريبية المتخصصة لإخصائي المكتبات في العمليات الفنية (الفهرسة والتصنيف و....) تقدم إدارة نظم المعلومات برنامج تدريبي آخر، يضمن لأخصائي المكتبات التواصل مع تكنولوجيا المعلومات واستخدام أدواتها بالشكل الأنسب والأمثل.

(1) تم تقديمها كورقة في الملتقى العربي الثاني لتكنولوجيا المعلومات 2007 ، ومؤتمر الجمعية المصرية للمكتبات والمعلومات 2007.

ويتناول هذا البرنامج التدريبي المقترح والذي تـم تجربته وتطبيقـه لبضـع سـنوات وآتى ثماره وكان له مردود إيجابي في أغلب أحواله، والعديد من النقاط المهمـة، التـي تتيـح كيفية التعامل مع تكنولوجيا المعلومات بالمكتبة بل وتنمية مهاراتهم بدءًا من التعامل مع جهـاز الحاسـب الإلكـتروني وأنظمـة التشـغيل والشـبكات والإنترنـت وقواعـد البيانـات والبرمجيات المتكرر استخدامها في أعمالهم، ومحاولة حل بعض الأعطال الفنية ذات الصلة دون اللجوء لإدارة نظم المعلومات ودون حدوث أضرار بتلك الأجهزة والأدوات.

لماذا هذا البرنامج التدريبي ؟

تتمثل أهمية هذا البرنامج التدريبي في عدة نقاط هي :

- قلة عدد العاملين بالمكتبات من المتخصصين في تكنولوجيا المعلومات بما لا يتناسب مـع حجم الأعطال التي قد تنشأ أثناء العمـل، حيـث إن بعض المكتبـات العربيـة وخاصـة بمصر والمكتبات العامة بصفة خاصة قـد لا تجد بها متخصص واحد في تكنولوجيا المعلومات وإنما تجد أحد العاملين ممن لديهم خلفية عن تكنولوجيا المعلومات فيسند له هذه المهمة، والمكتبات الأحسن حالاً تجد بها متخصصًا واحدًا أو اثنين على الأكثر.

- التطور السريع الذي يتم في تكنولوجيا المعلومات بما يجعل المتخصصين يكاد يلاحقونه، فما بالك بغير المتخصصين، وهي نقطة غاية في الأهمية لأن غير المتخصص قـد يـؤدي المهمة، لكنه لا يجيد التطوير لعدم احتكاكه بالمجال لأن ليس من أوليات عمله.

- قدرة المتخصصين على تحديد أسباب الأعطال التي تنشأ وتواجه أخصائي المكتبات أثنـاء العمل وتوفير الحلول لها.

- بعض الأعطال التي تواجه أخصائي المكتبات يسهل عليهم حلها وتفاديها بمعرفة بعض المعلومات القليلة، التي يمكن التعرف عليها من خلال هذا البرنامج التدريبي الذي يقدم من خلال متخصصين في تكنولوجيا المعلومات.

- هذا البرنامج يفيد العاملين بالمكتبة كافة سواء بمقر العمل أو خارجه، حيث أصبح لدى الكثير أجهزة حاسب إلكتروني بالمنزل، وهذا مما يشجع العاملين بالمكتبة على حضور هذا البرنامج التدريبي كل عام، بل والاستفادة منه وتطبيقه.

- يوضح ويضع حدود التعامل مع أجهزة وأدوات تكنولوجيا المعلومات لكل من إدارة نظم المعلومات وأخصائي المكتبات وباقي العاملين؛ وبهذا يوفر الوقت لكل العاملين فيقوم كل منهم بوظيفته، فلا يضيع وقت إخصائي تكنولوجيا المعلومات في أعطال متكررة، ولا يضيع وقت أخصائي المكتبات أو بقية العاملين في أعطال معقدة تتطلب المتخصصين.

إيجابيات تطبيق هذه التجربة :

وباعتبار تطبيق هذا البرنامج التدريبي تجربة، فإننا نجد أن لهذه التجربة إيجابيات عديدة خاصة بعد تطبيقها لبضع سنوات متتالية وتتمثل هذه الإيجابيات في أنها :

- توفر الوقت والجهد لدى إدارة نظم المعلومات الذي يضيع في إصلاح الأعطال الدورية البسيطة، فيتم الاستفادة بهذا الوقت في التطوير والإطلاع.

- توفر الوقت لدى أخصائي المكتبات الذي يضيع في انتظار حضور المتخصص لإصلاح الأعطال البسيطة التي تواجههم أثناء العمل ، حيث يمكنهم حلها واستكمال أعمالهم.

- توفر المعلومات والمشاركة في المصادر ودورانها لدى العاملين بالمكتبة، مما يؤدي إلى تنمية مهارات جميع العاملين بالمكتبة.

- تحفز إدارة نظم المعلومات نحو المتابعة لتطورات تكنولوجيا المعلومات والإطلاع على كل ما هو جديد، نظرًا لأنهم يجدون صدى لما يقدمونه من معلومات.

- تنمي مهارات العاملين بالمكتبة وتطور من قدراتهم على استخدام تكنولوجيا المعلومات، وإزالة الرهبة في التعامل مع مصادرها.

- تساعد على إنجاز الأعمال بطريق ووقت مناسبين.

- تحقق التكافل والتعاون بين العاملين وتنمي روح الفريق.

- تزيد من حرص العاملين على استخدام أجهزة وأدوات التكنولوجيا بطريقة أمثل، لأنهم يدركون أن هذه الأجهزة والأدوات تعينهم على أداء أعمالهم بكفاءة وسرعة.

- تحقق الصيانة الوقائية لأجهزة وأدوات تكنولوجيا المعلومات، مما يقلل من فترات التوقف عن العمل، نتيجة لاكتشاف وتوقع الأعطال قبل حدوثها.

سلبيات تطبيق هذه التجربة :

أحيانًا يتجاوز البعض في استخدام المعلومات التي حصل عليها من هذا البرنامج التدريبي، ويتعدى حدود استخدامها كأن يقوم بفتح جهاز حاسب إلكتروني و يحاول التعامل مع ما بداخله من مكونات وهذه ليست مهمته، ومن الممكن أن يكون الجهاز في الضمان وغير مسموح بفتحه.

- يتطلع المتدرب إلى المزيد من المعلومات على سبيل العلم بالشيء وليس للاستخدام داخل المكتبة، فيحتاج البرنامج التدريبي إلى اتساع في الوقت.

- يقدم نفس البرنامج أكثر من مرة نظرًا لعدم تمكن كل العاملين من الحضور معًا في وقت واحد؛ مما يمثل عبئًا على أخصائي تكنولوجيا المعلومات.

- عدد ساعات البرنامج 15 ساعة خلال خمسة أيام عمل تتكرر ويطالب الكثير بزيادة عدد الساعات، وأحيانًا حاجة العمل لا تسمح.

- تفاوت مستوى المتدربين يؤثر على كم المعلومات المفروض عرضه.

- عدم قدرة بعض الأقسام على حضور أفراد منها؛ مما يلقي العبء على إدارة نظم المعلومات في حل مشكلاتهم البسيطة، وأغلبهم يتمثل في مديري الإدارات ورؤساء الأقسام والسكرتارية.

2/9 - مكونات برنامج تدريبي للعاملين بالمكتبات على تطبيقات تكنولوجيا المعلومات:

ولتكتمل التجربة وحتى يتم وضوح الرؤية لما سبق ذكره يجب التنويه لما يحتويه البرنامج التدريبي من عناصر ألا وهي :

- دور مستخدم جهاز الحاسب الإلكتروني وملحقاته.

- تأمين الجهاز والبيانات.

- كيفية زيادة كفاءة جهاز الحاسب الإلكتروني.

- معالجة بعض مشكلات الجهاز مثل التوقف عن العمل (Hang).

- فيروس الحاسب الإلكتروني.

- كيفية الاستفادة من موارد شبكة المكتبة.

- الإنترنت وأثرها الإيجابي والسلبي على العمل.

- مهارات إضافية في استخدام برمجيات شائعة الاستخدام(MS Office - ....).

ويتم التدريب من خلال إدارة نظم المعلومات حيث إنها على دراية بطبيعة العمل والأعطال التي تواجه العاملين بالمكتبة أثناء استخدامهم لأجهزة وأدوات تكنولوجيا المعلومات.

و في السطور التالية نلقي الضوء على ما يحتويه البرنامج التدريبي، وليس شرحًا للتدريب في حد ذاته ويتمثل ذلك في نقاط التدريب تفصيليًا كما يلي :

- دور مستخدم الحاسب الإلكتروني وكيف يكون متميزًا، وهذا يوضح أن على العاملين إدراك أهمية جهاز الحاسب الإلكتروني الذي يتعاملون معه، وأنه يعينهم على إنجاز أعمالهم بشكل دقيق وسريع، وبالتالي ينبغي أن يكون الاستخدام للجهاز وملحقاته استخدامًا أمثل يعين العامل وزملائها على أداء الأعمال.

- الفرق بين مستخدم الأمس واليوم : وتركز هذه النقطة على أهمية التعامل والاستفادة من إمكانيات جهاز الحاسب الإلكتروني وملحقاته، وإزالة الرهبة بين العاملين وأجهزة الحاسب الإلكتروني، وإنشاء حوار مفهوم بين الجهاز والعاملين بالمكتبة، وفي الأمس كان جهاز الحاسب الإلكتروني وملحقاته والشبكة تستخدم في إنجاز الأعمال. أما الآن فيجب أن تستخدم في تطوير العمل وتنمية مهارات العاملين والثقة بالذات وتداول المعلومات وربط ما يتاح على الشبكة بما يتطلبه العمل بالمكتبة.

- كيفية الاستخدام الأمثل MS Windows : ويتضمن ذلك التعريف بمكونات نظام التشغيل وفوائد كل مكون من المكونات وكيفية استخدامه، وأهم الوظائف غير الشائعة الاستخدام والتي يمكن أن تسهل من دورة العمل بالمكتبة ، وفي الغالب يكون العاملين على غير دراية بها ولا يتعرضون لاستخدامها إما لعدم معرفتهم بها أو لعدم معرفتهم بوجودها من الأصل، ويتطرق الأمر أيضًا لكيفية توظيف هذه المكونات في أداء الأعمال كل حسب اختصاصه. ولا يهدف من هذا التدريب على نظام نوافذ Windows من إنتاج شركة مايكروسوفت؛ لأن كل العاملين الحاضرين لهذا البرنامج يعرفونه ويستخدمونه ولكن الهدف من هذا التدريب هو إلقاء الضوء على بعض المهارات في الاستخدام لهذا النظام، وفي حالة التغيير إلى نظام تشغيل آخر أو تحديثه، فإن التدريب يشتمل على توضيح الفروق بين النظام القديم والنظام الحديث، حتى لا يتأثر سير العمل ويقل الأداء بهذا التغيير المفترض حدوثه للتحسين وزيادة كفاءة العمل وليس العكس.

- هل هناك أنظمة تشغيل أخرى : ويقصد بها التعرف على أنظمة تشغيل أخرى بخـلاف نظام التشغيل المستخدم بالمكتبة، وهذا للتوعية و إحاطة العاملين بما قد يصادفونه أو يسمعون عنه ويكون التعرض للأنـواع والشركات المنتجـة لهـا، وفكـرة مبسطة عـن محتويات هذه الأنظمة.

- كيفية زيادة كفاءة جهاز الحاسب الإلكتروني: وتتمثل في النقاط الفرعية التالية :

التعرف على إمكانيات الجهاز ، من مكونات مادية والتي تم التعرض لها في الفصل الأول، وكذلك البرمجيات المتاحة على الجهاز والتطبيقات، وهذا مفيـد للعاملين حتـى لا يـتم استخدام جهاز الحاسب الإلكتروني في غير إمكاناته أو في وظيفـة غير معد لهـا، وهـذا يفيد العاملين كثيرًا في الحصول على أداء جيـد لعمـل جهاز الحاسـب الإلكتروني مهمـا كانت إمكاناته.

التطبيقات التي يتم تشغيلها ومـدى توافقهـا معـه: و يتضح معهـا كيفيـة معرفة التطبيقات المحملة على الجهاز؛ وبالتالي تشغيلها والاستفادة منها التعرف عـلى متطلبـات تشغيلها والتعرف على التطبيقات المفروض تواجدها على الجهاز وكيفية تشغيلها.

التعرف على التطبيقات التي تعمل الآن والتحكم فيها : وذلك من خلال إدارة نظـام التشغيـل، حيث إنه يمكن بالضغط على بعض المفاتيح مـن لوحـة المفـاتيح Keyboard (Ctrl + Alt + Delete) معًا، تظهر نافذة بها كل البرمجيات التي تعمـل وبالتالي يمكـن الوصول إلى معلومة ما خاصة بتحسـين أداء الجهـاز، ويظهـر مـع قائمـة البرمجيـات التي تعمل الآن على الجهاز وهذه النافذة تسمى Task Manager، ومنها يمكن مقارنة ما قام المستفيد بتشغيله ممـا هـو موجود في قائمـة التطبيقات المشغلة، فأحيانًا تجد بـرامج متطفلة تعمل تلقائيًا مع فتح الجهاز مع أن المسـتفيد ليس بحاجـة إلى تشغيلها وقد لا يعلم عنها شيئًا.

- كيفية قياس مدى كفاءة الجهاز : ويتم من النافذة السابقة ومن خلال القائمة يمكن مشاهدة رسم بياني لكفاءة الجهاز سواء كانت الذاكرة RAM أو المعالج Processor، ومنه يمكن معرفة التطبيق المسبب لمشكلة التوقف عن العمل Hang، ويمكن التجربة بإيقاف تطبيق أو برنامج معين و يتضح معها الشكل البياني فينخفض المؤشر. وللعلم هذا المؤشر البياني يوضح السعة المستخدمة من الذاكرة RAM، وكذلك نسبة شغل المعالج Processor.

مشاكل توقف الجهاز عن العمل (Hang)، وعدم استجابته للأوامر وكيفية التعامل معها من خلال النقاط التالية:

إيقاف سبب المشكلة ويتم بمعرفة التطبيقات التي تعمل الآن والتي تم التعرض لها في النقطة السابقة(من خلال الضغط على مفاتيح معينة في لوحة المفاتيح (Ctrl + Alt + Delete) فيمكن إيقاف آخر تطبيق تم تشغيله قبل حدوث التوقف عن عمل الجهاز (Hang) باختياره من القائمة ثم اختار End Task؛ فيتم إيقاف هذا البرنامج فقط دون غيره من البرمجيات التي تعمل.

عمل إعادة تشغيل أو إيقاف أو فصل الكهرباء، متى تلجأ إلى هذه الحلول؟ وتتضمن أنه إذا لم تنجح الطريقة السابقة في عودة الجهاز إلى العمل، وإذ لم يكن التوقف عن العمل ظاهرة متكررة مع المستفيد، فيتم إعادة تشغيل الجهاز يدويًا بعمل Reset (إعادة تشغيل من مفتاح إعادة التشغيل) أو قد يضطر إلى فصل مصدر الكهرباء وإعادة التشغيل مرة أخرى.

كيف تقلل من مشاكل التشغيل : ويتضمن بعض المشكلات المتوقعة أثناء التشغيل وكيفية تفاديها أو العمل على تقليلها، وخاصة إذا كان سببها هو مستخدم الجهاز وليست نابعة من الجهاز تلقائيًا، وأيضا أهمية رسائل الخطأ التي يصدرها الجهاز والتعامل معها أو إبلاغها لإدارة نظم المعلومات لكيفية التعامل مع تلك

الرسائل، حيث إن بعض منها ينبئ بحدوث مشكلة مستقبلاً وليست مشكلة حالية.

الطباعة Printing :

تعريف الطابعة: وهو أمر أصبح بسيطًا حاليًا؛ لأن أنظمة التشغيل تقوم بهذه المهمة عند توصيلك لأي طابعة ، فتشعر بها وتقترح موديل الطابعة، وما على المستفيد إلا تتابع خطوات التعريف حتى ينتهي التعريف بنجاح.

- رسائل الخطأ للطابعة : وتتمثل هذه الرسائل في عدم وجود ورق بالدرج أو كابل البيانات غير متصل ، أو الطابعة ليست في وضع تشغيل ON وخلافه.

- الطابعة Off Line : أي الطابعة متصلة ومشغلة و كابل البيانات متصل ولكنها معدة في وضع عدم تشغيل حاليًا كأنها غير متصلة بالحاسب الإلكتروني أو الشبكة.

- الطابعة مغلقة أو دون ورق : ويتناول كيفية توصيلها و تركيب الكابلات سواء كابل البيانات أو كابل التوصيل الكهربي ومراعاة طريقة التركيب حتى لا يحدث أي تلف للكابلات، وكيفية تغيير عبوة الحبر وتركيب الورق بمختلف مقاساته.

- مهارات الطباعة : وهي تتضمن التعرف على كيفية الطباعة للصفحات الفردية أو الزوجية فقط، أو تتابع طباعة صفحات معينة ليست فردية أو زوجية ، وكيفية طباعة صفحة بالعرض Landscape أو بالطول Portrait وهي الطباعة الافتراضية.

كيفية الاستفادة من الشبكة الموجودة بالمكتبة والتعامل معها، وتتناول الموضوعات التالية:

- ما معنى الشبكة ؟ مفهوم الشبكة العلمي والعملي وفائدتها وأهميتها بالنسبة للمكتبة والعاملين بها ومجتمع المستفيدين.

- أجهـزة الشـبكة Switch, Hub, Router, and Firewall التعـرض لهـا وتعريفهـا والتعرف عليها وفكرة مبسطة عن دور كل واحد منها بالشبكة.

- كيـف نحافـظ على كفاءة عمـل الشـبكة ؟ بتوضيـح طريقـة الاستخدام الأمثـل وكيفيـة الاستفادة من المصادر المتاحة على الشبكة.

- نقل ملف من جهاز إلى آخر، عمـل Share أو مشـاركة بحـدود ومخاطر؛ ذلـك حتى لا تترك الأمور بلا ضابط فيضر ذلك بمهمـة الشـبكة ويكـون لـه التأثير السـلبي وليس الإيجابي.

- ضمان سرية البيانات: ويتم فيها كيفية المحافظة على البيانات علـى جهـاز المسـتفيد أو أجهزة الشبكة وإمكانية جعل البيانات لا تظهر أو إخفاء الملفات عند اللزوم.

تأمين جهاز الحاسب الإلكتروني :

عمل كلمة مرور على فتح الجهاز ومسئولية وجـود معـرف مسـتفيد وكلمـة مـرور علـى الشـبكة، وعـدم جـواز تبادلهـا أو تـداولها لأن كـل مسـتفيد مسـئول عنهـا بصفته الشخصية.

خصائص الملفات وكيفية إخفائها وإظهارها ومهارات التعامل معها، واختيار البرنامج المناسب لتشغيلها.

فيروس الحاسب الإلكتروني Computer Virus :

ماهية الفيروسات؟ ولمـاذا ؟ ويتنـاول التعريـف بالفيروس وأخطاره وخاصـة علـى الشبكة ومدى تأثيره على أمن المعلومات داخل المكتبات ومراكـز المعلومـات، وأنه عبـارة عن برنامج حاسب إلكتروني يقوم بتدمير المعلومات وتغيير طريقـة العمـل علـى الحاسـب الإلكتروني بحيث يصبح على غير المعتاد.

أنواع و أجزاء الفيروسات : ويتناول تحديـد الأنواع تبعًـا لخطورتهـا، فمنهـا القـوي والمدمر والعادي والغير ضار والغير محدد الضرر أي حسب حالة كل مكان عن الآخر.

سلوك الفيروسات : ويتناول صفاتها وطرق تواجـدها مـن حيـث الانـدماج وسـط الملفات، ومنها التحرك بين كافة الملفات وكافة أجزاء القرص الصلب، بل وأحيانًـا أجزاء مـن المكونات المادية مثل الذاكرة RAM ، ثم يتكـاثر وينتشـر ـ حتى يصـل إلى كافة مكونـات جهاز الحاسب الإلكتروني بل والشبكة إذا كان الجهاز المصاب متصل بشبكة المكتبة.

أعراض الإصابة :تتعرض لبعض المظاهر التي تلاحـظ عـلى الجهاز مثل قلـة كفـاءة عمله مع قلة التطبيقات التي تعمل عندئذ، وبطء في التشغيل وعدم استقرار في العمـل، وأداء أوامر غير مطلوب تنفيذها والتراخي في تنفيذ أوامر مطلوبة. كيف يحـدد المستفيد أن المشكلة فيروس وليست أمور أخرى.

وسائل الحماية : ويركز فيهـا عـلى أنه لابـد مـن اسـتخدام أحـد البرامج المضادة للفيروس Antivirus وعدم الاستهانة بتحديثه أولاً بـأول خاصـة إذا كان الجهاز متصـل بشبكة المكتبة وشبكة الإنترنت، حتى لا يكون الجهاز سهل الإصابة بالفيروس.

مصادر العدوى : ويقصد بها أن أحد أسباب العدوى هو نقل المعلومات عن طريق الشبكة من جهاز مصاب لآخر غير مصاب، أو عن طريق الأقراص المرنة و الأقراص الملیزرة وكل وسائط التخزين.

الوقاية و خطوات العلاج : ويعنى بها أن الوقاية خير من العلاج؛ لأن العلاج أحيانًا يتطلب حذف الملفات المصابة وبالتالي يؤثر على المعلومات المخزنة.

الفيروسات وخطرهـا عـلى البيانـات ، الأعـراض والوقايـة والعـلاج مـن خـلال مثال تطبيقي وعملي على وجود فيروس على أحد الأجهزة.

برامج مضاد الفيروسات Antivirus وكيفية استخدامها ولماذا ؟ يتم عرض أحد البرامج المضادة للفيروسات وغالبًا المستخدم بالمكتبة أو مركز المعلومات مع بيان كيفية الاستخدام والتعامل مع الفيروسات، وتوضيح أهمية التخلص من هذه الفيروسات وعدم الانتظار مع أخذ الأمر بجدية تامة مع الجهاز المصاب؛ لأنه لن يضر نفسه فقط ولكن سيضر آخرين معه.

التحديث الدوري لمضاد الفيروسات Antivirus : طريقة التحديث الدوري وإن كانت أحيانًا تتم أتوماتيكيًا من خلال الشبكة في وقت محدد دوريًا؛ ولذا يجب التنبيه على ألّا يتم غلق الجهاز في وقت التحديث.

الإنترنت.....!

كيف تستفيد من الإنترنت ؟ كيف تحافظ على كفاءة الخدمة ؟ ويتناول أهمية الإنترنت كوسيلة للحصول على المعلومات، ومن هذا المنطلق يجب المحافظة عليها واستغلالها الاستغلال الأمثل داخل المكتبة أو مراكز المعلومات

أثر الإنترنت في هدم وبناء المؤسسات : أي أن الإنترنت سلاح ذو حدين يمكن استخدامها بهدف بنّاء، ويمكن أيضًا استخدامها بهدف هدّام؛ وبالتالي تعرض الجهاز والشبكة على حد سواء لمشكلات في غنى عنها.

استخدام الإنترنت في نقل الملفات FTP : وهي إحدى الخدمات التي تقدمها شبكة الإنترنت.

أهمية وكيفية استخدام البريد الإلكتروني E-Mail ، وهي إحدى الخدمات التي تقدمها شبكة الإنترنت.

مهارات إضافية :

- التعرف على أنواع الملفات من خلال الرمز أو الامتداد وكيف تختار البرنامج المناسب لتشغيلها ؟و كيف تتعامل مع الأقراص Floppy & CDROM ؟ وذلك حتى لا يواجه العاملون ملفات لا يستطيعون التعامل معها.

- الأعمال التي تقوم بها يوميًا والبرامج التي تستخدمها يوميًا!

- مهارات استخدام برنامج MS WORD : حيث إنه من المفترض أن العاملين بالمكتبة كلهم يعرفون التعامل مع نظام التشغيل وتطبيقات MS Office ، فيتم التعرض لوظائف غير متداولة وغير شائعة الاستخدام ويحتاج المستفيد إليها.

- مهارات استخدام برنامج MS Excel .: مثل بعض الوظائف المتقدمة المتاحة ببرنامج الأكسيل مثل المعادلات.

- حول استخدام MS Power Point : بعض العاملين لا يتعرضون في أعمالهم لهذا البرنامج؛ لهذا يتم التعرض لأهميته وتبسيط استخدامه وتوضيح مدى أهميته.

- حول استخدام MS Outlook : هو مهم لتفعيل دور البريد الإلكتروني داخل المكتبة ومركز المعلومات.

- ما معنى صفحة إلكترونية على الإنترنت Web page ؟ التوضيح ببساطة فكرة المواقع على شبكة الإنترنت وكيفية عمل على الأقل صفحة واحدة.

- كيف تقوم بتوصيل كافة أجزاء جهاز الحاسب الإلكتروني؟ ويتناول عرض عملي بفك كابلات التوصيل كاملة ثم إعادة تركيبها بجهاز الحاسب الإلكتروني.

- كيف تحلل مشكلة الجهاز؟و متى تلجأ إلى القسم الفني؟ ونعتقد أنه بعد فهم النقاط السابقة يكون المتدرب قد وصل إلى مرحلة لا بأس بها في التعامل مع جهاز الحاسب الإلكتروني وملحقاته، والشعور بحالته، وتحديد حجم مشكلة الجهاز الذي يستخدمه، وأن هناك عددًا من المشكلات يمكن أن يحلها بنفسه دون انتظار المختصين بتكنولوجيا المعلومات بالمكتبة أو مركز المعلومات

- فكرة عامة عن ماهية المصادر المفتوحة وتطبيقاتها : والهدف منها هو إعطاء فكرة عن الجديد في عالم البرمجيات والتعريف بدور المصادر المفتوحة وأغراض استخدامها والهدف منها وما أنواعها وكيفية الاستفادة منها.

– فكرة عامة عن الـ Share Point : وهو أحد البرمجيات من إنتاج شركة مايكروسوفت Microsoft التعريف به وتوضيح مدى أهميته داخل المكتبة.

- مهارات في استخدام نظام المكتبات الآلي : حيث إنه وفي الغالب يتم التطوير في الأنظمة الآلية المتكاملة للمكتبات ، ومن هنا يجب التدريب على الجديد في النظام الآلي المتكامل المستخدم بالمكتبة.

- ما يستجد من موضوعات جديدة في مجال المكتبات والمعلومات : ويكفي التعرض لتلك المصطلحات والمفاهيم الجديدة حتى يظل العاملون بالمكتبة على دراية بما يدور حولهم في هذا المجال.

تقييم البرنامج التدريبي :

ويتم تنفيذ هذا البرنامج التدريبي مرة كل عام أو حسب طبيعة كل مكتبة والضرورة إلى ذلك، ولكن يجب ألَّا أن تزيد الفترة عن عام واحد، وكذلك يتم تقييم البرنامج لتحديد مدى الفائدة والوقوف على إيجابيات التنفيذ فيتم دعمها والوقوف على سلبيات التنفيذ ويتم تدارك ذلك كله في المرة التالية لهذا البرنامج، ويتم إعداد استمارة استطلاع رأي يوجه للمتدربين. وهذا البرنامج يحتوي على عدة جوانب خاصة ببيانات المتدرب، وملخص للبرنامج التدريبي، ورأي المتدرب في الجوانب الفنية والزمنية والإدارية لبرنامج التدريب، وهناك مقترح لاستطلاع الرأي كما يلي :

إدارة نظم المعلومات   (استمارة تقييم لبرنامج تدريبي)

1 - بيانات المتدرب :

الاسـم 2:   الوظيفــة :

الإدارة / القسم :   البريد الإلكتروني :

---

2 يمكن عدم ذكر الاسم عند الضرورة .

2 - البرنامج التدريبي :

البرنامج التدريبي : تنمية مهارات استخدام الحاسب الإلكتروني

هل ترى أن البرنامج التدريبي اتفق مع متطلباتك ؟

نعم	لا	لا أعرف
☐	☐	☐

هل ترى أن عدد ساعات البرنامج منا سبة؟

نعم	لا	لا أعرف
☐	☐	☐

هل ترى أن البرنامج التدريبي تناول موضوعات تهمك؟

نعم	لا	لا أعرف
☐	☐	☐

هل تنصح بتكرار هذا البرنامج التدريبي ؟

نعم	لا
☐	☐

3 - المدربون :

أرى أن المدربين عرضوا البرنامج التدريبي

ممتاز	جيد	متوسط	ضعيف
☐	☐	☐	☐

أرى أن المدربين قدموا المشورة الفنية المطلوبة

ممتاز	جيد	متوسط	ضعيف
☐	☐	☐	☐

أرى أن المدربين قاموا بالرد على الاستفسارات

ممتاز	جيد	متوسط	ضعيف
☐	☐	☐	☐

أرى أن أسلوب التدريب

ممتاز	جيد	متوسط	ضعيف
☐	☐	☐	☐

4 - كيفية التدريب :

أرى أن أسلوب عرض البرنامج التدريبي

ممتاز	جيد	متوسط	ضعيف
☐	☐	☐	☐

أرى أن وسائل عرض البرنامج التدريبي

ممتاز	جيد	متوسط	ضعيف
☐	☐	☐	☐

هل لديك أية تعليقات على؟

المتدربون	المدربون	البرنامج التدريبي	كيفية التدريب	أخرى
☐	☐	☐	☐	☐

التوقيع :

والأمر لا يبدو صعب المنال ويمكن لكل مكتبة أن تطبق من هذه التجربة السابق ذكرها ما تشاء وما يتناسب مع طبيعتها، فلقد تمت هذه التجربة داخل مكتبة مبارك العامة منذ عام 2001 ، وهي فى تطور مستمر نابع من قيمة هذه التكنولوجيا

لمجتمع المستفيدين، ونرى أنه لابد أن تكون بالمكتبات إدارة لتكنولوجيا المعلومات ضمن الهيكل الإداري وتوفر لها الإمكانات بقدر المستطاع؛ حتى يبرز دورها وتستطيع أن تسهم وبشكل فعَّال في منظومة عمل المكتبة، لذا كان لابد من نشر تجربة مكتبة مبارك إلى المكتبات الأخرى؛ لترتبط المعلومات بتكنولوجيا تساهم في تنمية المجتمع وتنمية قدرات العاملين والمستفيدين والمترددين على تلك المكتبات وتحقيق متطلباتهم العلمية والدراسية والثقافية بسهولة ويسر، علاوة على مساعدة أجهزة المجتمع المعنية بمحو الأمية المعلوماتية.

3/9 - التوعية بالآثار الصحية السلبية نتيجة استخدام تجهيزات تكنولوجيا المعلومات.

التوعية الصحية مع استخدام أدوات تكنولوجيا المعلومات سواء في طريقة الجلوس أو الوقوف أو الاستخدام أو التعامل بشكل مباشر مع تلك الأجهزة ويأتي تفصيله فيما يلي:

- بقاء العينين مفتوحتين ولمدة طويلة دون رمش يؤدي إلى جفاف سطح مقلة العين، وجفاف في القرنية، خاصة مع العدسات لاصقة، وجفاف العين مضر لها؛ لأنها تجلب الجراثيم وتسبب الالتهابات والاحمرار والحكة خاصة مع الذين لديهم استعداد لذلك.

- بقاء مسافة النظر ثابتة يجهد عضلات العين المسئولة عن ضبط الصورة على الشبكية، حيث إن العين تظل مشدودة لمدة طويلة، وقد يؤثر عليها في فترة مبكرة.

- استخدام لوحة المفاتيح في المكتبات العامة بواسطة عدة مستخدمين مختلفين قد يترك جراثيم معدية على اللوحة تنتقل من إنسان لآخر وقد تسبب أمراضًا جلدية.

- استخدام لوحة المفاتيح لفترات طويلة يوميًا يؤثر على بعض أجزاء اليد وخاصة الأصابع وفقراتها العظمية.

- بقاء عضلات الجسم على وضع واحد تقريبًا لفترات يؤدي أحيانًا إلى كسل في الدورة الدموية، الأمر الذي يؤدي إلى نقص الأكسجين والمواد المغذية للجسم ويترتب على ذلك مشاكل صحية مختلفة.

- ضرورة تنفيذ قانون (20 *20*20) وهو يعني النظر لمسافة عشرين مترًا لمدة عشرين ثانية بعد كل عشرين دقيقة من استعمال الحاسب الإلكتروني من أجل إراحة العينين.

- الإضاءة النابعة من الشاشة المستمرة والمسلطة على العين باستمرار، تجهد العين وتؤدي إلى التعب واختلاف الرؤية، وقد تسبب الصداع أحيانًا.

- ينتج من شاشات الحاسب الإلكتروني مجال كهرومغناطيسي- وخاصة الشاشات المتقادمة؛ لذا يجب اختيار الشاشات الحديثة. وإن اختلفت الآراء حول آثار المجال الكهرومغناطيسي على الصحة العامة ولكنها وبلا شك لها تأثير سلبي.

- إضاءة الغرفة يجب أن تكون أقل من إضاءة شاشة الحاسب الإلكتروني على عكس ما يحدث عند قراءة الكتب؛ لأن شاشة الحاسب الإلكتروني تشع إضاءة وإضاءة الغرفة تنعكس أيضًا عليها فتؤثر أكثر على العين وتساهم في إجهادها.

تتأثر عظام الجسم وبخاصة العمود الفقري عند استمرار الجسم في جلسة معينة أو وقفة معينة لفترات طويلة، وقد يصاب المستخدم بغضروف أو مشكلات بالفقرات مثل عظام وعضلات الرقبة والأكتاف والظهر.

الجلوس لمدة طويلة على مقعد يؤثر على من يعانون من الشرخ الشرجي أو البواسير، والمقاعد ذات الصلابة قد تؤدي إلى الإمساك المزمن و اضطرابات بالقولون والمعدة.

يجب تغيير النظر من وقت لآخر، وجعل العين ترمش حتى ترطب سطح العين والقرنية، و ينصح الطبيب باستعمال قطرة تسمى الدمعة الصناعية عند استخدام الحاسب الإلكتروني والأفضل استشارة الطبيب قبل عمل ذلك.

- عدم تعرض العين لتيارات هوائية من جهة ما خوفًا من الجفاف خاصة في وجود عدسات لاصقة.

- أجهزة التكييف والتيارات الهوائية من المراوح وخلافه اللازمة لتبريد مكان أجهزة الحاسب الإلكتروني وملحقاتها العادية - تؤثر على المستفيد الذي يجلس لفترات طويلة أمام الجهاز.

- يجب القيام بالحركة لكل أجزاء الجسم لفترة معينة أثناء استخدام أجهزة الحاسب الإلكتروني وملحقاتها.

- استخدم برامج للتنبيه بالزمن أثناء استخدامك للحاسب إلكتروني، وأغلب هذه البرامج مجانية، ومنها برنامج (Eyecare)، وهناك برامج للتنبيه بوقت الصلاة، وأخرى لذكر الله. وكلها تعينك على ضبط الوقت خاصة إذا كنت تستخدم الإنترنت لفترات طويلة.

وعمومًا يقسم الخبراء هذه الآثار بعدة طرق مختلفة؛ فمنهم من يقسمها إلى قسمين رئيسيين وهي الآثار قصيرة المدى والآثار بعيدة المدى ومنهم من يقسمها إلى آثار نفسية، وآثار بدنية؛ وآثار اجتماعية. ولكن التقسيم الحديث يجمع بين هذا وذاك كما يلي :

أولاً - آثار بدنية ونفسية قصيرة المدى، والتي تشمل توتر وإجهاد عضلات العين ويبدأ بالشعور بالآلام في العين والقلق النفسي- وضعف التركيز، وفي حالة تكرار زيارة المواقع الإباحية يؤدي ذلك إلى الإثارة الجنسية ومن ثم الكبت الجنسي أو ظهور المشاكل الأمنية والاجتماعية.

ثانيًا : آثار بدنية ونفسية بعيدة المدى؛ أي التي تأخذ فترة أطول لظهورها ومنها آلام العضلات والمفاصل والعمود الفقري ومثال ذلك آلام الرقبة وأسفل الظهر وآلام الرسغ، و يتسبب في ظهور حالة من الأرق والانفصال النفسي عن عالم الواقع والعيش وسط الأوهام والعلاقات الخيالية خاصة لمن يدمنون منتديات الحوار، كما يمكن أن يؤدي إلى حالة من زيادة الوزن نتيجة لعدم الحركة مع تناول الوجبات والمشروبات العالية السعرات، بالإضافة إلى المخاطر الإشعاعية الصادرة عن الشاشات وكذلك تأثير المجالات المغناطيسية.

ونستطيع القول أن هناك مشكلات ناجمة من الاستخدام الكثير لأجهزة الحاسب الإلكتروني وملحقاتها لفترات طويلة، ولكن ماذا عسانا أن نفعل إذا كانت حاجة العمل تتطلب ذلك، وهذه المشكلات يمكن إجمالها فيما يلي :

- آلام العمود الفقري.
- آلام المفاصل.
- آلام العين.
- تأثير الإشعاعات الصادرة عن الشاشات.
- المجالات الكهرومغناطيسية.
- الآثار النفسية والعاطفية والاجتماعية.

ولتجنب هذه المشاكل ينصح باتباع النصائح التالية على قدر المستطاع للحفاظ على صحتنا:

آلام الرقبة وأسفل الظهر..(العمود الفقري):

ينصح بالجلوس على كرسي مناسب الطول المستفيد ويفضل أن يكون له مسند للرأس والظهر، ويجب أن يتحرى الجلوس بطريقة صحيحة ، حيث يكون الرأس والرقبة وكامل العمود الفقري بوضع مستقيم.

آلام المفاصل :

المفاصل تتأثر بطريقة الجلوس أمام جهاز الحاسب الإلكتروني، ويعتبر مفصل الركبة من أكثر المفاصل تأثرًا بطريقة الجلوس أمام جهاز الحاسب الإلكتروني، ولذلك ينصح بطريقة سليمة للجلوس؛ وهي الجلوس حيث تشكل المفاصل زاويا قائمة كما يتأثر الرسغ كثيرًا باستخدامك للفأرة Mouse ولوحة المفاتيح Keyboard ، وعلى المستخدم المحافظة على يديه مستقيمة على قدر المستطاع أثناء الكتابة أو استخدام الفأرة مع الحفاظ على المرفق ليكون أقرب إلى جسمك وتكون الزاوية 90 درجة بين العضد والساعد .

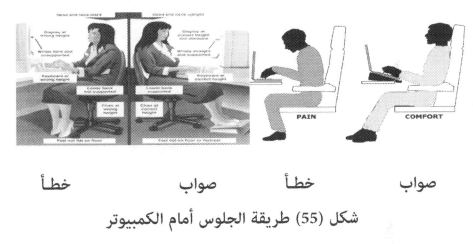

صواب خطأ صواب خطأ

شكل (55) طريقة الجلوس أمام الكمبيوتر

آلام العين:

- ارتفاع ومكان الشاشة :

ينصح بأن يكون ارتفاع الشاشة مناسبًا، حيث يكون على مستوى النظر، والارتفاع المثالي هو أن يقع نظرك على الشاشة مباشرة (كخط مستقيم) على نقطة تقع على بعد 5 إلى 7 سنتمترات تحت الحدود العليا للشاشة كما ينصح باقتناء شاشة بحجم 15 بوصة على الأقل، وينصح بوضع الشاشة في مكان مناسب داخل المكتب أو الغرفة، حيث تقل الانعكاسات من الإضاءة الخلفية أو النوافذ .

التحديق في الشاشة :

ينصح بأخذ فترة راحة كل 20 دقيقة وذلك بالنظر إلى أبعد نقطة في الغرفة لمدة نصف دقيقة أو من خلال النافذة أو غمض العين، أو اتباع نظرية 20*20*20 السابق ذكرها، كما ينصح بتكرار الرمش أو غمض العين كل فترة.

الإشعاعات الصادرة عن الشاشات :

يجب الابتعاد بمسافة لا تقل عن 40 سم عن الشاشة مع استعمال شاشات حديثة قليلة الإشعاع Low Radiation، ويفضل استخدام شاشات السائل البلوري   LCD (Liquid Crystal Display) بدلا من الشاشات التي تعمل على تقنية أنبوب المهبط CRT (Cathode Ray Tube) وهو ما يعرف بأنبوبة الكاثود، ومعلوم أن الإشعاعات تصدر في جميع الاتجاهات ولذلك يجب الابتعاد عن الشاشة من جميع الاتجاهات، ونجد في كثير من القاعات بالمكتبات وخاصة الإنترنت والمكاتب بالشركات جلوس المستخدم أمام جهاز حاسب إلكتروني وخلف رأسه مباشرة شاشة زميله وطبعًا هذه ممارسة خاطئة تؤدي إلى تضاعف التعرض للإشعاع؛ لأن ذلك المستخدم سوف يتعرض للإشعاعات الصادرة من شاشته ومن شاشة زميله أيضًا.

تصدر شاشة الحاسب الإلكتروني العديد من أنواع الإشعاعات بكميات مختلفة، وأهم هذه الأنواع: الأشعة السينية، والأشعة تحت الحمراء، والأشعة الفوق البنفسجية، وكذلك موجات الميكروويف. وهذه الإشعاعات صغيرة في شدتها وكميتها ولكن التعرض المستمر لها قد يسبب مشاكل مستقبلية، وأفضل طريقة للتقليل من آثارها المستقبلية هو الابتعاد عن مصادرها على قدر الإمكان واستخدام شاشة ذات مواصفات جيدة بحيث تصدر إشعاعات أقل.

المجالات الكهرومغناطيسية :

ينصح بوضع مكونات جهاز الحاسب الإلكتروني بعيدًا عن الجسم نسبيًّا بمسافة نصف متر تقريبًا وإن كان هذا صعب التحقيق ولكن... كما ينصح بالابتعاد عن الأسلاك والكابلات بنفس المسافة .

الآثار النفسية والعاطفية والاجتماعية:

قد يقع بعض المستخدمين في مشكلة إدمان الألعاب الإلكترونية أو منتديات الحوار والدردشة على شبكة الإنترنت بشكل عام، وينصح الخبراء بمقاومة هذا الإدمان وتجنب غرف الدردشة التي لا طائل منها وعدم الارتباط بأي شخص عاطفيًّا عبر الشبكة، حيث إن الغالبية تمارس الكذب وإخفاء الشخصية الحقيقية، وإن أظهروها فإنهم يمارسون التمثيل لإخفاء الصورة الحقيقية كما يمارس الأغلبية الكذب والتضليل فيما يتعلق بالحالة الاجتماعية والعمر والجنسية والمهنة، بل وحتى الاسم، كما أشارت الدراسات أن هناك الكثير من الأعراض المرضية المتعلقة بقضاء وقت طويل في عالم الخيال الإلكتروني ومنها: الدوخة، وتشويش الأفكار والأرق وعدم السيطرة على الأعصاب، وفقدان المهارات الاجتماعية، وزيادة اللامبالاة بالمستقبل .

والخلاصة: ننصح بعدم الجلوس طويلًا أمام جهاز الحاسب دون حركة؛ حيث إن جسم الإنسان يتأثر سلبيًّا بذلك، وننصح بالحركة كل ثلث ساعة فمثلا يمكنك أن تحضر- كوبًا من الماء، وكذلك ننصح باستغلال الأوقات القصيرة التي تتاح أثناء تحميل البرامج أو أثناء الانتقال من موقع إلى آخر أو من صفحة إلى أخرى أو أثناء الاتصال على الشبكة في ممارسة بعض الحركات المفيدة كممارسة تمرينات الضغط والتنفس بشكل عميق أو الوقوف وشد العضلات، وتساعد هذه الحركات في تخفيف الضغط على العضلات والجهاز الهيكلي وتنشيط الدورة الدموية. وأخيرًا الرياضة تساعد على علاج ألم المفاصل والرقبة.

المصـادر :

مجلة لغة العصر / مؤسسة الأهرام. القاهرة : الأهرام ،2005،ـ ع 127 .

كابرون. تعريب: سرور عـلي إبـراهيم سرور: الحاسـبات والاتصالات والإنترنـت. دار المريخ للنشر، الرياض، المملكة العربية السعودية،2003 م.

محمد فتحي عبد الهـادي و أسـامة السـيد محمـود: مصـادر وخـدمات المعلومات المرجعية في المكتبات ومراكز المعلومات.- القاهرة، المكتبة الأكاديمية،2006.

أحمد أمين أبو سعـدة: مصادر مفتوحـة وآفـاق مغلقـة، ورقـة مقدمـة إلى الملتقى العربي الثاني لتكنولوجيا المكتبات والمعلومات (يوليو 2005).

أحمد أمين أبو سعـدة: تنمية مهارات استخدام تكنولوجيا المعلومات بالمكتبات.

ورقة مقدمة إلى الملتقى العربي الثاني لتكنولوجيا المكتبـات والمعلومـات (إبريـل 2007) والمؤتمر القومي الحادي عشر لإخصائي المكتبـات والمعلومـات – المنصـورة (يونيـو 2007).

محمد محمد الهادي: تكنولوجيا الاتصالات وشبكات المعلومـات مـع معجـم شارح للمصطلحات، المكتبة الأكاديمية، 2001.

سامح زينهم عبد الجواد: المكتبات والأرشيفات الرقمية : التخطيط والبناء والإدارة.- ج 1.2007 .

عاطف السيد قاسم: شبكات المعلومات وتكنولوجيا الاتصالات، مكتبة الأمل،2007.

كرس برنتون، كامسرون هانت ، ترجمة: تب توب لخدمات التعريب والترجمة: نظم تأمين الشبكات : مرجع شامل لنظم تأمين الشبكات ، دار الفاروق للنشر والتوزيع: 2002 الشبكة الافتراضية.. خدمات متنوعة بدون تكاليف إضافية .

http://www.al-jazirah.com.sa/digimag/13032005/gadeia55.htm

الشبكة الافتراضية الخاصة VPN virtual Private Network

http://www.c4arab.com/showlesson.php?lesid=2483

القاهرة مكتب الجزيرة أشرف محمد:

http://computer.howstuffworks.com/framed.htm?parent=vpn.htm&url=http://www.vpnc.org/

http://www.vpnc.org/

أحمد أمين: لقاء تلفزيوني برنامج ميديا نت – قناة الجزيرة للأطفال .

أحمد أمين: لقاء تلفزيوني برنامج طبيب دوت نت - قناة الصحة والجمال .

Internet Sites:

http://en.wikipedia.org/wiki/RFID

http://www.libdex.com

www.sourceforge.net

http://www.brad.ac.uk/admin/health/advice/computerergonomics/laptop.jpg

www.safety.queensu.ca/qecp/ergpicture1.jpg

http://www.uhs.umich.edu/wellness/images/ergo.jpg

الفصل العاشر

التعامل مع المورِّدين

تمهيد

يقصد بها كل ما يستجد من غير العناصر السابقة، وتكون مكملة لتمام تلك العناصر أو لضمان استقرار عملها، فاختيار الموردين لكافة الأجهزة والمعدات والبرمجيات بما يتناسب مع إمكانيات المكتبة من الأهمية بمكان ويجب إعداد قاعدة بيانات تتضمن قائمة بهم وإتاحتها لشئون المشتريات لاتخاذ الإجراءات النظامية الخاصة بهم، كما يجب الاهتمام بعقود الصيانة، حيث إنها تمثل حلقة الاستمرار والاستقرار في العمل، ويدعم ذلك وضع خطط التطوير بمراحل مختلفة وبرامج الصيانة الوقائية والدورية.

1/10. اختيار الموردين

يجب التواصل مع كافة الأقسام بالمكتبة وإعداد قاعدة بيانات تتضمن قائمة بجميع الموردين بالمكتبة لخدمة إجراءات الشراء وهذه القاعدة تزداد يومًا بعد يوم كما يجب وضع الملاحظات على هؤلاء الموردين تبعًا لتجربة التعاملات معهم ودراسة هذه الملاحظات؛ حيث إنها قد تكون مرتبطة بفترة معينة أو مرتبطة بأشخاص معينة من الموردين كشركات ومؤسسات.

والمشاركة ولو بالحضور في المؤتمرات والندوات والمعارض تساهم بشكل كبير جدًا في إثراء قائمة الموردين، حتى لا تقع المكتبات أو مراكز المعلومات في دائرة الاحتكار لبعض الموردين، حيث إن التواصل مع موردين جدد يوجد نوعًا من المنافسة والوصول إلى أعلى جودة بأقل سعر، وعندها يسهل المقارنة والتفضيل والاختيار بما يتناسب مع الاحتياجات والمتطلبات.

وكلما كان أداء المكتبة أو مركز المعلومات متميز ومعروف وله دور في المجتمع المحيط به كلما شجع ذلك المورِّد وأكد سعيهم للوصول أو للتعامل مع هذه المكتبة أو مركز المعلومات؛ لأن ذلك سيحقق له أرباح على المدى الطويل وقد يتنازل عن الكثير من أرباحه أحيانًا؛ نظرًا لتوقعه الربح من عميل آخر بناء على ما حققه مسبقًا، والمقصود أن يكون هدفه التواجد داخل المكتبة أو مركز المعلومات باعتبارهما مقرًّا لتجمع كثير من المستفيدين باختلاف فئاتهم ومؤهلاتهم مما يحقق له تواجد على المستوى القومي. بل ويصل الأمر إلى قيام المورِّد بالتبرع أو تقديم عروض خاصة بثمن التكلفة أو أقل، باعتبار ذلك يمثل له نوعًا من الدعاية خاصة إذا كان أعضاء المكتبة بالآلاف.

وجدير بالذكر أن هناك بعض الموردين له علاقة بالجهات المانحة، فأحيانًا يقدم عرض شراء المنتجات ويقدم معها الجهة التي يمكن أن تساهم في تغطية التكاليف المطلوبة، وفي هذه الحالة يجب أن تكون المكتبات أو مراكز المعلومات على قدر كبير من الأمانة في التعامل حتى تضمن ثقة الجهات المانحة، وأن تضبط احتياجاتها فعلاً ولا تعتمد على أن هناك جهة مانحة؛ لأن هذا يمثل تقييم لإدارة المكتبة في التصرف في أموال الغير ولا يجب التهاون في المفاوضة على الأسعار.

المكتبات ومراكز المعلومات يمكنها البحث عن رعاة Sponsors لمشروعاتها وهي كثيرة، ما هي هذه الشركات والمؤسسات التي توافق على أن تكون راعية خاصة مع المكتبات ومراكز المعلومات التي تقدم خدمات للمجتمع؟ وكثير من الشركات والمؤسسات الكبرى ترى أن في ذلك دورًا إيجابيًّا لها، وتحقق أيضًا من ورائه ربحًا وقد لا يكون ماليًّا ولكنه ربحًا من نوع آخر.

2/10 إعداد العقـــود:

الإعداد لعقود صيانة أجهزة الحاسب الإلكتروني وملحقاتها ومتطلباتها، والتي انتهت فترة الضمان لها ويفضل عند شراء هذه الأجهزة أن تكون فترة الضمان

ثلاث سنوات حتى إذا ما انتهت فترة الضمان تكون الأجهزة قد تقادمت؛ وبالتالي لا تحتاج المكتبة لعقد صيانة لها، وتوفر ثمن عقد الصيانة في شراء أجهزة جديدة بضمان جديد أو ترقية الأجهزة الموجودة، ولعل من أهم الأجهزة بالمكتبة والتي ينبغي أن تكون في ضمان دائم سواء بعقد صيانة أو خلافه هي: أجهزة الخادم Server سواء كان الخاص بالشبكة الداخلية بالمكتبة أو الخاص بنظام المكتبات الآلي بها؛ لأن هذه الأجهزة لا تحتمل الأعطال أو انتظار الإصلاح، وشراء قطع غيار وعقد مناقصات وممارسات مما يضيع الوقت وتظل المكتبة معطلة بخدماتها حتى يتم الانتهاء من هذه الإجراءات الإدارية النظامية، أما في حالة وجود عقد صيانة فإن الإصلاح يتم فورًا الإبلاغ عن العطل وتكون قطع الغيار المطلوبة موجودة بمخازن الشركة المتعاقد معها، وبالتالي لا يضيع وقت أكثر من اللازم، وحتى إن لم تكن قطع الغيار متاحة بالشركة فإنه يجب عليها أن توفر الجهاز البديل؛ حتى تحافظ على استقرار العمل بالمكتبة.

كما يجب على الإدارات المعنية بالمكتبة ومنها إدارة تكنولوجيا المعلومات والشئون الإدارية أن تكون على دراية ومتابعة للأجهزة داخل الضمان ومتى ينتهي، وما هي الأجهزة التي خارج الضمان، ومدى أهمية أن تكون تحت مظلة الضمان أو عقد الصيانة وكذلك التأمين ضد الحرائق والسرقات والتلف وخلافه؛ لأن هذا من أساسيات الحفاظ على استقرار واستمرار العمل بالمكتبات التي تود أن تظل على علاقة وطيدة بمجتمع المستفيدين وأن تكسب ثقتهم و احترامهم.

ولذلك يجب الحرص على عقود الصيانة للأجهزة ذات المهمات التي لا يتوفر لها بديل، ولكن ما الاحتياطيات وبنود التعاقد بين شركة الصيانة التي يتم اختيارها وبين المكتبة؟

- أن تكون الشركة المتعاقد معها ذات ثقة وسمعة طيبة وتلتزم بشروط التعاقد، وتهتم بمصلحة العملاء لديها أكثر من اهتمامها بدفع الغرامات نتيجة عدم الالتزام؛ لأن الغرامات أحيانًا لا تغني عن حل المشكلة.

- أن تقوم الشركة بعمل زيارة دورية على الأقل (أسبوعيًا -شهريًا) حسب طبيعة وأهمية الجهاز المشمول في الصيانة، بخلاف الاستدعاء في حالة الأعطال الطارئة.

- متوسط قيمة الصيانة تصل إلى 7% من القيمة الإجمالية لمكونات الجهاز وقت الشراء، أما في حالة صيانة البرمجيات فتصل إلى 15% من القيمة الإجمالية للبرنامج وقت الشراء.

- أن يكون لدى الشركة المتعاقد معها فريق عمل متخصص، ولا تعتمد على فرد واحد فقط، في هذا الحالة ستتوقف الصيانة على تواجد هذا الشخص مما قد يؤجل إصلاح الأعطال.

- أن تغطي الصيانة أوقات عمل المكتبة وليست أوقات عمل الشركة، حيث إن أغلب شركات الحاسبات مغلقة يومي الجمعة والسبت، أما المكتبات فأغلبها يعمل يومي الجمعة والسبت، أي المطلوب أن توفر الشركة مهندس دعم فني للطوارئ.

- يفضل أن يشمل التعاقد قطع الغيار للمكونات المادية؛ حتى لا تضطر المكتبة لإجراءات إضافية في طلبها للإصلاح ويكلفها الوقت والجهد حتى يتم توفير قطع الغيار وقد تكون بضاعة غير حاضرة فيتم استيرادها من الخارج، مما يحمل المكتبة مزيدًا من التكلفة وكثيرًا من التعطل، وهذا الأمر مهم جدًّا خاصة في المكتبات ذات الطابع الإداري الحكومي البيروقراطي.

- أن يكون من شروط التعاقد توفير الجهاز البديل في حالة تأخر الإصلاح أو فشله، حتى يتم الإصلاح النهائي لجهاز المكتبة ويرتبط ذلك بقيمة وأهمية الجهاز

المشمول في عقد الصيانة فقد يكون بالمكتبة مائة جهاز حاسب آلي ولكن بها جهاز خادم واحد، أو جهاز حافظ للتيار واحد فقط، أي هناك فرق في نوع الجهاز المتعطل فتعطل الخادم يوقف خدمات المكتبة كلها. أما جهاز الحاسب العادي يعطل مكانه فقط وكذلك أجهزة الشبكة تعطل الشبكة؛ وبالتالي تقلل من خدمات أجهزة الحاسب الآلي بالمكتبة.

- طريقة الدفع وتخضع لظروف كل مكتبة، ولكن يجب ألَّا يكون الدفع مقدمًا حتى تضمن المكتبة حقها في التحقق من جودة الخدمة أو أن يكون هناك خطاب ضمان أو قيمة شرط جزائي وكلها إجراءات قانونية يمكن مراجعتها مع المسئول القانوني أو الإداري بالمكتبة.
- أن تقدم الشركة المشورة الفنية للمكتبة عند إجراء أية تعديلات أو تطوير يتناول الأجهزة والبرمجيات محل التعاقد.
- أن يشتمل العقد على بند يتناول كيفية تجديد التعاقد، وقيمة الزيادة السنوية، وشروط التجديد أو الإلغاء حتى لا تفاجأ المكتبة بتوقف الصيانة بناء على إلغاء التعاقد أو انتهائه دون إشعار مسبق، وغالبًا ما يترك فرصة شهر كامل لإشعار كل منهما الآخر بالتجديد أو الإلغاء، ويمكن أن يكون التجديد من تلقاء نفسه في حالة عدم الإشعار بالإلغاء من أي من الطرفين .
- يفضل بقدر الإمكان أن تكون فترة التعاقد تبدأ مع بداية السنة المالية وتنتهي معها؛ حتى لا تضطر المكتبة إلى تجزئة الفواتير بين سنتين ماليتين.
- ما يستجد من شروط.

إعداد خطة للتطوير:

لكي تظل المكتبة أو مراكز المعلومات ضمن اهتمامات المستفيدين يجب أن يكون مجتمع المستفيدين ضمن اهتماماتها، ويأتي ذلك من خلال متابعة اهتمامات المستفيدين والحديث المفيد في كل خدمة تقدم لهم.

لـذا كان لابد من وضع الخطط سواء كانت قصيرة الأجل (كل سنة أو أقل) أو بعيدة الأجل (كل ثلاث أو خمس سنوات) وقد تكون دورية أي كل سنتين مثلاً أو تكـون الخطـة حسب متطلبات العمل أو مرتبطة بأفكار ومشروعات أو تمويل أو بروتوكول تعاون جديد أو أعمال لم تكن مدرجة في الخطة الرسـمية المعلنـة للمكتبـة أو مركـز المعلومـات. وهـي الخطة التي يجب أن تتناول جميع مكونات تكنولوجيا المعلومات، وقـد تهـدف في بعـض حالاتها إلى تحسين الشبكة وتحديث خط الإنترنت وزيادة سرعته أو لإحلال بعض أجهـزة الحاسب الإلكتروني المتقادمة والتي لا تتناسب مع متطلبـات العمـل، فيجـب كـل خمـس سـنوات تغيـير جهـاز الخـادم Server، وكـل ثـلاث سـنوات يـتم تغيـير أجهـزة الحاسـب الإلكتروني PC ، وكل من أربع إلى خمس سنوات يتم تغيير الحاسـب الإلكـتروني المحمـول Laptop، وإضافة برمجيات جديـدة تخـدم سـير العمـل والتـدريب والموقـع عـلى شـبكة الإنترنت وهكذا... ولكن التغيير في البرمجيات له قواعد يجب إتباعها وهي:

- إذا كـان البرنـامج الحـالي يغطـي كـل متطلبـات العمـل، وأن الجديـد يضيـف وظـائف لا حاجة للمكتبة أو مركز المعلومات بها فلا ضرورة للتغيير؛ لأن ذلك سيضـيف تكلفـة وقد يتطلب الأمر تغيير بعـض المكونـات الماديـة حتـى تتناسـب مـع البرنـامج الجديـد وهذه تكلفة أخرى.

- ألَّا يتم التعجل في التغيير لبرمجيـات أنظمـة التشـغيل؛ لأنهـا غالبًـا مـا تطـرح- وبهـا- المشكلات التي لا تكتشف إلا بكثرة التجربة، ومـن أمثلـة ذلـك أنظمـة مايكروسـوفت Microsoft والتغيير في أنظمة التشغيل في الغالب يكون تغييرًا في تكنولوجيا برمجتـه، وخاصة أنظمة تشغيل الخادم مثل أنظمـة MS Widows Server XXX، ولأن هـذه الأنظمة تـرتبط بهـا أعـمال الشـبكة فيجـبٍ الـتروي حتـى لا تواجـه بمشـكلات وعـدم استقرار في العمل.

- التغييـر في التطبيقـات Application يتـم التعجيـل بـه أكـثر مـن التغييـر في أنظمـة التشغيل؛ لأن مشكلاته إذا كانت موجودة من السهل التغلب عليها ولن تقل الوظائف عن التطبيقات القديمة لها.

- توفير التجهيزات التي تكمل وتمكن من عمل تلك الأجهزة مـن مخارج للكهربـاء ومخـارج لشبكة المعلومات ومكان صحي لتلك الأجهـزة وملائـم بعيـد عـن كـثرة الحركـة والميـاه و مسقط الأمطار ومداخل ومخارج الأبواب والقرب من مصادر التهويـة أو تكييـف للهـواء، حيـث إن ذلك يمثل قيمة من العمر الافتراضي للأجهزة وتحقيق مستوى الاستخدام المثالي.

- كما أنه يجب الاهتمام بالأثاث الملائم لطبيعة عمل الأجهزة وأن يؤخذ في الاعتبار هل هـذه الأجهزة والأدوات مخصصة لاستخدام المستفيدين أو للعاملين بالمكتبة؟ هل مكـان الجهـاز يحتمل تواجد المستفيد لفترة طويلة أو لا؟ فمـثلاً الأجهـزة المخصصـة للبحـث في الفهـرس الآلي OPAC لا ينبغي أن يكون هناك مقعد مـع هـذا الجهـاز؛ لأن البحـث لا يسـتغرق دقائق فلا يستدعي استرخاء المستفيد واستهلاك وقت في الجلوس والقيام، فضلاً عن ضيق مساحات المكتبات التي يفضل توفير مساحة المقعد. أما أجهزة خدمة الإنترنت فينبغي أن يكون هناك مقعد؛ لأن المستفيد قد يستخدم الجهاز بالساعات فلا ينبغي أن يظل واقفًا طيلـة فـترة الاسـتخدام، وكـذلك أجهـزة الوسـائط المتعـددة Multimedia ، وفي الغالـب أجهزة الخدمات التي تتطلب فترة الاستخدام ما يزيد عن ربع الساعة للمستفيد الواحـد، ينبغي أن يكون هناك مقعد حتى لا يؤثر بالسلب على المسـتفيد وانطباعـه عـن المكتبـة، وهناك (استاند) مخصص للأجهزة التي تستخدم من الوضع واقفًا حتى لا يضطر المستفيد العـادي مـن الانحنـاء أو الاسـتخدام للجهـاز بشكل يعوق حركـة مـن حولـه، ولقـد أصبحـت بعض الشركات حاليًا تنتج هذا الاستاند، وأخرى تنتج الاستاند مجهزًا بالحاسب

الإلكتروني وملحقاته ويسمى Kiosk وهو غالي التكلفة ويصل إلى ألفين دولار تقريبًا وهو مثل الموجود بالمطارات أو صراف البنك الآلي ATM.

3/10. الصيانة:

وانطلاقًا من مبدأ « الوقاية خير من العلاج »، نجد أن الصيانة بأنواعها المختلفة تستطيع أن تحقق ذلك المبدأ وتقي المكتبات من الأخطار والأعطال الكبيرة التي تؤثر بالسلب على خدمات المكتبات وجودتها، وخاصة إذا ما تبعت الصيانة الوقائية وهي الصيانة التي تتنبأ بالأعطال والأخطار فتعالج أسبابها قبل أن تبدأ، فتحقق الاستقرار في العمل والتواصل مع الجودة.

وهذا لاينفي وجود أعطال قد تحدث فجأة أو أعطال متوقعة لطبيعة الأجهزة والأنظمة والبرمجيات حتى لو كانت هناك صيانة وقائية، وعلى سبيل المثال بطاريات جهاز حافظ التيار قد تتوقف عن العمل فجأة ولا تجدي معها الصيانة الوقائية، ولكن مما يقلل فترة تعطل هذا الجهاز هو توفير بطاريات احتياطية لتغيير البطاريات التالفة فور توقفها عن العمل مع مراعاة ظروف التخزين لهذه البطاريات.

وأيضًا في حالة توقف جهاز كمبيوتر عن العمل يفضل أن يكون هناك دائمًا جهاز احتياطي؛ لسد العجز في أي من خدمات المكتبة حتى إذا ما توقف جهاز تم استبداله على الفور، ويتم إصلاح الجهاز المتعطل فيما بعد ليكون احتياطيًّا وبديلاً.

ويجب أن يكون هناك برنامج للصيانة وقد يتشابه هذا البرنامج مع الأعمال التي تقوم بها إدارة نظم المعلومات بالمكتبات، وهدفها جميعًا تقليل الأعطال ومتابعة العمل وتحسين الجودة به. وبرنامج الأعمال أو برنامج الصيانة يقسم على مدار العام على عدة أجزاء كما يلي:

- برنامج يومي:
- برنامج أسبوعي:

- برنامج شهري:

- برنامج سنوي:

والأمثلة علي البرامج السابقة المقترحة ستجدها بالتفصيل في الفصل القـادم «إدارة تكنولوجيا المعلومات بالمكتبة».

علمًا بأن ذلك قد يختلف من مكتبة لأخرى؛ فقـد تـرى بعـض المكتبـات أن الأعـمال الشهرية بالنسبة لها يومية وكذلك العكس، هذا حسب دورة العمـل بكـل مكتبـة وعـدد الأجهزة المتاحة بها وعدد الخدمات التي تقدمها.

المصادر:

فؤاد أحمد إسماعيل، أحمد أمين: لماذا النظام الآلي الجديد بمكتبة مبارك العامة.عالم المكتبات والمعلومات والنشر -المجلد الخامس - العدد الأول - يوليو 2003 ص.(309 - 324).

كابرون. تعريب: سرور علي إبراهيم سرور: الحاسبات والاتصالات والإنترنت. دار المريخ للنشر، الرياض، المملكة العربية السعودية،2003 م.

عامر إبراهيم قنديلجي، إيمان فاضل السامرائي: حوسبة (أتمتة) المكتبات، دار المسيرة 2004.

أحمد أمين أبو سعدة، متطلبات تكنولوجيا المعلومات بالمكتبات الحديثة.- المؤتمر القومي الثامن لأخصائي المكتبات والمعلومات في مصر (28 - 30 يونيو 2004).

محمد محمد الهادي: تكنولوجيا الاتصالات وشبكات المعلومات مع معجم شارح للمصطلحات، المكتبة الأكاديمية، 2001.

سامح زينهم عبد الجواد: نظم المكتبات المتكاملة: الاتجاهات والتكنولوجيات الحديثة، 2007.

عاطف السيد قاسم: شبكات المعلومات وتكنولوجيا الاتصالات، مكتبة الأمل،2007.

كرس برنتون، كامسرون هانت، ترجمة: تب توب لخدمات التعريب والترجمة: نظم تأمين الشبكات، مرجع شامل لنظم تأمين الشبكات، دار الفاروق للنشر والتوزيع: 2002.

الفصـل الحادي عشر

إدارة تكنولوجيا المعلومات بالمكتبة..

الاختصاصات والهيكل الإداري

تمهيد

أصبحت المكتبـات ومراكـز المعلومـات تهتـم بتواجـد إدارة لتكنولوجيا المعلومات وتؤمن بدورها، وتقدر أهميـة تكنولوجيا المعلومات كوسيلة ضروريـة للتقدم والرقي وتنمية المجتمع، وهذه الإدارة تقـع ضمـن الهيكل الإداري تحت الإشراف المباشر لمـدير المكتبة أو مركز المعلومات . ولهـذا تتحمـل إدارة تكنولوجيا المعلومات مسئولية تجاه المكتبة، مثل تشغيل أجهزة الكمبيـوتر وملحقاتها والشبكة الداخليـة LAN وأجهزتها و الشبكة الموسعة و خدمة الإنترنت، وصيانة البرمجيـات ونظام المكتبـات الآلي وموقع المكتبـة عـلى شبكة الإنترنت وقواعد البيانـات الخاصة و العلميـة العالميـة ومصادر المعلومات غير الورقية ومتابعة عقود الصيانة وتنمية المهارات والتـدريب عـلى استخدام تكنولوجيا المعلومات للعاملين بالمكتبة، وهذه الإدارة ينبغي للعاملين بها أن تكون لهـم مؤهلات ومهارات نظرًا لطبيعة تعاملاتهم سواء مع الأجهزة والمعدات والبرمجيات أو مـع المستفيدين .

1/11 - اختصاصات إدارة تكنولوجيا المعلومات بالمكتبة وعلاقتها بالأقسام الأخرى.

مسئوليات هذه الإدارة:

- أتمتة كل العمليـات الفنيـة بالمكتبـة (فهرسـة، الإعارة و بطاقات العضوية والتقارير الإحصائية و.....) إن لم يكن هنـاك نظام، وعـلى المكتبـة أن تـوفر الكـوادر والتقنيـات اللازمة لذلك.

- موائمة نظام المكتبة الآلي ليغطي احتياجات المكتبة والمتابعة الدورية لمشاكله وإيجاد الحلول.

- تقديم التصور اللازم لخطط التوسّع والتحديث المطلوب لتكنولوجيا المعلومات في المكتبة.

- تقديم التقارير الدورية التي توضح سير العمل بالمكتبة من خلال الحصول على البيانات اللازمة وإعدادها في صورة إحصائيات تقدم عند اللزوم.

- التخطيط وتنفيذ أتمتة الفروع الجديدة في حالة وجودها وتلافي السلبيات أو الأخطاء السابقة.

- تقييم الجانب الفني في عمليات الصيانة، وعقود الشراء، والمناقصات، والممارسات الخاصة بتكنولوجيا المعلومات في المكتبة وإعداد التقارير الفنية اللازمة لها.

- المشاركة في اختيار الموظفين بالمكتبة وإعداد اختبارات قياس استخدامهم لأدوات تكنولوجيا المعلومات، والتي أصبحت بجانب اللغات من مهارات التوظيف.

- معاونة الإدارات والأقسام الأخرى في أتمتة أعمالهم وأدائها بشكل أدق وأسرع.

- إعداد واجهات إلكترونية لتحقق التواصل بين أخصائي المكتبات ومجتمع المستفيدين.

- تدريب الموظفين على التقنيات الحديثة التي ترد إلى المكتبة.

- المساهمة في نقل التقنيات والمفاهيم الحديثة إلى المكتبة حتى وإن كانت غير مستخدمة، ويتم ذلك بأكثر من طريقة منها دعوة الشركات التي تعمل في هذا المجال لتقديم العروض والشرح لتلك التقنيات، أو أن هذا العروض التقديمية تتم من خلال متخصص من إدارة تكنولوجيا المعلومات في تلك التقنية أو التوجيه نحو مواقع إنترنت معينة تفيد في هذا المجال أو التوصية بقراءة كتب أو مقالات أو منشورات تقدم معلومات مفيدة في هذه التقنية وذاك المجال.

- تأمين بيانات المكتبة وإعداد النسخ الاحتياطية لها لاستخدامها عند الحاجة إليها.

- الحفاظ على البيانات المتاحة على أجهزة حاسبات الموظفين والتعامل معها بسرية تامة.

- تحقيق الأمان على الشبكة الداخلية للمكتبة، وإعداد السياسات التي تضمن عدم تداخل الأعمال والمسئوليات.

- تقديم الدعم الفني لأجهزة الحاسبات والبرمجيات والأجهزة الملحقة والمشورة الفنية للموظفين.

- معاونة الإدارات والأقسام في القيام بأعمالهم فيما له صلة بإدارة تكنولوجيا المعلومات.

- متابعة كافة الأعمال المنوطة بتكنولوجيا المعلومات، ومنها شبكة الحاسبات وموقع المكتبة على شبكة الإنترنت وقواعد البيانات وخلافه.

- الحضور والمشاركة في ندوات ومؤتمرات في مجال تكنولوجيا المعلومات والمكتبات لمتابعة الموضوعات والمتطلبات الحديثة.

- معاونة الباحثين والأكاديميين في مجال المكتبات والمعلومات في الربط بين مجال المكتبات وتكنولوجيا المعلومات وتقديم المعلومات المساعدة كمعلومات عن البنية التحتية للمكتبة والأجهزة المستخدمة بها وموقع المكتبة على شبكة الإنترنت والنظام الآلي المستخدم بالمكتبة وخصائصه ومميزاته ومشكلاته.

وعلاقة هذه الإدارة بالإدارات والأقسام الأخرى هي علاقة تكامل وتعاون ويخدم كل منهما الآخر؛ فاستخدام الموظفين لأجهزة الحاسبات وملحقاتها بشكل جيد يعاون إدارة تكنولوجيا المعلومات على إتمام أعمال أخرى ويساعد في دورة العمل داخل المكتبة، ويساعد على توفير أوقاتهم للتعرف على ما هو جديد؛ وبالتالي تقديمه للموظفين بطريقة سهلة مبسطة وبعد تجربتها.

ولاشك أن تواجد تكنولوجيا المعلومات بمكتبة ما يؤثر على الهيكل الوظيفي لتلك المكتبة؛ ومن ثمَّ يؤثر ويحدد سمات الموظفين بتلك المكتبة ليس فقط بإدارة تكنولوجيا المعلومات ولكن بكافة أقسام وإدارات المكتبة، فمع وجود التكنولوجيا بالمكتبة يتلاشى معها الموظف التقليدي الورقي ويتطلب الأمر موظف على دراية وقابلية باستخدام تكنولوجيا المعلومات، أي أن سمات وعدد الموظفين بالمكتبة يتأثر أيضًا بمدى تواجد التكنولوجيا بالمكتبة، ولا يفهم الأمر على أن ذلك قد يقلص عدد الموظفين بالمكتبة ولكن قد يحدث العكس ويتطلب الأمر زيادة عدد الموظفين نظرًا لإمكانية زيادة الخدمات والأنشطة، مما يساعد على زيادة عدد المستفيدين بالمكتبة فيتطلب الأمر مواكبة وتقديم الخدمات لهؤلاء المستفيدين.

2/11- هيكل إدارة تكنولوجيا المعلومات:

وبعد استعراضنا لمهام إدارة تكنولوجيا المعلومات أو (نظم المعلومات) كما تسمى في بعض المكتبات،وبعد أن علمنا أن هذه الإدارة تتبع مدير المكتبة مباشرة ، يجب التعرض لأفراد هذه الإدارة وعلى سبيل المثال إذا كان عدد أجهزة الحاسبات بالمكتبة في نحو 100 جهاز كمبيوتر، ويوجد شبكة داخلية LAN وموقع على شبكة الإنترنت، ومساحة المكتبة تصل إلى 1000 متر مربع (مسطح كل الأدوار)، وعدد الأعضاء يصل إلى 15 ألف مستفيد، يجب على أقل تقدير أن يتواجد بها أربعة موظفين: أحدهم مدير للإدارة، ثم مسئول عن الشبكة، ومسئول عن الدعم الفني، والأخير مسئول عن البرمجيات بما فيها موقع المكتبة على شبكة الإنترنت والنظام الآلي بالمكتبة. ويزيد العدد نسبيًا إذا زادت خدمات المكتبة وتشعبت وزاد عدد الأعضاء أو كانت هناك فروع للمكتبة ومركزية في العمل.

وكما سبق الذكر، فإن العنصر البشري من أهم عناصر المكتبة مهما اتسمت المكتبة بكل مظاهر تكنولوجيا المعلومات، لذلك من الأولى الاهتمام بالعنصر البشري الممثل في إدارة تكنولوجيا المعلومات بالمكتبة ؛حيث إن الإرضاء الوظيفي

يساهم بشكل فعَّال في تقدم أي عمل ولا سيما المكتبات ومراكز المعلومات والمؤسسات الخدمية عمومًا.والإرضاء الوظيفي يعني الجانب المعنوي والجانب المادي على حد سواء.

الجانب المادي: فيجب أن تكون المرتبات مناسبة لسوق العمل حتى تكون المكتبة مصدر جذب للخبرات والكفاءات في مجال تكنولوجيا المعلومات الذي تختلف مرتباته عن مرتبات أخصائي المكتبات والمعلومات بذات المكتبة، ولأن ميزانية المكتبات ومراكز المعلومات (جهات غير ربحية - لا تهدف إلى الربح) قد لا تسمح بأن تكون مرتبات تكنولوجيا المعلومات مثل مرتباتهم في الجهات الأخرى التي تهدف إلى الربح (شركات - مؤسسات-..) فعلى الأقل يجب أن تكون المرتبات داخل المكتبات ومراكز المعلومات لاتقل بأي حال من الأحوال عن 80% من المرتبات في غيرها من الشركات والمؤسسات، ويتم تعويض ذلك بأجور مختلفة منها جهود غير عادية مثلا أو نظام الحوافز أو يتم ربطها بمهام وإنجازات و مشروعات تقوم بها إدارة تكنولوجيا المعلومات؛ وهذا حتى نضمن استقرار العاملين بتلك الإدارة وعدم هجرتهم من المكتبات ومراكز المعلومات بعد فترة قصيرة من العمل مما يكلف المكتبة إعلانات جديدة والتعامل مع موظفين جدد وتدريب وفترة اختبار وما يترتب على اختيار موظفين جدد. لذا فالاستقرار في هذه الإدارة من الأمور المهمة والحفاظ على فريق العمل المتجانس أمرًا مهمًّا وضروريًّا إلا إذا كان هناك من الموظفين من ليس على المستوى المطلوب، فهذا أمر لا بد منه ومهم وضروري أيضًا.

الجانب المعنوي:

إن إشراف مدير المكتبة مباشرة على إدارة تكنولوجيا المعلومات له بالغ الأثر المعنوي على تلك الإدارة على الرغم من أنه يلقي بأعباء وتبعات أكبر عليها، لكن ذلك يقلل من دورة العمل ويحقق سرعة في الأداء والإنجاز ويزيد المدير إيمانًا بدور

تكنولوجيا المعلومات بالمكتبات والمعلومات، خاصة إذا كان المدير له خبرة في مجال المكتبات والمعلومات فإن ذلك يجعله يحيط و يتابع أيضًا مجال تكنولوجيا المعلومات سواء من المناقشات مع مدير الإدارة أو من خلال التقارير التي ترفع إليه من مدير الإدارة عن أعمال تكنولوجيا المعلومات أو الدوريات والمؤتمرات التي تعقد قي هذا المجال. وعلى أية حال، هناك إيجابيات كثيرة تتحقق مع الإشراف المباشر لمدير المكتبة أو مركز المعلومات على إدارة تكنولوجيا المعلومات، هذه الإيجابيات تتحقق للمدير وإدارة نظم المعلومات على حد سواء، وهذا أغلب ما هو متبع بالمكتبات ومراكز المعلومات العربية والعالمية، إذا كان عدد الموظفين بالمكتبة لا يزيد عن **100** موظف أما ما زاد عن ذلك ففي الغالب يكون هناك هيكل إداري آخر ، حيث إن المدير لا يكون لديه وقت يتفرغ له لمتابعة تلك الأعمال سواء التكنولوجية أو الخدمية، ويكون هناك نواب أو ممثلين للمدير في كل مجال فهناك نائب للمدير في مجال الخدمات الفنية، ونائب للمدير في مجال تكنولوجيا المعلومات، ونائب في مجال خدمات المعلومات وهكذا حسب الهيكل الإداري، وهذا متبع في أغلب المكتبات ومراكز المعلومات الأمريكية.

3/11 - التوصيف الوظيفي للعاملين في الإدارة ومؤهلاتهم.

وإذا اتفقنا على أن تبعية إدارة تكنولوجيا المعلومات ترجع إلى مدير المكتبة مباشرة، وعلى فرض أننا نحتاج لأربعة موظفين بإدارة تكنولوجيا المعلومات أو نظم المعلومات فهم كما يلي:

- مدير الإدارة.
- مهندس نظم.
- مهندس دعم فني.
- مهندس برمجيات.

وسنتعرض لمؤهلات و سمات كل منهم على حدة:

1 - الوظيفة: مدير إدارة تكنولوجيا المعلومات **IT Manager**

إشراف: مدير المكتبة

عدد الموظفين بالإدارة:2-3 موظف

ساعات العمل: 6- 8 ساعات يوميًا - خمس أيام أسبوعيا

التقرير: شهري

الهدف من الوظيفة:الحفاظ على استمرار عمل نظام المكتبات الآلي، والشبكة الداخلية وخدمات الإنترنت وتطوير موقع المكتبة على شبكة الإنترنت، بالإضافة إلى عمليات الصيانة اللازمة لأجهزة الحاسبات وملحقاتها والبرمجيات الأساسية اللازمة لتشغيلها لتقديم خدمات المكتبة من خلالها وهذا داخل المكتبة والفروع التي تتبعها فنيًا.

المؤهل:

- مؤهل عال مناسب في مجال هندسة الحاسبات (هندسة - حاسبات- علوم حاسب - تكنولوجيا)
- يفضل الحصول على دراسات عليا أو لديه دراية كافية في مجال المكتبات والمعلومات.

سنوات الخبرة: 8 سنوات على الأقل في نفس المجال.

المهام:

1. التخطيط والتنفيذ والمتابعة والرقابة والتدريب لأداء كافة مهام الإدارة السابق ذكرها.

2. إزالة كافة المعوقات التي تواجه الإدارة ومساعدة الأفراد في تحقيق الخطط.

3. تنظيم العمل بين أفراد الإدارة والعمل داخل المكتبة.

4. تنظيم العمل بين الإدارة وإدارة المكتبة العليا (مدير المكتبة).

5. تقديم تقارير دورية لمدير المكتبة توضح سير العمل.

6. مهام مرتبطة بمجال العمل تطلب من خلال مدير المكتبة مثل إعداد تقرير عن موضوع ما في مجال: تكنولوجيا المعلومات حتى يكون مدير المكتبة على دراية به، المشاركة في لقاء إعلامي للحديث عن : تكنولوجيا المعلومات بالمكتبات، أي أن هذه الأعمال ليست أعمال دورية وتطلب في حينها.

7. توظيف ميزانية الإدارة على الأعمال المطلوبة وتحديد الأولويات حسب الأهمية أحيانًا وحسب الأقل تكلفة أحيانًا أخرى أو يمكن أن تسير الأعمال على التوازي، حتى يمكن إنجاز أكبر قدر ممكن من الأعمال.

8. تنظيم العمل بين المكتبة والشركات ذات الصلة بأعمال تكنولوجيا المعلومات مثل وأعمال الصيانة و العروض التقديمية، وعقود الصيانة ولا يعنى ذلك أن تقوم إدارة تكنولوجيا المعلومات بإنجاز هذا العمل، ولكن التنظيم فقط لما لها من سهولة في الاتصال بتلك الشركات والوصول الأسرع للمعلومات.

9. تحديد المهام والمسئوليات للموظفين في إداراته.

10. وضع خطط الهجرة لتكنولوجيا أو أنظمة جديدة وخاصة نظم المكتبات الآلية.

11. سرعة اتخاذ القرار في الوقت المناسب خاصة عند الأزمات التي قد تحدث للمكتبة من خلال (تكنولوجيا المعلومات مع الدقة والأناة).

12. تحديد الأعمال الدورية (اليومية – الأسبوعية – الشهرية – السنوية).

13. توفير البيانات والمعلومات والإحصائيات وتقديمها لإدارة المكتبة عند اللزوم.

المهارات الفنية والإدارية:

خبرة في الإدارة:

لإمكانية القيام بالمهام الإدارية من تنظيم وتخطيط وتنفيذ ورقابة ومتابعة وخلافه من عناصر الإدارة المهمة، حيث إن مهامه الأساسية هي الإدارة وليس العمل الفني وكلما زادت سنوات العمل زاد معها الجانب الإداري وقل معها الجانب الفني، والعكس بالعكس يذكر كلما قلت سنوات العمل تزداد فيها الجانب الفني وقل فيها الجانب الإداري، وهذا ممثل بمنحنى مشهور في كتب الإدارة. ..

مهارات الاتصال:

لإمكانية التواصل على المستوى الداخلي والخارجي..

القدرة على التعليم والتعلم:

لأن تكنولوجيا المعلومات ذات معلومات و موضوعات متجددة أو حديثة لم تكن موجودة من قبل، فلابد من القدرة على المتابعة والرغبة في تعلمها سواء بالدورات التدريبية أو بالقراءة أو التعليم الذاتي، ومن ثم نقلها للآخرين حتى تكتمل الفائدة ويتحقق مبدأ دوران المعلومات..

مهارات التفاوض:

حيث إن هذه من عناصر المدير الجيد؛ نظرًا لما يتطلبه الأمر من التعامل مع شركات تهدف إلى الربح وأحيانًا تطمح أو تطمع في التعامل مع المؤسسات الخدمية التي لا تهدف إلى الربح..

خبرة في أنظمة التشغيل المختلفة شائعة الاستخدام:

ومنها نظام النوافذ: MS Windows – ليونيكس Linux-: يونيكس:UNIX ، وهذا يفيد كثيرًا في اختيار أنظمة التشغيل المناسبة والملائمة لبرامج التطبيقات المستخدمة بالمكتبة، فقد تحتاج المكتبة لاستخدام أكثر من نظام تشغيل للعمل عليه

حسب متطلبات التشغيل للتطبيقات، فعلى سبيل المثال قد نجد أن نظام المكتبات الآلي لا يتطلب نظام تشغيل النوافذ MS Windows ويتطلب نظام يونيكس UNIX أو ليونيكس LINUX وقد سبقت الإشارة إلى بعض خصائص هذه الأنظمة، و أن النظام المالي والإداري المستخدم يتطلب نظام التشغيل النوافذ، وهذا أمر وارد وقابل للتطبيق وقد يكون الأمر أكثر سهولة وتكون كل التطبيقات تعمل من خلال نظام تشغيل واحد فقط أيًا كان نوعه؛ لذا يجب أن يكون مدير الإدارة على علم بهذا النظام ومشكلاته الشائعة.

خبرة في الدعم الفني:

وذلك لتحديد زمن وتكلفة الصيانة ومواقيتها وتحديد أولويات العمل بما لا يعطل المكتبة أو مركز المعلومات..

خبرة في الأنظمة المتكاملة للمكتبات:

حيث إنها عصب المكتبة والتي من أجلها تكون البنية التحتية لتكنولوجيا المعلومات بالمكتبة؛ لأنها تخدم القائمين بالعمليات الفنية المكتبية وكذلك مجتمع المستفيدين.

- **إجادة اللغة الإنجليزية تحدثًا وكتابة.**
- **العمل تحت الضغوط، وأن يكون هادئ الطباع، غير مندفع وخاصة عند اتخاذ القرارات.**

2- **الوظيفة: مهندس نظم System Engineer**

إشراف: مدير إدارة نظم المعلومات

ساعات العمل: 6-8 ساعات يوميًا - خمس أيام أسبوعيًا

التقرير: يومي - أسبوعي

الهدف من الوظيفة: الحفاظ على عمل الشبكة الداخلية وخدمات الإنترنت وتشغيلها لتقديم خدمات المكتبة من خلالها وهذا داخل المكتبة والفروع التي تتبعها فنيًّا.

المؤهل:

- مؤهل عالٍ مناسب في مجال هندسة الحاسبات (هندسة - حاسبات- علوم حاسب - تكنولوجيا)
- يفضل الحصول على شهادات عالمية معتمدة في مجال الشبكات ومنها : CCNA, MCSE.

سنوات الخبرة: (2-4) سنوات على الأقل في نفس المجال.

المهام:

1. تأمين الشبكة من داخل المكتبة ومركز المعلومات ومن الخارج.
2. متابعة وصيانة عمل أجهزة الشبكة الداخلية وإعدادها.
3. متابعة تشغيل وصيانة خط الربط بشبكة الإنترنت.
4. إعداد وتنفيذ الأعمال التي تؤدى إلى تحسين الأداء للشبكة وملحقاتها.
5. إعداد وتهيئة البيئة المناسبة لتشغيل موقع وخدمات المكتبة على شبكة الإنترنت.
6. إعداد السياسات اللازمة لعمل الشبكة وتحديد الصلاحيات بما يضمن عدم تداخل الأعمال ويضمن سرية البيانات وتأمينها.
7. التزويد بمتطلبات تشغيل وتطوير الشبكة من برمجيات وتحميلها على الأجهزة وصيانتها.
8. المساهمة بأفكار تطوير الشبكة.
9. التقرير بأي من المعوقات التي تواجه سبيل تشغيل وتطوير الشبكة.

10. العمل بروح الفريق مـع أفراد الإدارة حيـث إن هنـاك بعض الأعمال ليست مـن مسئوليته ولكنها مكملة لأعمال الآخرين.

11. تقديم تقارير دورية لمدير الإدارة توضح سير العمل بالشبكة.

12. مهام مرتبطة بمجال العمل مثل حضور المؤتمرات و اللقـاءات المتخصصة بمـا يخـدم العمل.

13. تحديد المهام والمسئوليات للموظفين في قسمه (إن وجد)، ولأعمال الشبكة.

14. إعداد النسخ الاحتياطية Backup .

15. إعداد اسم المستفيد وكلمة المـرور لكل مستخدم عـلى الشبكة وتوزيعهـا، وبيـان مسئولية عدم تداول كلمات المرور بين الموظفين، وأن كل موظف مسئول عـن اسـم المستفيد وكلمة المرور الخاصة به.

16. توفير كابلات الاتصال بالشبكة.

المهارات الفنية والإدارية: خبرة في أنظمة التشغيل المختلفة شائعة الاستخدام:

ومنها نظام النوافذ: MS Windows – ليونيكس Linux -: يونيكس: UNIX ، حيث إن على هذه الأنظمة يتم بناء أعمال الشبكة وتحديد أهدافها وسياستها وصلاحيات العمل عليها، وقد تحتاج المكتبة استخدام أكثر من نظام تشغيل كمـا ضربنـا مـن أمثلـة سابقة، وكل منها يحتاج إلى طريقة مختلفة في الاستخدام وإدارة الشبكة به والتعامـل مـع تطبيقاته، وطريقة تحديد السياسات والصلاحيات Policies-Permissions؛ لذا يجب أن يكون مهندس النظم على دراية كاملة بهذه الأنظمة أو يتم تدريبه عليها.

دراية بأنشطة المكتبات ومراكز المعلومات:

يفضل أن يكون لديه فكرة عامة عـن أنشطة وخـدمات المكتبـة لأن ذلـك يفيـد في تحديد أولويات الأعمال ووضع التقدير المناسب للأعطال ودرجة تأثيرها على أعمال

المكتبة. ورغم التشابه الكبير في العمل بين وظيفة مهندس النظم في المكتبات أو مراكز المعلومات وبين غيرها من المؤسسات ذات الأنشطة المختلفة، إلا أن المعرفة العامة بطبيعة المكتبات ومراكز المعلومات وخصائصها يعد غاية في الأهمية؛ ويرجع ذلك لأن مجتمع المستفيدين يختلف وخاصة في المكتبات العامة التي تضم مستفيدين من كافة القطاعات العلمية والثقافية و العمرية التي قد لا تلتمس أي عذر للمكتبة عند توقف أي خدمة، خاصة وأن المكتبة قد تدفع الغالي والثمين في سبيل جذب المستفيدين إليها.

دراية بإدارة الوقت:

لإمكانية القيام بالمهام الأساسية في الوقت المناسب لها والذي يتوائم مع الأنشطة والخدمات ولا يضر بمهام آخرين فعلى سبيل المثال لا يجب صيانة أجهزة الشبكة والخادم مثلاً أثناء ساعات العمل المعتادة، ولكن يجب أن تكون بعد نهاية يوم العمل أو في ساعات توقف عمل المكتبة أو مركز المعلومات وأن تكون خطة عمله معلومة من قبل التنفيذ وأن يضع معامل تأخير يصل إلى 10% من الوقت المخصص للعمل، وأن تعلم كافة الإدارات والأقسام ذات الصلة بهذا الموعد ومن الممكن أن تقوم الإدارات والأقسام المعنية بإعلام المستفيدين بأوقات التوقف المتوقعة؛ حتى لا يترك ذلك أثرًا سلبيًا على مجتمع المستفيدين. وليعلم مهندس النظم أن مهامه الأساسية هي العمل الفني وليس الإدارة.

إجادة اللغة الإنجليزية تحدثًا وكتابة.

العمل تحت الضغوط.

مهارات الاتصال:

وهذه من المهارات الأساسية التي يجب أن يتصف بها مهندس النظم ويجب عليه التحلي بها؛ لأن المشكلات التي تواجهه تتطلب ذلك في تعاملاته مع باقي الموظفين فهو يتحكم في العصب الرئيسي للبنية التحتية لتكنولوجيا المعلومات

بالمكتبة أو مركز المعلومات، وهو الذي يحقق التواصل بين الأجهزة ومستخدميها، وهو الذي يحدد السياسات والصلاحيات وهذه نقطة في غاية الحساسية فلا يجب أن يبدو عليه أنه يتحكم في أعمال الآخرين، ولكنه يجب أن يبدو عليه أنه يساعد الآخرين في أداء أعمالهم بسهولة.

مثال: الموظف غير مسموح له بعمل دردشة Chat في وقت العمل، وغير مسموح له باستخدام برنامج معين لعرض ملفات الفيديو Real Player أو غير مسموح له بعمل مشاركة للملفات Share ، وهذا بناء على تقرير من رئيسه في العمل، بالطبع هذا قد يكون حاجزًا نفسيًّا بين هذا الموظف ومهندس النظم على أنه هو المتحكم في وضع هذه السياسات واللوائح، فماذا يجب أن يكون رد فعل مهندس النظم تجاه ذلك؟

مهندس النظم يخاطب الموظف قائلاً:

- ما تم حجبه عنك هو لصالحك؛ لأن ذلك سيوفر وقتك ويجعلك تنجز أعمالك في الوقت المتاح لك.
- يرفع عن كاهلك وينفي عنك مسئولية أنك تضيع وقت العمل في الدردشة مع الآخرين على شبكة الإنترنت.
- يرفع عنك الحرج في أن يأتي موظف آخر ليستخدم جهازك في الدردشة Chat ؛ نظرًا لأنه لا يجد هذه الخدمة على جهازه.
- إضافة إلى أن ذلك يجعلك تفخر بأنه ليس لديك على جهازك ما تضيع به وقتك مع الآخرين؛ وبالتالي يتضح انتظامك في العمل ومحافظتك على وقت العمل.
- يمكنك عمل الدردشة Chat باستخدام قاعة الإنترنت في وقت الراحة.

وبهذا يكون مهندس النظم قد بسط الأمر للموظف المقيد في الخدمات من على جهازه وتفهما معًا الموقف.

القدرة على التعليم والتعلم:

وسائل تأمين الشبكات من الموضوعات التي تتغير بصفة مستمرة؛ لذا فلابد من القدرة على المتابعة والرغبة في التعلم سواء بالدورات التدريبية أو بالقراءة أو التعليم الذاتي.

3- الوظيفة: مهندس دعم فني **Technical Support Engineer**

إشراف: مدير إدارة نظم المعلومات

ساعات العمل: 6-8 ساعات يوميًّا - خمس أيام أسبوعيًّا

التقرير: يومي - أسبوعي

الهدف من الوظيفة: الحفاظ على عمل أجهزة الحاسبات وملحقاتها من طابعات وماسحات ضوئية وقارئات الباركود وغيرها من مكونات مادية وتشغيلها لتقديم خدمات المكتبة من خلالها وهذا داخل المكتبة والفروع التي تتبعها فنيًّا.

المؤهل:

- مؤهل عالٍ مناسب في مجال هندسة الحاسبات (هندسة - حاسبات- علوم حاسب - تكنولوجيا)

- يفضل الحصول على شهادات عالمية معتمدة في مجال الدعم الفني ومنها: +A- -MCSE- ICDL.

سنوات الخبرة: (2-4) سنوات على الأقل في نفس المجال.

المهام:

1. متابعة وتشغيل وتأمين أجهزة الحاسبات وملحقاتها من داخل المكتبة ومركز المعلومات ومن الخارج.
2. صيانة عمل أجهزة الحاسبات وملحقاتها.
3. إعداد وتنفيذ الأعمال التي تؤدى إلى تحسين الأداء للأجهزة وملحقاتها.

5. إعداد وتهيئة البيئة المناسبة لتشغيل عمل أجهزة الحاسبات وملحقاتها.

6. إعداد المواصفات الفنية اللازمة لأجهزة الحاسبات المطلوب شرائها أو توريدها للمكتبة.

7. التزويد بمتطلبات تشغيل وتطوير الأجهزة من مكونات مادية أو برمجيات وتركيبها وتحميلها على الأجهزة.

8. المساهمة بأفكار تطوير عمل الآخرين من خلال الأعمال القائم بها.

9. التقرير بأي من المعوقات التي تواجه سبيل تشغيل وتطوير الأجهزة وملحقاتها.

10. العمل بروح الفريق مع أفراد الإدارة حيث أن هناك بعض الأعمال ليست من مسئوليته ولكنها مكملة لأعمال الآخرين.

11. تقديم تقارير دورية لمدير الإدارة توضح موقف الأجهزة وتنفيذه لخطة العمل.

12. مهام مرتبطة بمجال العمل مثل حضور المؤتمرات و اللقاءات المتخصصة بما يخدم العمل.

13. تحديد المهام والمسئوليات للموظفين في قسمه (إن وجد)، وللأجهزة المتشابهة لإنجاز العمل وإعادة تهيئة الأجهزة في أسرع وقت ممكن. Ghost .

14. عمل نسخ. Backup إعداد النسخ الاحتياطية.

15. إعداد اسم المستفيد وكلمة المرور لكل مستخدم على الشبكة وتوزيعها وبيان مسئولية عدم تداول كلمات المرور بين الموظفين، وأن كل موظف مسئول عن اسم المستفيد وكلمة المرور الخاصة به.

16. القيام بأعمال الصيانة الوقائية التي تمنع أو تقلل من حدوث الأعطال الفجائية.

17. أن يكون لديه على الأقل لكل 50 جهاز حاسب جهاز احتياطي عند حدوث أية أعطال فجائية، أي أن عدد الأجهزة الاحتياطية تكون بنسبة 2% على الأقل.

18. أن يقوم كل فترة بتشغيل الأجهزة التي لا تعمل بشكل دوري؛ وذلك للتأكد من صلاحية عملها وتوافر كل مكوناتها وعدم فقدها قبل الحاجة إليها وعلى سبيل المثال:

جهاز المؤتمرات المرئية. Video Conference - جهاز الحاسب الاحتياطي.

19. التخلص من القيام بالأعمال الروتينية والأعطال البسيطة وتعليم الموظفين كيفية القيام بها حتى يستطيع توفير قسط من الوقت، وفي نفس الوقت يقدم للموظفين تساعدهم في أداء أعمالهم وحتى لا ينتظروا كثيراً لإصلاح الأعطال البسيطة (أحياناً يتطلب عمل إعادة تشغيل لجهاز الحاسب).

20. عمل حصر شامل لأجهزة الحاسبات وملحقاتها ويتم تحديثه أولاً بأول.

المهارات الفنية والإدارية: خبرة في أنظمة التشغيل المختلفة شائعة الاستخدام:

ومنها نظام النوافذ:

MS Windows – ليونيكس Linux -: يونيكس:UNIX حيث أن على هذه الأنظمة يتم بناء أعمال الأجهزة، وقد تحتاج المكتبة استخدام أكثر من نظام تشغيل كما ضربنا من أمثلة سابقة، وكل منها يحتاج إلى طريقة مختلفة في الاستخدام، لذا يجب أن يكون مهندس الدعم الفني على دراية كاملة بهذه الأنظمة أو يتم تدريبه عليها.

دراية بأنشطة المكتبات ومراكز المعلومات:

يفضل أن يكون لديه فكرة عامة عن أنشطة وخدمات المكتبة، لأن ذلك يفيد في تحديد أولويات الأعمال ووضع التقدير المناسب للأعطال ودرجة تأثيرها على أعمال المكتبة، حيث إن توقف جهاز الحاسب الخاص بموظف مقدم خدمة معينة يترتب عليه عدم تقديم الخدمة للمستفيدين.

دراية بإدارة الوقت:

وهو في هذه المهارة مثل مهندس النظم فكلاهما له علاقة بأغلب أجهزة خدمات الموظفين والمستفيدين على حد سواء.

مهارات الاتصال:

وهذه من المهارات الأساسية التي يجب أن يتصف بها مهندس الدعم الفني؛ لأنه يتعامل مع الموظفين وكذلك قد يتعامل مع مجتمع المستفيدين، ويجب عليه التحلي بها لأن المشكلات التي تواجهه تتطلب ذلك في تعاملاته، كما يجب أن يتحلى بالصبر و أن يساعد الآخرين في أداء أعمالهم بما يتوفر له من أدوات وبرمجيات.

المتابعة وسرعة الاستجابة:

أي متابعة ما تم صيانته من أجهزة حاسبات وملحقاتها، مع السرعة في حل المشكلات الحالية وتوفير البديل إذا تطلب الأمر.

القدرة على التعليم والتعلم:

المواصفات الفنية لأجهزة الحاسب وملحقاتها تتغير من آن إلى آخر؛ لذا يجب على مهندس الدعم الفني ترقب تلك التغيرات ومتابعة الجديد بقراءة الدوريات المتخصصة في تكنولوجيا المعلومات أو المشاركة في المؤتمرات وعروض الشركات المنتجة والموردة.

إجادة اللغة الإنجليزية تحدثًا وكتابة.

العمل تحت الضغوط.

4- الوظيفة: مهندس برمجيات Software Engineer

إشراف: مدير إدارة نظم المعلومات

ساعات العمل: 6-8 ساعات يوميًا – خمس أيام أسبوعيًا

التقرير: يومي - أسبوعي

الهدف من الوظيفة: متابعة وصيانة البرمجيات المتاحة، وإمكانية عمل برمجيات تساهم في أتمتة العمل بالمكتبة أو مركز المعلومات وتشغيلها لتقديم خدمات المكتبة من خلالها وهذا داخل المكتبة والفروع التي تتبعها فنيًا.

المؤهل:

- مؤهل عالٍ مناسب في مجال هندسة الحاسبات (هندسة - حاسبات- علوم حاسب - تكنولوجيا)

- يفضل الحصول على شهادات عالمية معتمدة في مجال الكمبيوتر عمومًا والبرمجيات وقواعد البيانات بصفة خاصة ومنها : Oracle - A+ - ICDL- Web Application.

سنوات الخبرة: (2-4) سنوات على الأقل في نفس المجال.

المهام:

1. متابعة وتشغيل وصيانة البرمجيات وأهمها النظام الآلي بالمكتبة.
2. إعداد وتنفيذ الأعمال التي تؤدي إلى تحسين الأداء.
3. متابعة موقع فهرس المكتبة على شبكة الإنترنت.
5. إعداد ومتابعة موقع المكتبة أو مركز المعلومات على شبكة الإنترنت.
6. إعداد المواصفات الفنية اللازمة للبرمجيات المطلوب شراؤها أو توريدها للمكتبة.
7. المساهمة بأفكار تطوير عمل الآخرين من خلال الأعمال القائم بها.
8. التقرير بأي من المعوقات التي تواجه سبيل تشغيل وتطوير سير العمل.
9. العمل بروح الفريق مع أفراد الإدارة، حيث إن هناك بعض الأعمال ليست من مسئوليته ولكنها مكملة لأعمال الآخرين.

11. تقديم تقارير دورية لمدير الإدارة توضح موقف البرمجيات وتنفيذه لخطة العمل.

12. مهام مرتبطة بمجال العمل مثل حضور المؤتمرات و اللقاءات المتخصصة بما يخدم العمل.

13. تحديد المهام والمسئوليات للموظفين في قسمه (إن وجد) لنظام المكتبة أو للموقع على شبكة الإنترنت وقواعد البيانات المختلفة.

إعداد النسخ . 14Backup.

15. التأكد من وجود تصاريح استخدام للبرمجيات المتاحة بالمكتبة أو مركز المعلومات.

16. عمل نسخ لمصادر البرمجيات الأصلية والمتكرر استخدامها؛ تجنبًا لتلف النسخة الأصلية.

17. توعية وتحذير المستفيدين من استخدام برمجيات ليست من مصادر المكتبة أو مركز المعلومات والمصرح استخدامها، حيث إن ذلك يعرض الموظف لقانون حقوق الملكية الفكرية.

18. أن يقوم كل فترة باختبار النسخ الاحتياطية ومحاولة التأكد من عملها بطريقة صحيحة إن أمكن ذلك

19. إعداد قواعد البيانات التي قد تساهم في خدمة القاعات و الموظفين على حد سواء مثل: قاعدة بيانات للتردد على قاعة الإنترنت، وقاعدة بيانات لشئون العاملين وهكذا...

20. عمل حصر شامل للبرمجيات المتاحة بالمكتبة أو مركز المعلومات ويتم تحديثه أولاً بأول.

المهارات الفنية والإدارية: - خبرة في أنظمة التشغيل والبرمجة:

ومنها لغات البرمجة مثل لغة C أو بعض اللغات مفتوحة المصدر مثل Perl, PHP وقواعد البيانات Oracle ، ومن أنظمة التشغيل النوافذ: MS Windows – ليونيكس - Linux: يونيكس :UNIX حيث إن على هذه الأنظمة يتم تصميم وتشغيل التطبيقات المختلفة، وقد يتطلب الأمر معرفة لغة خاصة أو تطبيقات محددة فيمكن التدريب عليها.

- دراية بأنشطة المكتبات ومراكز المعلومات:

لأن ذلك يفيد في إعداد البرمجيات المناسبة لطبيعة العمل لذا يفضل أن يكون لديه فكرة عامة عن أنشطة وخدمات المكتبة.

- دراية بإدارة الوقت:

وهذه المهارة مطلوبة لأن أعمال البرمجيات في الغالب لا تنتهي بين عشية وضحاها، ولكن تتطلب وضع خطة زمنية للعمل قد تمتد لشهور أو سنين حسب طبيعة البرنامج الذي يتم تنفيذه.

- مهارات الاتصال:

وهذه من المهارات الأساسية التي يجب أن يتصف بها مهندس البرمجيات؛ لأنه يحتاج إلى معلومات من الموظفين عن طبيعة أعمالهم حتى يتمكن من تصميم وتنفيذ البرامج التي تتناسب مع طبيعة أعمالهم، فمثلاً عن تصميم برنامج لشئون العاملين يتطلب الأمر التعاون بين مهندس البرمجيات وقسم شئون العاملين حتى يستطيع أن يحصل على المعلومات بتفاصيل تساعده على أداء مهامه بدقة وسرعة.

المتابعة وسرعة الاستجابة:

أي متابعة ما تم صيانته من برمجيات، مع السرعة في حل المشكلات الحالية

القدرة على التعليم والتعلم:

لأن تكنولوجيا البرمجيات لها أدواتها المتغيرة والتي لم تكن موجودة من قبل، فلابد من القدرة على المتابعة والرغبة في تعلمها سواء بالدورات التدريبية أو بالقراءة أو التعليم الذاتي.

إجادة اللغة الإنجليزية تحدثًا وكتابة.

العمل تحت الضغوط.

ومع كل هذه الوظائف وسماتها والمهام التي تقوم بها كل وظيفة، يجب عند اختيار هؤلاء الموظفين الاستماع إلى الرد على تلك الأسئلة التالية:

- لماذا تعتبر أنك أنسب المتقدمين للوظيفة ؟

- ما نقاط القوة والضعف لديك ؟

- هل مارست العمل ضمن فريق عمل أو تفضل العمل الفردي ؟ هل من أمثلة ؟

- هل لديك أفكار تود تنفيذها عند تؤهلك لهذه الوظيفة؟ هل قمت بتنفيذ أو استحداث طريقة لتحسين أداء العمل بعمل سابق ؟

- ماذا تفعل لو أمرت بتنفيذ طريقة خاطئة ؟

- ما مدى تحمل أعباء العمل في غير الأوقات الرسمية ؟

- ماذا تعرف عن مكتبة مبارك العامة ؟

- ما هواياتك الشخصية ؟

- هل لديك أية أسئلة أو استفسارات ؟

ويجب أن تكون الردود موضوعية وليست منمقة أو ردود نموذجية مثالية، ولكنها ردود تعبر عن شخصية صاحبها.

وفيما يلي نعرض لنموذج الأعمال الدورية المقترح العمل به في المكتبات ومراكز المعلومات:

في إطار خطة إدارة تكنولوجيا أو نظم المعلومات نحو متابعة الأعمال المنوطة بها وإطلاع من يهمه الأمر، و للوقوف على حالة العمل بالإدارة،وإمكانية التطوير اللازم في مختلف الأعمال في إطار فريق عمل متكامل - لذا تم تقسيم الأعمال بالإدارة إلى سبعة نقاط رئيسية منوط العمل بها بشكل دوري(يومي – أسبوعي – شهري – سنوي) ويقوم بها كل حسب تخصصه (مدير الإدارة – مهندس النظم – مهندس الدعم الفني – مهندس البرمجيات) كما يلي:

- مهام يومية:

1- أجهزة الحاسبات وملحقاتها (صيانة - تحديث - أعطال):

- التأكد من عمل جهاز الخادم الرئيسي Server واتصاله بالشبكة.
- متابعة حالة الأجهزة التي تعمل بقاعات الخدمات.
- القيام بعمليات الصيانة المختلفة واللازمة لأجهزة الخدمات وأجهزة الموظفين.
- متابعة عمل مضاد للفيروسات على الجهاز المحمل عليه.
- متابعة عمل الجهاز الخاص بالـ Domain Controller ، والمعد أيضًا لاستقبال وتوصيل خدمة الإنترنت بالمكتبة، وعمل الصيانة الوقائية له وحذف ملفات الـ Log Files.
- متابعة سياسات التشغيل لأجهزة قاعة الإنترنت و E-Point والبحث OPAC.

2 - شبكة المكتبة (الداخلية -الإنترنت) وأجهزتها:

- متابعة خطوط الربط بين المكتبات أو مراكز المعلومات وفروعها.
- متابعة أداء خدمة الإنترنت.
- متابعة عمل أجهزة استقبال خدمة الإنترنت وعمل صيانة وقائية لها.

- متابعة تطبيق سياسة التشغيل الخاصة بأجهزة موظفي المكتبة.
- متابعة عمل وأداء أجهزة الشبكة الداخلية (..,Switches, Hubs, Cables)
- متابعة عمل جهاز الـ Firewall لضمان تأمين الشبكة.

3 - نظام المكتبات الآلي:

- عمل الصيانة الوقائية مثل التأكد من وجود سعة لعمل النظام على مساحة الهارديسك على الـ Server.

- متابعة تشغيل تقارير الأعمال الدورية اللازمة لصيانة النظام، وهي تختلـف في الكـم والكيف حسب بناء كل نظام، على سبيل المثال تحديث وإضافة وحذف البيانـات في نظام المكتبات الآلي.

- تقديم ما يلزم من دعم فني لبعض مستخدمي النظام من الموظفين.
- عمل نسخة احتياطية Backup من البيانات الحديثة للنظام.

4 - البرمجيات:

- عمـل ومتابعـة مـا هـو مطلـوب مـن إعـداد بـرامج (لقاعـة الإنترنـت والملتـى ميديا والإحصائيات)

- تحديث برنامج مضاد الفيروسـات الموجـود عـلى جهـاز Domain Controller وتحديث جميع الأجهزة المتصلة به أتوماتيكيًا ويتم ذلك الساعة 3 يوميًا.

- تقديم الدعم الفني للموظفين في التطبيقات المستخدمة بالمكتبة.

5- موقع المكتبة على شبكة الإنترنت:

- تتم أعمال المتابعة اليومية للموقع .
- متابعة عمل موقع الفهرس.
- البحث وتجميع صور لتتناسب مع الإعلانات وخدمات الموقع .
- متابعة تعليقات السادة زائري الموقع.

6- قواعد البيانات:

- متابعة قاعدة بيانات قاعة الإنترنت.
- متابعة قاعدة بيانات لقاعة الملتي ميديا Audio Visual لإحصاء الأوعية وتقييم خدمة المستفيدين.

7- مهام آخرى:

- متابعة الأعمال الإدارية والفنية المعلقة و المتعلقة مع المدير، والأقسام والإدارات المختلفة، ومتابعة الأعمال المتعلقة مع الشركات والمؤسسات ذات الصلة بعمل إدارة تكنولوجيا المعلومات.

مهام أسبوعية:

1- أجهزة الكمبيوتر وملحقاتها (صيانة - تحديث - أعطال):

- التأكد من عمل جهاز الخادم الرئيسي- Server واتصاله بالشبكة وفحص الملفات التاريخية Log Files.
- متابعة عمل مضاد للفيروسات على جهاز المحمل عليه والتأكد من عملية التحديث.
- صيانة دورية مرتين أسبوعيًا لأجهزة الحاسبات وملحقاتها.

2 - شبكة المكتبة (الداخلية – الإنترنت) وأجهزتها:

- فحص عمل أجهزة استقبال خدمة الإنترنت وعمل صيانة وقائية لها.
- صيانة وقائية لأجهزة الشبكة الداخلية (Switches, Hubs, Cables,..) وإعادة تشغيل Reset.

3 - نظام المكتبات الآلي:

- عمل التقارير الأسبوعية اللازمة لصيانة النظام الآلي، وهذا يختلف حسب بناء كل نظام مثل إعادة تنظيم قاموس النص – وإعادة تنظيم قاموس المكنز في نظام

المكتبات، كما يجب اختيار الأوقات المناسبة لأداء تلك التقارير، حيث إن بعض منها قد يؤثر على أداء النظام الآلي أو لا يتطلب دخول المستفيدين عليه وقت إتمام هذه التقارير، وفي هذه الحالة يمكن عمل جدولة للنظام بأن يتم أثناء توقف عمل المكتبة أو خلال العطلة الأسبوعية.

- حصر المشكلات التي تعرض لها بعض مستخدمي النظام من الموظفين مع تقديم دعم فني لها (الخميس: نهاية الأسبوع).

- المتابعة مع شركة الدعم الفني للنظام من حيث الأمور المعلقة (التوقيت المناسب للشركة والمكتبة).

- إعداد التقارير الملائمة لمتطلبات العمل بالمكتبة وتجربتها للحصول على أفضل إعدادات لها قبل بدء العمل بها.

4 - البرمجيات:

- تحديث برنامج مضاد الفيروسات الموجـــود على جهـاز Domain Controller Win Server (الثلاثاء الساعة 12: في العطلة الأسبوعية)؛ لأن هـذا يـؤثر عـلى أداء جهـاز الخادم.

- تحميل البرامج والتطبيقات المطلوبة للموظفين مرتين أسبوعيًا (الأحـد والخميس).

5 - موقع المكتبة على شبكة الإنترنت:

- جولة في مواقع الإنترنت للتعرف على خدمات جديدة يمكن تقديمها مـن خـلال موقـع المكتبة أو مركز المعلومات.

- جولة في مواقع فهارس المكتبات.

- متابعة الرد على تعليقات السادة زائري موقع.

6 - قواعد البيانات:

- متابعة إحصاءات قاعدة بيانات قاعة الإنترنت، وقاعدة بيانات قاعة الملتي ميديا Audio Visual لإحصاء الأوعية وتقييم خدمة المستفيدين على سبيل المثال، وتلقى الملاحظات والمتطلبات جديدة.

7 - مهام أخرى:

متابعة ما تبقى، وما هي المعوقات للأعمال الإدارية والفنية المعلَّقة و المتعلِّقة بالمدير، وأقسام وإدارات المكتبة المختلفة.

- متابعة ما تبقى وما هي المعوقات والحلول للأعمال المتعلِّقة بالشركات والمؤسسات ذات الصلة بعمل إدارة تكنولوجيا المعلومات.

- المشاركة في الاجتماع الدوري الأسبوعي (يوم السبت الساعة 2).

مهام شهرية:

1- أجهزة الكمبيوتر وملحقاتها (صيانة -تحديث-أعطال):

- فحص جهاز الخادم الرئيسي Server واتصاله بالشبكة.

- عمل نسخة احتياطية من بيانات نظام التشغيل Root VG Backup.

- متابعة عمل مضاد للفيروسات على جهاز المحمل عليه.

- فحص الجهاز الخاص بالـ Domain Controller والمعد أيضًا لاستقبال وتوصيل خدمة الإنترنت بالمكتبة، وعمل الصيانة الوقائية له والتحديث اللازم.

- تحديث مواقع الإنترنت على أجهزة النقاط الإلكترونية وإجراء صيانة وقائية، بالتنسيق مع الأقسام المعنية.

2 - شبكة المكتبة (الداخلية - الإنترنت) وأجهزتها:

- تقييم أداء خطوط الربط.

- تقييم أداء خدمة الإنترنت للمكتبة.

- فحص جهاز الـ Firewall لضمان تأمين الشبكة.

3- نظام المكتبات الآلي:

- متابعة تشغيل تقارير الأعمال الدورية اللازمة لصيانة النظام مثل تحديث وإضافة البيانات وتقرير تجميع السجلات اليومية إذا كان متاحًا.

- حذف التقارير المنفذة القديمة التي لا حاجة إليها، والأقدم من 3 أشهرٍ.

- عمل نسخة احتياطية Backup لـ Data VG.

4- البرمجيات:

طلب زيارة من الشركة المورِّدة لبرنامج مضاد الفيروسات الموجـــود عـلى جهـاز Domain Controller Win Server ؛ وذلك للتحديث اللازم ومتابعة عمله.

- إعداد التقرير الشهري لإدارة تكنولوجيا المعلومات المقدم للمدير.

5- موقع المكتبة على شبكة الإنترنت:

- متابعة الخدمات الجديدة على موقع المكتبة.

- تقييم الموقع بالنظر إلى تعليقات السادة زائري الموقع.

6- قواعد البيانات:

- التقييم وحل مشكلات قاعدة بيانات قاعة الإنترنت، وقاعـدة بيانـات قاعـة الملتـى ميديا Audio Visual وما إذا كانت هناك متطلبات جديدة.

7- مهـام أخرى:

- المشاركة في الاجتماع الشهري الذي يضم الإدارة العليا والموظفين.

- تدريب بعض الموظفين على مهارات في استخدام الكمبيوتر أو خدمات الإنترنت.

مهام سنوية:

1- أجهزة الكمبيوتر وملحقاتها (صيانة – تحديث- أعطال):

- فحص شامل لجهاز الخادم الرئيسي Server ، وتحديث ما هـو مطلـوب مـن برمجيـات S/W أو مكونات مادية H/W ، وأخذ نسخة احتياطية من كل البيانات المخزنة به.

- فحص شامل لحالة أجهزة الكمبيوتر وملحقاتها وتحديد المطلوب تحديثه منها وطلبه.

- متابعة عمل الجهاز الخاص بالـ Domain Controller ، وفحص شامل لكل مكوناتـه وتحديد حالته وما هو مطلوب لضمان استقرار عمله طبقًا لمهمته المنوط لها.

- النظر في سياسات التشغيل لعمل أجهزة الخدمات والتعديل لما يتطلبه صالح العمل.

- تحديد متطلبات العمل من أجهزة جديدة وملحقاتها.

2- شبكة المكتبة (الداخلية – الإنترنت) وأجهزتها:

- تحديد كفاءة خطوط الربط وفائدة تحديثه من عدمه.

- تقييم أداء خدمة الإنترنت.

- تغيير أجهزة استقبال خدمة الإنترنت طبقًا لمتطلبات طريقة الاتصال.

- النظر في سياسة التشغيل الخاصة بالموظفين.

- تغيير ما يلزم من أجهزة الشبكة الداخلية (..Switches, Hubs, Cables,)

- تقييم عمل جهاز الـ Firewall ومدى الفائدة منه.

3- نظام المكتبات الآلي:

- عمل التحديث اللازم مع التأكد من وجود سعة لعمل النظام على مساحة الهارديسك على الـ Server وتوافق الأجهزة للعمل معه.

- تشغيل التقارير السنوية اللازمة لصيانة النظام مثل إعادة بناء قائمة الرءوس والنصوص.

- تشغيل التقارير اللازمة لعمليات الجرد الآلي باستخدام نظام المكتبات الآلي.

4- البرمجيات:

- تحديد احتياجات المكتبة من برمجيات وتصاريح استخدام في مختلف التطبيقات مثل تطبيقات وبرامج مايكروسوفت، ومضاد الفيروسات وخلافه.

5 - موقع المكتبة على شبكة الإنترنت:

- تقييم شامل للموقع ومدى تعديل محتوياته.

- إعداد نماذج لتصميم الصفحة الرئيسية والصفحات الداخلية للموقع على شبكة الإنترنت، ليتم الاختيار بينهم ما يتناسب مع المكتبة.

- إضافة أفكار جديدة إلى الموقع لتكون مصدر جذب لزائري الموقع، ولتكون جزءًا من خطة التسويق للخدمات.

- تقييم موقع الفهرس وزيادة الخدمات المقدمة لعضو المكتبة.

- تقييم تعليقات السادة زائري موقع للوصول إلى متطلبات تساهم في تنمية الموقع.

6 - قواعد البيانات:

- تقييم وتطوير قواعد البيانات الموجودة وإعداد قواعد أخرى حسب الاحتياجات.

7 - مهـام أخرى:

- المشاركة في مؤتمرات المكتبات والمعلومات، وتقديم ورقة بحث.

- حضور الندوات والمؤتمرات الخاصة بتكنولوجيا المعلومات والاتصالات؛ لمتابعـة أحـدث ما تم التوصل إليه ودراسة إمكانية تطبيقه بالمكتبة.

- زيارة مكتبات مختلفة لتبادل الخبرات.

- المشاركة في التدريب للآخرين حسب الخطة.

- النظــر في التعاقــدات المرتبطــة بتكنولوجيـا المكتبـات والتجديـد أو التغيـير أو الإلغـاء حسب حالة كل تعاقد والفائدة منه.

مصادر الدراسة:

- مجلة لغة العصر / مؤسسة الأهرام. القاهرة: الأهرام،2005.ــ ع 127

- فؤاد أحمد إسماعيل، أحمد أمين: لماذا النظام الآلي الجديد بمكتبة مبارك العامة.عالم المكتبات والمعلومات والنشر - المجلد الخامس – العدد الأول – يوليو 2003 ص.(309 - 324).

- كابرون. تعريب: سرور علي إبراهيم سرور: الحاسبات والاتصالات والإنترنت. دار المريخ للنشر، الرياض، المملكة العربية السعودية،2003 م.

- علي كمال شاكر: شبكات الحاسبات لإخصائي المكتبات والمعلومات أسس نظرية وتطبيقات عملية، الدار المصرية اللبنانية.

- محمد فتحي عبد الهادي و أسامة السيد محمود: مصادر وخدمات المعلومات المرجعية في المكتبات ومراكز المعلومات.- القاهرة: المكتبة الأكاديمية،2006.

- نورمان هودن، ترجمة: سليمان صالح العقلا: الشبكة المحلية للمكتبة الصغيرة كيفية عمل دليل لها، جامعة الملك سعود، النشر العلمي والمطابع.

- عامر إبراهيم قنديلجي، إيمان فاضل السامرائي: حوسبة (أتمتة) المكتبات، دار المسيرة 2004.

- أحمد أمين أبو سعدة: متطلبات تكنولوجيا المعلومات بالمكتبات الحديثة.- المؤتمر القومي الثامن لأخصائي المكتبات والمعلومات في مصر (28 – 30 يونيو 2004).

- أحمد أمين أبو سعدة: مصادر مفتوحة وآفاق مغلقة، ورقة مقدمة إلى الملتقى العربي الثاني لتكنولوجيا المكتبات والمعلومات (يوليو 2005).

- أحمد أمين أبو سعـدة: تنمية مهارات استخدام تكنولوجيا المعلومات بالمكتبات ورقة مقدمة إلى الملتقى العربي الثاني لتكنولوجيا المكتبات والمعلومات (إبريل 2007).

- محمد محمد الهـادي: تكنولوجيا الاتصالات وشبكات المعلومات مع معجم شارح للمصطلحات، المكتبة الأكديمية، 2001.

- سامح زينهم عبد الجواد، نظم المكتبات المتكاملة: الاتجاهات والتكنولوجيات الحديثة، 2007.

- سامح زينهم عبد الجواد: المكتبات والأرشيفات الرقمية: التخطيط والبنـاء والإدارة.- ج 1.2007

- عاطف السيد قاسم: شبكات المعلومات وتكنولوجيا الاتصالات،مكتبة الأمل،2007.

- كرس برنتون، كامسرون هانت، ترجمة: تب تـوب لخـدمات التعريـب والترجمـة: نظـم تأمين الشبكات: مرجع شـامل لـنظم تـأمين الشـبكات، دار الفـاروق للنشرـ والتوزيـع، 2002.

- أحمد أمين: لقاء تلفزيوني برنامج ميديا نت – قناة الجزيرة للأطفال

- أحمد أمين: لقاء تلفزيوني برنامج طبيب دوت نت - قناة الصحة والجمال

Internet Sites: الشبكة الافتراضية.. خدمات متنوعة بدون تكاليف إضافية

[URL: http://www.al-jazirah.com.sa/digimag/13032005/gadeia55.htm]

VPN virtual Private Network الشبكة الافتراضية الخاصة

[URL: http://www.c4arab.com/showlesson.php?lesid=2483]

القاهرة مكتب الجزيرة أشرف محمد:

[URL:http://computer.howstuffworks.com/framed.htm?parent=vpn.ht m&url=http://www.vpnc.org/]

http://www.vpnc.org][URL:

http://www.sourceforge.net/

http://www.arabeyes.org

http://www.eglug.org

http://www.warshah.org/

http://firstmonday.org/issues/issue9_4

http://obiblio.sourceforge.net/demo

http://en.wikipedia.org/wiki/RFID

http://www.libdex.com

الملاحـــق

الملحق الأول:

مثال تطبيقي لمتطلبات تكنولوجيا المعلومات في مكتبة متوسطة الحجم.

وتمثل المواصفات التي تتناسب مع متطلبات تكنولوجيا المعلومات بمكتبة تصل مساحتها إلي 700 م 2 وعدد مقتنياتها إلى 150.000 وعاء وعدد أجهزة الشبكة بها 150 جهاز حاسب إلكتروني بملحقاتها، ولها عـدد مـن الفـروع،وعدد منسـوبيها في حـدود 50 موظف.

جهاز الخادم Server:

1 GB RAM ذاكرة تصل إلى 1000 ميجا بايت

60 GB Storage (Hard Disk) at least ذاكـرة مخزنيـه تصـل إلي 60000 ميجـا بايت SCSI Controller هو كارت يسمح بتوصيل ما يصل إلى ست سواقات لتشغيلهم Hot Swap HDD تتيح تغيير أحد الأقراص الصـلبة عنـد تلفهـا أثنـاء العمـل دون تأثير على البيانات، أو فقد لها.

RAID: Redundant Array of Independent Disks; originally Redundant Array of Inexpensive Disks) is a way of storing the same data in different places (thus, redundantly) on multiple hard disks. By placing data on multiple disks, I/O operations can overlap in a balanced way, improving performance.

وهو طريقة لتخزين نفس البيانات في أماكن مختلفة، أي التكرار للبيانات على أكـثر من هارد ديسك Hard Disk لتأمين البيانات وتحسين الأداء ويوجد منـه عـدة أنـواع RAID0,1,2,3,4,5 وأفضلها على الإطلاق RAID 5 .

Internal Tape drive 20/40 GB

لإمكانية التخزين على شريط بيانات يصل سعته إلى أكثر مـن 20.000 ميجا بايت، قابل لإعادة الكتابة عليه مرات ومرات تصل إلى المائة مـرة. وهنـاك أنـواع مختلفـة مـن السواقات Drives منها ما هو 90 متر، 8 مم، أو 4 مم.

CD R/W:CDROM Read/write:

لإمكانية التخزين على الأقراص المليزرة، حيث إنها أرخص في الثمن من Tapes لكنها ليست مناسبة إذا كان حجم البيانات للنسخ الاحتياطية أكبر من 500 ميجا بايت

Network Interface Card (NIC) كارت شبكة

وتوجد عدة سرعات لكارت الشبكة ويجب ألا تقل عـن 100 Mbps ، ويمكن أن تصل إلى 1Gbps (100 ميجا بت، 1000 جيجا بت في الثانية الواحدة).

Graphic Card: كارت الشاشة ويجب ألا تقل ذاكرته عن 128 ميجا بايت

Slots: فتحات على اللوحة الأم لإمكانية إضافة كروت إضافية أو تكون احتياطيـة ويستغل بعضها في تركيب كارت الشاشة والشبكة على سبيل المثال

Ports: USB, Parallel, Serial وهى فتحات لتركيب أجهزة ملحقة بخارج الحاسب الإلكتروني

Other Accessories: مكونات أخرى مثل الماوس ولوحة المفاتيح وخلافه المتعارف عليها

وتستخدم هذه الأجهزة نظام تشغيل تبعا لفئة المعـالج Processor ، فيكـون نظـام يونيكس UNIX لمعالجات RISC Processor أو نظام تشغيل Windows ، وهو أشـهر الأنظمة لفئة المعالج CISC Processor وسيأتي تفصيل ذلك فيما بعد.

أجهزة حاسب إلكتروني للخدمات المختلفة:

المواصفات العامة المقترحة في الوقت الحالي كما يلي:

Processor Pentium 4, 3.00 GHz معالج بسرعة 2.4 جيجا هرتز على الأقل

Mother Board Brand Name Well Known

RAM512 MB DDRAM ذاكرة 512 ميجا بايت

CDROM 52 X قارئ أقراص مليزرة

VGA Card128 MB at least كارت شاشة بذاكرة 128 ميجا بايت

H.D 60 GB قرص صلب بسعة تخزين 60 جيجا بايت

Slots: PCI, AGP,...

Peripheral Component Interconnect : PCI ربط الأجهزة المحيطة

Accelerated Graphic Port :AGP منفذ الرسومات المسرعة

Floppy Disk Drive (FDD قارئ اسطوانة مرنة

Monitor 17" LCD شاشة 17 بوصة ويفضل

Network Card 100/1000 Mbps كارت شبكة

Speaker 600 W & Mice , Case, Key Board and Mouse. سماعات 600 وات، ميكروفون، لوحة مفاتيح وماوس، وهـى في الغالب تستخدم نظـام تشغيل Windows XX, Vista,.. ؛ حيث إنه أشهر أنظمة التشغيل.

وإذا كان هنـاك أجهـزة تستخدم الرسـوم فهي تحتـاج إلى كارت شاشة أعـلى في المواصفات مع إمكانية شاشة أكبر في دقة الوضـوح Resolution، وكذلك الحـال بالنسبة لأجهزة الألعاب Games وهى من أهم أجهزة تقديم خدمات الأطفال.

أجهزة حاسب إلكتروني لمنسوبين المكتبة:

الطابعة:

وعمومًا، مهما اختلفت طبيعة استخدام ونوع الطابعة فهناك مواصفات وخصائص أساسية للطابعة وهى:

Resolution دقة الوضوح

Speed سرعة الطابعة في الدقيقة الواحدة

Paper Size ,A4,A3,Envelope, … حجم الورق

Material Printing خامات الطباعة (ورق، شرائح شفافة، ورق مقوي،............)

Type:Line, Laser, Inkjet, Dot matrix

Power Required (220,110,12DC,..) الكهرباء المطلوبة للتشغيل لتتوافق مع بيئة المشغل

Easy to use سهولة الاستخدام وتغيير متطلبات الطباعة

طابعة بطاقات العضوية:

وأنسب المواصفات لهذه الطابعة لمكتبة متوسط اشتراك المستفيد بها خلال العام 50 (خمسون) جنيهًا هي كما يلي:

Resolution:300dpi دقة وضوح تصل إلى:

Full color printing طباعة ملونة:

120 Card per hour printing طباعة 120 بطاقة في الساعة الواحدة:

Easy to load supplies سهلة الاستخدام وتغير متطلبات التشغيل:

Plug and Play Installation التركيب والتشغيل بسهولة:

Software برنامج للتشغيل وتخصيص عملية الطباعة يحتوى على عدد من الوظـائف: أهمها:

Card Design Support تصميم البطاقة:

Photo and signature print support طباعة الصورة والتوقيع:

Data Upload support دعم تحميل بيانات المستفيد

Scanner Interface for image capture واجهة تطبيق للحصول على الصورة من خلال الماسح الضوئي

Camera Interface واجهة تطبيق للحصول على الصورة من خلال الكاميرا

Support different graphic data format دعم أشكال مختلفة للرسوم

كما يراعى أسعار شريط التحبير Ribbon وعدد البطاقات التي يمكن طباعتها.

وسعر هذه الطابعة حوالي 10.000 (عشرة ألاف) جنيه مصري، يمكن لشريـط الحـبر أن يستخدم لطباعة 500 وجه واحد للبطاقة.

ماسح ضوئي Scanner لإدخال الصور والمستندات:

ومن المواصفات الرئيسية للماسح الضوئي:

Resolution دقة الوضوح

Color/ Mono ملون أو أبيض وأسود

Speed عدد المستندات التي يمكن مسحها

Connection Interface (Parallel, USB, SCSI,...) واجهة الاتصال بالحاسب الإلكتروني

Auto/Manual Sheet feeder تغذية بالمستندات أتوماتيكيًا، أو يدويًا

Document Size A4,A3,..... حجم المستندات

الكاميرا الرقمية:

لتصوير الأنشطة والمناسبات، والمواصفات العامة لهذا النوع من الكاميرات:

Included Memory: 128 MB ذاكرة يفضل ألا تقل عن 128 ميجا بايت

LCD Screen Size: 1.5 Inches شاشة مرفقة مع الكاميرا (1.5 بوصة)

Zoom Range: 3x Optical, 5x Digital مدى عدسة الزووم

Flash Features: Auto, Red-eye Reduction On/Off, Slow synchronization إمكانية
وخصائص الفلاش

Self Timer: YES - 2 or 10 Second Countdown

Direct to TV or VCR

USB Output: Yes واجهة التوصيل

Batteries Required: Rechargeable Lithium-Ion Battery Pack (NB-1LM or NB-1L)
البطاريات المستخدمة

Included Software: Camera Suite CD-ROM, Digital Camera Solution CD-ROM
برامج تشغيل وأدوات ترفق مع الكاميرا

Included Accessories: Wrist Strap, A/V Cable, USB Interface Cable, Compact Flash
Card (FC-32M), Lithium Ion Battery Pack (NB-1LH), Battery Charger كابلات ووصلات مرفقة
وشاحن للبطاريات

PC System Requirements: IBM PC/AT compatible, Microsoft Windows XP/Vista ,
Pentium 3 GHz & up, USB port (Cable connection limited to Windows 98/2000 or
upgraded XP, Vista 128MB RAM or more (Windows XP)

متطلبات تشغيل (تتوافق مع أي من أنظمة التشغيل شائعة الاستخدام)

MAC System Requirements: Hardware: Power Mac/PowerBook/iMac/iBook; OS:
Mac OS 8.6 - 9.2, & OS X. CPU: Power PC; Interface: USB: Cable connection via camera's
USB port is limited to (Power Macintosh NEW G3/G4, PowerBook G3, iMac, iBook);
RAM:20MB and up

يمكن تشغيلها على أجهزة ابل ماكنتوش

فترة الضمان Warranty Parts: 12 Months

قارئ باركود

Barcode Reader للتعامل مع الترميز العمودي

(البار كود):.وعمومًا، فإنه يمكن إيجاز المواصفات الأساسية لقارئ البار كود كما يلي:

Company: الشركة المنتجة

Model: الموديل.

Price :السعــر.

Light source :الشعاع الضوئي.

Scan method: طريقة قراءة الباركود.

Scan rate : معدل القراءة في الدقيقة.

Reading width : عرض مساحة القراءة .

Max. Resolution: دقة وضوح القراءة.

Reading distance :مسافة القراءة بين الجهاز والبار كود .

Dimension Weight: أبعاد الجهاز.

Standard connector: طريقة التوصيل.

Auto trigger stand ,

Technique (Laser-CCD-Image,..): تقنية الجهاز (ليزر-ضوئي -..)

Trigger modes :طريقة إصدار الأشعة.

Interface supported :واجهة الاتصال

and Other features :وظائف أخرى.

طابعة بار كود:

Barcode Printer: لطباعة الترميز العمودي (البار كود)

المواصفات العامة لطابعة ملصقات البار كود كما يلي:

Company: الشركة المنتجة

Model: الموديل.

Price : السعـــر.

Max print speed : سرعة الطباعة.

Dot density: دقة الوضوح.

Memory: الذاكرة.

Media width (min/max): عرض الملصق الباركود.

Media diameter(max) : أقصى مساحة للملصق الباركود.

Print width(max): عرض الطباعة.

Print length (min, Max. std , max. opt) : مقاسات لطول الطباعة.

Ribbon types : شريط الطباعة.

Ribbon core diameter : مقاس شريط الطباعة.

Ribbon widths: مقاس عرض شريط الطباعة.

Ribbon length : مقاس طول شريط الطباعة.

Communication interface: واجهة الاتصال بالحاسب الإلكتروني .

Dimension(w*d*h)mm: حجم الطابعة.

Print method: طريقة الطباعة

Data Collector: جامع للبيانات

المواصفات العامة لهذه الأجهزة كما يلي:

Company: الشركة المنتجة.

Model: مود يل الجهاز.

Processor: المعالج.

Operating System : نظام التشغيل.

Memory: الذاكـــرة.

Display: الشاشة .

Key Board: لوحة المفاتيح.

Serial Commutation: واجهة الاتصال بالحاسب الإلكتروني.

Power source : مصدر التغذية الكهربية.

Weight: الوزن .

Delivery : فترة التسليم.

Warranty: فترة الضمان.

Programming: البرمجة.

Price : السعـــر.

أجهزة الـ **Switches**:-

Model: • (24, 48) Ports 10/100/1000Mbps

MAC Address Table Size • 8K

Switch Fabric • 48Gbps Forwarding Capacity

Transmission Method • Store-and-forward

Diagnostic LEDs • Per Unit: Power

•Per Port: Activity/Link, Speed

Packet Buffer Memory • On chip 512Kbytes Buffer Memory per device

Max Power Consumption • 27.5 Watts

Interface Options

RJ-45 • 10BASE-T, 100BASE-TX & 1000BASE-T

Network Protocol and Standards

IEEE • 802.3 Ethernet, 802.3u Fast Ethernet, 802.3x Flow Control,

802.3ab Gigabit Ethernet

Electrical & Emissions Summary

Emissions • CE Mark A, FCC Class A

Power Supply • 100-240VAC, 50/60 Hz Internal Universal Power

Safety Agency Certifications and Environmental

Safety • CSA + NRTL/C

Temperature • Operating: 0° - 40° C (32° - 104° F)

•Storage: -10° - 55° C (14° - 131° F)

Humidity • Operating: 5% to 95% RH & Non-Condensing

Physical Specifications

Dimensions (W x D x H) • 280 x 180 x 44mm (11.02 x 7.09 x 1.73inches

(Weight: •less than 2 Kg (3.99 Lbs)

Warranty and Support Information

Warranty • Limited Lifetime Warranty for as long as the original customer/end user owns the product, or five years after product discontinuance, whichever occurs first (excluding power supplies and fans). Power supplies and fans carry a limited 3-Year warranty .

Support • 24/7 Technical Support

Ordering Information

Part Number • Description

DGS-1024D • Unmanaged Layer 2 Switch with (24) 10/100/1000BASE-T Ports

الملحق الثاني: دليل الشــركات :

شركات تعمل في مجال أجهزة الحاسب الإلكتروني وملحقاتها :

- شركة IBM Egypt :
- طريق إسكندرية الصحراوي ك 22 – مبنى C10
ت: -335362536
ف: 335362505

www.ibm.com

- شركة SIEMENS سيمنس:
55 ش النخيل و العنب - المهندسين - الجيزة مصر
ت: 33303111
ف: 3333575

www.siemens.com.eg
www.fujitsu-siemens.com

- شركة فيوجيتسيو.Fujitsu:
3 أبو المحاسن الشاذلي – المهندسين – القاهرة
ت: 33470016
ف: 33447332

www.fujitsu-siemens.com

- شركة أنتل INTEL العالمية:
العنوان: نايل سيتى – البرج الشمالي – الدور 16 كورنيش النيل – القاهرة – 11624
ت: 2461400
ف: 24615401

www.intel.com

- شركة Acer و DELL, HP-Compaq:

لا توجد لهم فروع بمصر ولكن يوجد موزعين

- شركة أبتك APTEC

3 ش محمود ناشد - هليوبوليس - القاهرة

ت: 26481100 - 26481373 - 26481170

ف: 26481110 - 26481111، الرقم المختصر: 16716

- شركة شمال إفريقيا:

48 ش جمال دويدار - المنطقة الثامنة - مدينة نصر

ت: 22878466 - 22707304 - 22707305

ف: 22876043

www.nac4pc.cm

النشاط: موزع معتمد لكبرى الشركات العالمية الكبرى منها:

Philips, FOXCONN, Western Digital, ASUS,AMD, MSI, Intel,

Microsoft, TwinMOS

- شركة راية للتوزيع - إحدى شركات راية القابضة:

6 ميدان هيئة التدريس - الدقي

ت: 37627761 - 37627762

ف: 23389540

النشاط: إحدى شركات مشروع« حاسب لكل بيت» بمصر وكيل وموزع لكبرى الشركات العالمية XEROX,DELL, HP, Microsoft, INTEL

- شركة أنظمة تكنولوجيا المعلومات المتقدمة Advanced Technology Solution ATS :

26 ش طرابلس متفرع من ش عباس العقاد – مدينة نصر

ت: 22709717- 22739173

ف: 22739173

www.atsprovider.com

النشاط: أجهزة حاسب إلكتروني – شبكات حاسب إلكتروني- أحبار وطابعـات – سـنترالات وتليفونات – صيانة جميع الماركـات العالميـة – نظـم كـاميرات المراقبـة لاسـلكيًا Video Over IP - أنظمة حضور وانصراف.

- شركة أوراسكوم ORASCOM :

162 ش 26 يوليو – العجوزة – الجيزة

ت: 33015555- 33015569

ف: 33442615

www.orascom.com

- شركة أوفر سيز Over Seas:

الفرع الرئيسي:10 ش عبد الحليم النجار – مدينة نصر – القاهرة

ت: 24023708 -24027258 – 2401723

ف: 22619577

www.overseas- computers.com

كما توجد 8 فروع أخرى بالمحافظات.

النشاط: إحدى شركات مشروع «حاسب لكل بيت» بمصر

وكيل لشركات عالمية منها: شركة Sandisk وشركـة Lexar – شركـة Sapphire – شركـة BELKIN - شركة Everex - شركة Kelpsh .

- شركة إجيبشان مايكرو سوليوشنز EMS:
8 ش أبو ذر الغفاري - المنطقة السابعة - مدينة نصر - القاهرة
ت: 24014583 (8 خطوط)
ف: 22614131
www.emsegypt.net

النشـاط: وكيـل ومـزع لكـبرى الشركات العالميـة في مجـال الطابعـات وعـرض البيانـات والراسمات و الفيديو كونفراس والشاشات التفاعلية.

- شركة إيماك EMAK:
3 ش مكرم عبيد- سيتي سنتر- مدينة نصر- القاهرة
ت: 26709412
ف:26709412
www.emak-tech.com

شركة الحاسبات المتقدمة ACT
10 ش البطل مدحت عبد الحميد متفرع من ش شهاب- المهندسين- الجيزة
ت: 33010116- 33010242-33051801
ف: 33058229-33440230
www.act-eg.com

- شركة آى تي كوم ITCom :
34 ش 106 المعادي- القاهرة
ت/ف:25253142
www.itcom-eg.com

- شركة آبل باي Apple Pie :
92 ش شاب - المهندسين - الجيزة
ت/ف: 33049208-33037132-33034864 -33470328
Applepie@soficom.com.eg

- شركة نت سبيد Net Speed :

4 ميدان طيبة – المهندسين – 12311 – الجيزة

ت: 37623297

ف: 37601441

www.netspeed-kiosks.com

النشاط: شركة رائدة في مجال أجهزة الحاسب الإلكتروني المجهزة بستاند (الكشك Kiosk)، التي تستخدم في الفنادق و المطارات والأماكن العامة وتقديم ملحقات الاستخدام مثل الكروت الذكية والممغنطة

- شركة بتربزنس :

57 ش الجيزة – برج الجامعة – الدور الثامن – مكتب 803- الجيزة.

ت: 33361325 (10 خطوط)

ف: 33360475

www.betterbusinessco.com

ويوجد فرع آخر بالإمارات والسعودية والسودان.

وكيل وموزع لمنتجات شركات عالمية منها: Lenovo- ASUS-ACER- Intel-Microsoft- HP- Western Digital –Segate- AMD- IPOD- FOXCONN-Infinity – Better PC

- الشركة العربية لتصنيع الحاسبات :

مدينة العبور – المنطقة الصناعية A قطعة 14 بلوك

ت: 26650284 - 26650285

www.accm-tech.com

- شركة نايل بي سي Nile PC :

4 أ ش جهينة – ميدان المساحة – الدقي – الدور الرابع.

ت: 37622566 – 37623061

- شركة أسما جروب:

5 مكرر أحمد قاسم جودة- موازي لشارع عباس العقاد – مدينة نصر – القاهرة

ت: 22611101

ف: 22630583

www.asmagroup.com
www.soloproduct.com

النشاط: وكيل معتمـد لبعض منتجـات شركـة EPSON، وأجهـزة الترجمـة الفوريـة NAJM- FRANKLIN - أجهـزة القرآن الكـريم – أجهـزة MP3,MP4 ومـزع معتمـد لشركة مايكروسـوفت و سيمنس وفيوسونيك وفيوجيتسيو.

- شركة كمبيوماجيك الدولية:

8 شارع حمودة محمود متفرع من شارع عمر لطفي آخر امتداد شارع عباس العقاد أمام شركة انبي للبترول – مدينة نصر.

فرع آخر بالمهندسين و مدينة نصر- و مـص ر الجديدة ووسـط البلـد ومـوزعين بجميع المحافظات

ت: 22769199

- شركة القاهرة للحاسب الإلكتروني:

34 عمارات العبور – شارع صلاح سالم.

ت: 24011815 – 24054254 – 24032825

فرع شبرا: 106 ش شبرا ت: 24317010 – 24308252

فرع مصر الجديدة: 4 ش الأسيوطي – مصر الجديدة ت: 24531342

- شركة سما:

21 ش يوسف الجندي – باب اللوق- التحرير.

ت: 27960838

النشاط: إصلاح وصيانة واسترجاع البيانات HDD Media، صيانة أجهزة الشبكات والحاسـب الإلكتروني.

- شركة الطويل للتجارة الدولية:

2 ب ش أبوبكر الصديق - الدقي - الجيزة

ت: 27485211 - 27604388 - 27495712

ف: 27607388

فرع الإسكندرية: 45 ش مصطفى كامل - سموحة

ت: 24250121 - 24397563

ف: 24298963

- شركة يونيفرسال جروب للتجارة والصناعة:

20 ش سوريا - المهندسين - الجيزة

ت: 23382003 - 23382004- 23382005 - 23382006

ف: 23385953

الرقم المختصر: 19797 - 19933

Wwww.univeralgroup.org

النشاط: إنتاج شاشات LCD, Plasam وحاسب إلكتروني محمول وحاسـب إلكـتروني شخصي- QBOX .

- شركات تعمل في مجال الباركود ومتطلبات تشغيله:

المنظمة المصرية للترقيم EAN:

العنوان: 35 عمارات حدائق العبور - الدور 13 - صلاح سالم - القاهرة

ت: 2627617 ف:4026623 -

إنترنت: info@eanegypt.com

جر جور للتكنولوجيا

http://www.gargour.com

العنوان: 18 أ شارع 26 يوليو - وسط البلد - القاهرة
ت: 202 3929305 (30 خط)
ف:202 3934623
- شركة نظم المعلومات الدولية (ديتم):
العنوان: 51 شارع بيروت - مصر الجديدة
ت: 2903501 - 2903502
ف: 2903527
17 طريق 263 - المعادي - القاهرة
ت:27544759 - 27544759
ف: 25196595

www.datum.com.eg

- شركة ITI :
العنوان: 17 ش محمد صقر خفاجة - مدينة نصر
ت: 2604066- 2608510
ف:2608510
البريد الإلكتروني: mseada@link.net
موبايل: 0106472120
- ســــراج الدولية لتنمية الأعمال - Serraj Worldwide (S.A.E) :
العنوان: 3 شارع شهاب - المندسين - الدور 14- 12411
ت: 3367286-3361659
ف: 3367286-3361659
البريد الإلكتروني: info@serraj.com

موقع الإنترنت: www.serraj.com
- المتحدة للتجارة والتوريدات United Trading &Supplier:
115 شارع سليم الأول، برج منارة الزيتون،الدور الثانى
النعـــام - القاهرة
رقم بريدى 11321
ت: 22413952-26382904
ف: 26382904
البريد الإلكتروني: uts_egypt@hotmail.com
- المتحدة للتوريدات المكتبية:
115 ش مصر والسودان- حدائق القبة- القاهرة
ت: 24829298 - 24873484- 26748130
ف: 26857464
www.mos-eg.com
- مجموعة عثمان OG:
20 ش هارون - الدقي- الجيزة
ص.ب 101 الأورمان- الجيزة
ت:33377913
الإسلامية للتجارة ICot
12 ش محمد محمود - باب اللوق - القاهرة
ت: 27944100 (4 خطوط)
ف: 27925544
www.icot.com.eg
النشاط: سنترالات تليفونية- إنذار حريق- بوابات كشف المعادن - نظم مراقبة تلفزيونية

- شركة سيفيك وان CIVIC One:
23 ش عبد القادر الميرغني – من ش الحجاز – هليوبوليس- القاهرة
ت: 226245156 (5 خطوط)
ف: 226205643

www.civicone.net

- الحلول المتكاملة المتقدمة (AIS-Egypt):
العنوان: 106 شارع شيراتون – هليوبولس – مصر الجديدة
ت: 22665591- 22671197
ف: 22665591

- شركات لطباعة بطاقات العضوية الذكية:
- الشركة المصرية لإدارة وخدمات الوثائق الهندسية EDM Systems& Services:
العنوان 24 عمارات حدائق العبور – صلاح سالم – الدور الخامس – القاهرة 11371
ت: 24050473 – 22613088 -24037205
ف: 24010345

www.edmss.net

الإيطالية لأنظمة الكروت الذكية:
34 ش الشهيد سيد عفيفي – أرض الجولف – هليوبوليس – القاهرة
ت: 22901676 موبايل: 0122135404
ف: 24181104
البريد الإلكتروني italiangroup@msn.com

- كليوباترا سليكون فالي:
36 ش أحمد عبد العزيز – المهندسين- القاهرة

ت: 33606326 – 33612442

ف: 33612867

www.group-cleopatra.com

silival@group-cleopatra.com

-شركة الأمين للأنظمة التكنولوجية:
6 عمارات الميريلاند – شارع جسر السويس – مصر الجديدة – القاهرة
الرمز البريدي: 11351 بريد غرب هليوبوليس - ص.ب: 56 سراي القبة.

ت: 24515446 – 24516339 – 24524426

ف: 2591003

www.alamintech.com

sales@alamintech.com

it.amin@alamintech.com

- شركة تراك إنترناشيونال:
ش همدان متفرع من ش مراد - ميدان الجيزة

ت:35703530- 35721967-37740999

ف: 35703790 – الخط الساخن:35720469

- شركة SEE:
8 مبنى مركز المعلومات – الشيراتون – هليوبوليس- القاهرة

ت: 22689455 – 22689456 -22689457-22689458

ف: 22689459

www.seegypt.com

45 ش حسن أفلاطون – هليوبوليس- القاهرةص.ب: 2527 الحرية

ت: 24170401 - 24170402 - 24170403

ف: 22901673

- شركات تعمل في مجال أجهزة حافظ التيار UPS:

- النيل الهندسية: 26-22 ممر سور نادي الزمالك -المهندسين

ت: 33050080-33039453

ف: 33039459

- جيلا (التوكل الكهربية): 33 شارع 26 يوليو -القاهرة

ت: 25784004 (10 خطوط) 25783095

ف: 5771766

- المترا: 47 أحمد تيسير- برج رامو- هليوبولس -القاهرة

ت:22621864-22602188

ف:24031195

- يونيفرس: 4 ش محمد أنيس- كلية البنات-خلف قاصد كريم – مصر الجديدة

ت: 24141295-24141297

ف: 41412982

- كويك كوم جروب: 12 ش سالم سالم- العجوزة

ت:33663053-33385699-33385688

ف:33887233

- مركز حاسب إلكتروني الأهرام

28 ش عباس العقاد-مدينة نصر

ت:22754594-22753984-22754143

ف: 22753984

- كمبيوتك: 23 ش عامر- ميدان المساحة -الدقى

ت:33355527-33602234

ف: 33614576

- نيوداينمنشن - مدينة نصر:

شارع خضر التونى-49 عمارات التوفيق- مدينة نصر - ش عباس العقاد-عمارة نصر- سنتر- الدور السابع

ت:22870437-22713515-24032769-24032733-22636917

ف: 22870437

شركات تعمل في مجال أنظمة المكتبات:

- أكمل مصر ACML- Egypt: مركز الإسكندرية للوسائط الثقافية والمكتبات

الإسكندرية: 181 ، 183 ش أحمد شوقي – رشدي – الإسكندرية

(ص. ب) 115 بريد السراي 21311 - الإسكندرية - مصر

ت: 5411741 (203) - 5411109 (203)

ف: 5411742 (203)

www.acml-egypt.com

النشاط: وكيل و موزع و منتج لأغلب احتياجات المكتبات من أجهزة وأثاث وملحقات وقواعد بيانات وأوعية و خلافه ونظام المكتبات الآلي (المكتبي) برنامج إدارة المكتبات. Libraran.

- النظم العربية المتطورة AAS:-

مصر – الجيزة – 8 ش همدان – دور 12

ت: 35713161

ف: 35713161

www.aas.com.sa

النشاط: موزع لنظام شركة سيرسي داينكس SIRSIDYNIX الأمريكية نظام Symphony وأغلب احتياجات المكتبات – أثاث – قواعد بيانات.....

- ستايل STYLE و شركة أنظمة تكنولوجيا المعلومات المتقدمة Advanced Technology Solution ATS :

26 ش طرابلس متفرع من ش عباس العقاد - مدينة نصر

ت: 22739173 -22709717

ف: 22739173

النشاط: موزع لنظام المكتبات الآلي المتكامل الإشارة Insignia الكندي

- شركة MISC أستك aStec:

ت: 26235495

ف: 26241202

www.astec.de

موزع لنظام مكتبات ألماني هو aStec

- شركة مشتريات دوت كوم MD :

28 ش سعيد الحلواني - هليوبوليس- القاهرة

ت: 22688430 - 22688431

ف: 22688198

www.mdc.com.eg

النشاط: البرمجة في مجالات متعددة أهمها المكتبات نظام aLIS، وشئون العاملين وإدارة النظم.

- شركات تعمل في مجال البرمجيات:

- شركة مايكروسوفت ايجبت Microsoft :

القرية الذكية- ك 28 طريق إسكندرية الصحراوي - أبورواش

ت:35393333 - 35393391

ف:35390303

www.microsoft.com/egypt

النشاط: هي فرع لشركة مايكروسوفت العالميـة بمصر- ولهـا نفـس نشـاط مايكروسـوفت الأمريكية العالمية.

- شركة صخر:

مدينة نصر المنطقة الحرة - القاهرة

ت: 22749929

ف: 22740044

www.sakhr.com

من الشركات الرائدة في مجال الترجمة والبرمجة لدعم اللغـة العربيـة، ورائـدة في برنـامج لتعليم المكفوفين الحاسب الإلكتروني وعلومه، وكذلك برامج تحويل النصوص إلى صوت وبـرامج الـ OCR

- شركة الجيزة سستم Giza System:

17 ش طيبة - المهندسين -12311، الجيزة

ت: 37608801

ف: 33385775 -33385799

www.gizasystems.com

النشـاط: في مجـالات الحاسـب الإلكـتروني وأهمهـا البرمجيـات ومنهـا بـرامج الحسـاب الحكومي وهو المعتمد من وزارة الدولة للتنمية الإدارية والمطبق بأجهزة الدولة في مصر.

- شركة جايتك سوفت لنظم المعلومات :

أبراج المهندسين - برج 4 - الدور السابع - كورنيش المعادي - القاهرة

ت: 25281243 - 25281242

ف: 25281243

www.gssuit.com

برامج محاسـبية - مستشـفيات - صـيدليات - مـدارس - اسـتثمارات - محـافظ ماليـة وأسهم - أنظمة شركات الشحن - تصميم مواقع - صيانة وتركيب شبكات

- شركة خليفة للهندسة والحاسب الإلكتروني:
162 ش الملك فيصل - الكوم الأخضر- جيزة
ص.ب 339 إمبابة - الجيزة 1241
ت/ف: 33837794- 33829604 - 37718055
www.khalifaonline.com

- شركة إيزيس ISIS Information System Int'l Services :
173 ش الدقي و 12312 - الجيزة
ت: 33384523 - 37613839
ف: 33360574
www.isisintl.com

النشاط: رائدة في مجال برمجيات الحسابات، والقواميس وإدارة المعرفة.

- الشركة الدولية لتصميم برامج الحاسب الإلكتروني ILD :
ت: 37624569 - 37624579
ف: 3764589
www.ild-online.com

النشاط: تصميم برمجيات للتسويق عبر الإنترنت

- مركز الأهرام للإدارة والحسابات الإلكترونية (أماك):
ش الجلاء - القاهرة - مبنى مؤسسة الأهرام
ت: 25786060
الإسكندرية: 293 طريق الحرية - مصطفى كامل
ت: 35456556

النشاط: تقديم خدمات متكاملة في نظم الحاسبات الإلكترونية.

- شركة نيوواى New Way:
ت: 24144809 - 24188591

ف: 24144809

www.newway.com.eg

النشاط: إنتاج وتصميم البرامج في مختلف المجالات منها الحسابات – المشتريات – المخازن – الأجور والمرتبات – برامج شركات السياحة والنقل والطيران باستخدام قادة بيانات أوراكل ORACLE.

- شركة دلتا:

2 ش هشام الشكار – النزهة الجديدة – القاهرة

ت: 22948994 (8 خطوط)

ف: 22948995

www.delta-sw.com

النشاط: إنتاج وتصميم البرامج في مختلف المجالات وأهمها المالية والإدارية

- شركة EME :

القرية الذكية – طريق إسكندرية الصحراوي ك 28 مبنى A

ت: 33047367 – 33047368

ف: 33043085

www.emeint.com

النشاط: تصميم وتوزيع البرمجيات العالمية ومنها البرامج المالية والإدارية.

- شركة أوفيس OFIS :

3 ش عثمان بن عفان متفرع من ش جزيرة العرب – المهندسين

ت- 33057855 – 33057854 – 33057853

ف: 33057858 – 330578587 – 33057856

الإسكندرية: 27 مبنى مصطفى كامل – رشدي

ت: 035410293

www.ofis-soft.com

النشاط: إنتاج وتصميم البرامج في مختلف المجالات وأهمها المالية والإدارية وأهم برامجها المتكامل.

- شركة آي تي سوفت – الوثيق لإنتاج البرمجيات :

المنطقة الحرة – مدينة نصر – القاهرة

ت: 22729960 – 22730032 – 22730038

ف: 22725882

www.itsoft.com.eg

النشاط: إنتاج وتصميم البرامج في مختلف المجالات.

- شركة النظم الدولية Universal System:

19 ش الخليفة المأمون – روكسي – القاهرة

ت: 26302062 – 26902063 – 26902064

ف: 26902065

www.usystem.com

النشاط: إنتاج وتصميم البرامج في مختلف المجالات وأهمها المالية والإدارية.

- شركة Open Craft أوبن كرافت:

11 ش نادي الصيد- جناح 1101 – الدقي – الجيزة -12311

ت / ف: 33360003

www.open-craft.com

النشاط: إنتاج وتصميم البرامج في مختلف المجالات والتي تعتمد على المصادر المفتوحة Open Sources.

شركات تعمل في مجال شبكات الحاسب الإلكتروني:

- شركة يونيفرس (وكيل شركة بانديوت Panduit):

13 ش محمد أنيس – كلية البنات – هليوبوليس- القاهرة

ت: 24142195 - 41412972 ف: 24141298

11 ش معز الدولة - مكرم عبيد - مدينة نصر

ت: 22875675 - 22875676 - 26717458 - 26717459

ف: 26715486

- شركة سيمنس SIEMENS :

55 ش النخيل و العنب - المهندسين - الجيزة مصر

ت: 33303111

ف: 3333575

www.siemens.com.eg
www.fujitsu-siemens.com

- شركة 3 Com ثري كوم مصر:

7 ش سليمان أباظة - الدقي 12311 - الجيزة

ت: 37605799

ف: 37605752

www.3com.com

- شركة سيليكون 21 - Silicon 21:

4 ش نصر أحمد زكي - مدينة نصر - القاهرة

ت: 24049782 - 24049783

ف: 24022729

- شركة بي تي سي BTC Networks:

2 أ طريق 22 المعادي 11431- القاهرة

ت: 37510140- 37510141 -37510142-37510143

ف:33586448

www.btcnetworks.com.eg

- شركة Style أنظمة تكنولوجيا المعلومات المتقدمة Advanced Technology Solution ATS :

26 ش طرابلس متفرع من ش عباس العقاد - مدينة نصر

ت: 22709717- 22739173

ف: 22739173

- شركة سوبر ستار للتجارة (أنظمة الاتصالات الحديثة):

4 أ ش جينة - الدقي - الجيزة

ت/ف: 37600702 - 37600701

العاشر من رمضان ت: 015366991

مدينة 6 أكتوبر: 38356593

شركات عمل في مجال خدمات الإنترنت:

- شركة تي إي داتا TEDATA :

الدقي - الجيزة

ت: 33320700 - 19777 (الرقم المختصر)

www.tedata.net

النشاط: كافة خدمات شبكات الإنترنت وشبكات الاتصالات بصفة عامة

- شركة إيجي نت EGYNET :

2 ش حسن الشريعي متفرع من شارع النزهة- أرض الجولف- مصر الجديدة - القاهرة

ت:22914545 (20 خط)

ف:22902670

www.egynet.com.eg

- شركة لينك دوت نت LINK.Net :

3 ش مصدق – الدقي – الجيزة

ت: 33367711

ف: 33364910

www.link.net

النشاط: تقديم كافة خدمات الإنترنت على كافة المستويات وهي من الشركات الكبرى في مصر.

- شركة نايل أون لاين Nile On Line- NOL :

15 ش محمد حافظ- المهندسين – الجيزة

ت: 37606677

ف: 37607656

www.nile-online.com

- شركة شركة سوفيكوم:

10 طريق 213 و دجلة- المعادي- القاهرة

ت: 27547412

ف: 27547415

www.soficom.com.eg

النشاط: تقديم خدمات الإنترنت للشركات والهيئات و المؤسسات والأفراد.

- الشبكة القومية للمعلومات – أكاديمية البحث العلمي والتكنولوجيا ENSTINET:

101 ش القصر العيني – القاهرة - ص.ب: 1522- القاهرة – 11511

ت: 27957253 – 27964421 – 27920126 – 27920127

ف: 27947807

النشاط: خدمات إنترنت – قواعد بيانات في مختلف المجالات.

www.stisci.eg

www.enstinet.eg.net

- شركة YALLA:
ش امتداد رمسيس – مدينة نصر – مبنى أوليمبك جروب
ت: 24883305
ف: 24883360

www.yalla.com

شركات عمل في مجال برمجة وإعداد مواقع الإنترنت والدعاية والتسويق:
- شركة دوت لوك Dot Look :
393 ش الهرم – الجيزة – مصر
ت /ف: 27810303

www.dotlook.com

النشاط: إعداد وتصميم وتطوير مواقع الإنترنت، وأعمال الدعاية والإعلان والتسويق عـبر شبكة الإنترنت.
- شركة DOT IT:
7 عمارات رابعة الاستثماري- مدينة نصر – القاهرة
ت/ف: 24177039

www.dotit.org
www.egycalendar.com

- شركة موقع دوت كوم:
64 ش التحرير – الدقي
ت: 37624579-37624569
ف: 37624589

www.mwk3.com

- شركة IT plus 4U:

8 ش نوبار – المنشية - الإسكندرية

ت / ف: 4858999 - 03 ، 4873628 - 03

موبايل: 0101507592

www.itplus4u.com www.itplusARAB.com

شركات تعمل في مجال قواعد البيانات:

- شركة أوراكل:

ش عبد القادر حمزة - جاردن سيتي – القاهرة

- شركة ليمس LIMS :

21 ش الخليفة المأمون – 4 برج روكسي – هليوبولس – القاهرة

ت: 24187349

ف: 24187349

- سايبيز SYBASE:

6 ش الدقي – الجيزة – مصر

ت: 33363294

ف: 33600878

- الشبكة القومية للمعلومات – أكاديمية البحث العلمي والتكنولوجيا ENSTINET:

101 ش القصر العيني – القاهرة - ص.ب: 1522- القاهرة – 11511

ت: 27957253 - 27964421 - 27920126

ف: 27947807

www.stisci.eg
www.enstinet.eg.net

- شركة أسك زاد ASK ZAD

www.askzad.com

- شركات عمل في مجال التدريب:
- شركة يات YAT :
68 مكرم عبيد – مدينة نصر – القاهرة
ت: 22750842
ف: 22749356

www.yat.com.eg

النشاط: التدريب لميع علوم الحاسب الإلكتروني، ويوجد أكثر من فرع لتقديم تلك الخدمات.

- مؤسسة اللوتس العلمية والتأهيلية:
222 ش الملك فيصل – محطة التعاون – محافظة الجيزة .
ت: 37416643

النشاط: دورات تأهيلية في التخاطب لذوي الاحتياجات الخاصة، وإعداد مدربين وأخصائيين

- أكاديمية بي سي لاب PCLab
427 ش رمسيس – العباسية – القاهرة
ت: 24843366 – 24849632 – 24870539
ف: 26850050

www.pclabacademy.com

النشاط: مواقع تعليمية للتدريب على مختلف علوم الحاسب الإلكتروني، ومنتجة لعدة سلاسل في مجال التدريب

- شركة نيو هويزون New Horizon:
الخليج للتدريب و تكنولوجيا المعلومات
7 ش السد العالي – الدقي – الجيزة
ت:37617012 – 37617013
ف: 37602270

www.newhorizons.com.eg

- شركة سينيرجي Synergy:
17 ش الهرم – الكوربة – برج هليوبولس ب – القاهرة – 11341
ت: 22902163 – 22902148
ف: 22904476

www.synergyps.org

- شركة آي تي ايجبت IT Egypt:
3 ش مكرم عبيد،- مدينة نصر-القاهرة
ت: 26709544 – 22741637 – 22712180 -0105030110

www.itegypt.com

- مركز تدريب مكتبة مبارك العامة:
4 ش الطحاوية – الدقي – الجيزة
ت: 33360291 – 33360293 – 37616098
ف: 33377996

www.mpl.org.eg

النشاط: التدريب على علوم المكتبات للطلبة والجامعات والمكتبات، بالإضافة للتدريب على برامج الحاسب الإلكتروني والشهادة الدولية ICDL، ويوجد مركز للتدريب اللغة الإنجليزية بالتعاون مع الجامعة الأمريكية بالقاهرة.

الملحق الثالث: مورد ومنتجو النظم الآلية المتكاملة.

Vendor :

    ABSYS

    ADLIB

    AIMS/Masterfile

    Akros Informatica S.r.l.

    ALEPH

    allegro C

    ALS International

    AMICUS

    Argonauta

    askSam

    ATP Library Systems Ltd, Finland

    Auto-Graphics, Inc.

    AVC Corporation

    Axiell Bibliotekssystem AB (Sweden)

    B.O.N.D. Bibliothekssysteme

    BARATZ

    BASIS Techlib

    Best-Seller Inc.

    Biber GmbH

    BIBLIOsoft

    Bibliotek-Systemer A/S

    Bibliotekservise

    BibliotekstjM-dnst (Sweden)

    Bibsys

    BIDOC

    BLISS

    Bond

    Book Systems

    Brocade

Brodart

BVS by IBTC

BVS-Lib

CARL

CASPR

CDS/ISIS

CHEMDATA

CILIUS (Japan)

COBISS

CoBIT

COMPanion Corporation (Alexandria)

Contec Library Systems Software

Cosmotron Systems Ltd

CyberTools

DABIS

Data Research Associates

Databasix Information Systems

Dataware (Hungary)

DOBIS

Docbase

DS Limited

Dynix ILS

Easy Web (Italy)

Eidetica

ELIAS - AMICUS

Endeavor Information Systems

EOS International

epixtech, inc. (NOTIS, Dynix, Horizon, Ameritech)

Eurospider Information Technology

Eurotec Consultants Ltd

Ever-Team - Loris

Ex Libris

Excalibur Technologies Corporation

Follett Software Company

Fretwell-Downing Informatics Ltd

Gateway Software Corporation

Gaylord Information Systems

Geac (GeoWeb)

Geac Advance

Geac BOOK Plus

Geac Vubis Original

Geac VubisSmart

Geac VubisWeb

glifos.com

Hardcover Software

Highland Library Systems, Inc.

Hudson Valley Technologies

ICCU (SBN) (Italy)

ILMU (custom)

INFLIBNET

infoQuest

InfoVision Technology (Amlib)

Inmagic

Innovative Interfaces, Inc

Insight Informatics

Insignia

iPac

IS Oxford Ltd. (Heritage)

ISIS

It ALISE

Kelowna Software

Keystone Systems

Koha

KYBELE

LANius s.r.o.

LexWeb - Northern Lights Internet Solutions

Libero

Liberty

Library Corporation

LibrarySoft

Libros

LIBSYS

LIMEDIO

Lohika Systems

Mandarin Library Automation

Manitou (UQAM)

Maxcess Corporation (Verso)

Metamarc

Micro Consulting

Mikromarc

MINISIS

NCS (Napier Computer Systems)

NSC, Inc.

NuGen Systems Inc. (Lib/Net)

OCLC

Octopus Team

PALS

Pica

PORBASE 5

Regard

Research Information Systems (Reference Web Poster)

Ruslan

SABINI

Sagebrush (Spectrum)

Sagebrush Technologies (Athena)

Sanderson Computers Limited (Spydus)

SBN

Sintagma

SIRS Mandarin

SIRSI Corporation

Sisis

SLS (Hong Kong)

SLS (Information Systems) (Sweden)

Société GRICS (REGARD)

Softlink

SOLARS

SPEKTRA

Spydus

Supermax

Surpass Software

SydneyPLUS

Talis Information Limited

Telus SA

TietoEnator Technology AB

TINLIB

TKM

UNIBIS

Unknown or Home-Grown

URICA

VISION Library Automation Software

VTLS Inc.

WebPals

Werken-Epu (developed by University of Bio-Bio (Power Builder)

Winnebago Software

WWWISIS

YORDAM 2001

Yukia

الملحق الرابع

النظم مفتوحة المصدر **Open Source Systems** :

أسماء الأنظمة حوالي 63 نظامًا، بعضها متكامل ومنها متخصص:

Project Name	Description	Files	All Time Activity %
ScrollKeeper	ScrollKeeper is a cataloging system for documentation on open systems. It manages documentation metadata (as specified by the OMF) and provides a simple API to allow help browsers to find, sort, and search the document catalog.		99.57%
FurthurNet	Furthur is a peer-to-peer cataloging and music sharing tool that allows: 1. Fully enforcable legal sharing model 2. Instant downloads with no queues 3. In-depth cataloging functionality 4. Detailed attribute searches 5. Community interaction		99.44%
OpenBiblio	OpenBiblio is an easy to use, automated		98.98%

library system written in PHP containing OPAC, circulation, cataloging, and staff administration functionality. OpenBiblio library administration offers an intuitive interface with broad category tabs and sidebar

phpMyLibrary	phpMyLibrary is a PHP MySQL Library automation application. The program consist of cataloging, circulation, and the webpac module. The programs also has an import export feature. The program strictly follow the USMARC standard for adding materials.		98.79%
PhotoSeek	Photoseek is a GPL web-based image cataloging and management system that uses both standard image comments and Adobe Photoshop (tm) type embedded description fields to catalog images. It uses PHP+MySQL.		98.41%
MARC.pm	MARC/Perl		97.44%

	(formerly known as MARC.pm) is a project to develop Perl libraries to process MARC (MAchine Readable Cataloging) data.		
madman	madman administrates digitial music archives nicely: madman is a powerful digital music cataloging tool that is capable of flexible querying, tagging and organizing huge amounts of digital music.		97.25%
Medlane	The Medlane project is an attempt to create a set of tools that will enable librarians to move from the standard MARC (MAchine Readable Cataloging) format to a new library/museum XML format. This move will ensure traditional library/museum data remains		93.04%
Javuh: the PHP Class Registry	The Javuh library, an organized approach to cataloging object-oriented code for PHP.		92.66%

ZMARCO Z39.50 MARC OAI Metadata Provider	ZMARCO is an Open Archive Initiative Protocol for Metadata Harvesting (OAI-PMH) 2.0 compliant data provider. The 'Z' in ZMARCO stands for Z39.50; 'MARC' stands for MAchine-Readable Cataloging; and the 'O' stands for OAI.		90.80%
ASPIV (ASP Image Viewer)	This is a picture viewer written in ASP 3.0. It allows cataloging of pictures into albums for display on any website. It is designed for use with digital cameras because it will pull EXIF information, and it allows for resizing and rotating.		87.82%
Lees MP3 Class	A collection of classes for Visual Basic that simplify cataloging and searching of MP3s.		86.76%
HEAL: Health Education Assets Library	Health Education Assets Library: a national, publicly accessible digital library designed to facilitate uploading,		86.31%

cataloging, retrieval, and metadata exchange of multimedia items for health sciences education.

Musicbox	Musicbox is a web-application for cataloging and streaming music files stored on a local server. Cataloging operations via filename, id3, cddb and relatable's TRMs are to supported.		84.02%
MP3TagMaster	A MP3 Cataloging and Tagging utility program		83.68%
BrowseMonkey	BrowseMonkey is simple : an offline directory browser. It allows you to store a directory tree structure (in Xml format), and browse that data. Iti[33] useful for cataloging the contents of your CDRs, backup tapes or remote drives.		82.74%
JThumbs	JThumbs is a pure Java application for thumbnailing, cataloging, browsing, viewing, and managing images on your computer.		82.04%

Lucien Media Manager	Lucien is to become a media manager. Similiar to the Kazaa P2P software, Lucien will provide a management feature for media files as well as a cataloging feature allowing for easy tracking / management of all files.		81.32%
Hypatia library database manager	The Hypatia library database manager is a web-based, multilingual library catalog database system, adaptible for cataloging both physical and digital resources. This project is in the alpha stage of development.		81.30%
Tuna Remakes Tunez	Tuna is essentially a remake of tunez. Purpose is a web-based music cataloging, voting and playing system. Tuna extends tunez with a new web interface, exhaustive mp3 information, id3 info correction, duplicate filtering and separate moods and genres.		81.18%

Liber	Resource cataloging application with web interface and RDF/XML storage system. (Liber has been succeeded by Leeber.)		78.46%
Movare	Movare is a movie cataloging program, that allows you to view, print and share your movie lists in a 'Direct Connect' style enviroment. This program is for lists, details and comments only, NO file sharing. Movare gets infomation from IMDB.com, cdcovers.c		76.04%
CD Katalog	Your first and last program to catalogue your CD's! Uses _only_ PHP4, mysql and apache. Included featchures: cataloging CD's, database sorting, searching, automatic procedures for quick uploading database, html interface. Try it out!		75.97%
LCat link cataloging system	LCat is a php/mysql cataloging system for hyperlinks, intended for use on		74.27%

websites. It is build around a set of objects providing the basic functionality and complemented with a set of scripts and templates to perform communication with the user.

Phoenix Evolution(CMS)	A content management system, that can be used for management of a website or businesses as a Point of sale, cataloging of store items. You can add and load modules on the fly. Edits pages/users on the fly. Also it will edit your html to fit the browser.		73.78%

Project Name	Description	Files	All Time Activity %
dvdLib	A library for cataloging and sharing your dvd collection with your friends or co-workers. Includes the ability to loan a movie to someone and check it back in (v. 0.2 and above).		73.62%
MangaDB	MangaDB is a Perl/CGI web-based application solely for cataloging		72.67%

	manga (or "Japanese comics") in an easy and intuitive manner. The aim is to generate a complete listing of one's manga collection for online publishing.	
CeeMedia Movie Catalog	CeeMedia is a program for cataloging your movie collection. It can retrive info from Amazon and IMDb and cover images from Amazon and generally tries to provide the user with the most comfortable interface available for the task.	71.49%
gCatalog - Product cataloging program.		69.46%
Scriptorium.pt	Scriptorium is a Delphi simple text editor with incorporated multimedia player, conceived for the aid of the audio/video transcription. Features: text editor; audio/video player; audio position cataloging; and XML	68.99%
iBookshelf	iBookshelf is an application for cataloging your book collection and designing bookshelves based on this data.	68.87%
CComicCataloging	A multi-user based system for cataloging your comic book collection.	68.27%

Mac DVD Express	This software lets you choose movies using a DVD cataloging software (such as DVDPedia) to play on a remote Mac. The movies can be stored anywhere on a network drive or on a local disk.	68.22%
The Online Web Library Site	Web site code (utilizing PHP/MySQL) for a fully automated online document library/repository with cataloging, indexing, and stats. Documents are expected to be in XML format. XSL transforms for particular XML DTDs are also available.	67.04%
Spectra	A Content Management System (CMS) written in C/C++ with XML, XSLT. Includes tools for Content Acquisition/Aggregation, Cataloging, Publishing and Syndication.	66.44%
mp3Suite	mp3Suite is basically a frontend for many command line programs to aid in downloading, "ripping", editing tags, cataloging, and burning mp3s. Currently it provides a web-based database of mp3s available on the computer.	66.19%

cdbase	cdbase is php-gtk program for cataloging and searching content of your CD library. Do you wanna have a file-list of cd all the time in front of you? This is a good choice.	▪	64.13%
Libsys	Libsys is a library catalog system project for cataloging and classifing documental data for world wide public and private libraries, interchange their records and make possible the knowledgment free access to anyone anywhere.		63.52%
Giggle	A digital photo cataloging and search system that's as small as it can be.	▪	63.14%
CD Central	Centralized database for cataloging CD collections. Database is browseable through an HTML interface; a client component generates XML album descriptions with automatic FreeDB lookups that can be uploaded to the server for easier album entry.		61.06%
ReCurser	ReCurser is a plugin-driven desktop application written for the .NET framework		61.02%

	which allows batch file renaming, mp3 tagging, searching, file system reporting, media cataloging, and more.	
(P)ython(R)ecord(D)ata(B)ase(T)ool	PRDBT is a tool for cataloging and sorting a collection of music (in this case records). Coded in 100% python PRDBT can be configured to use a MySQL backend database or flat text file. Report formats: plain text, rich text, html and (eventully) xml.	58.97%
ITCE Library Automation System	ITCE Library Automation System is full features library software for small up to million records. It use Zebra Server for indexing, USMARC format (ISO2709) and Z39.50 protocol. support cataloging, OPAC, cirulation, serials control, reports and i18n	57.95%
XJMS - The eXtensible Media Server	XJMS runs within the open-source J2EE app server jboss (www.jboss.org). XJMS provides cataloging, browsing, and playback of media sources such as MP3 and CDs via the Nirvis Slink-e. XJMS provides the core services for a set-top box	57.83%

	media server design.	
phpMyLibrary	phpMyLibrary is a PHP MySQL Library automation application. The program consist of cataloging, circulation, and the webpac module. The programs also has an import export feature. The program strictly follow the USMARC standard for adding book and non-book	57.63%
FileCollector	FileCollector is a free and portable file cataloging system.	56.57%
IrcG IRC file cataloging bot	IrcG is new attempt at cataloging channels and the files served in them. This java based irc bot searches a configurable list of irc channels for triggers and cataloges the files behind them.	55.08%
Tyrannioware	Library cataloging software which supports Z39.50 queries to external libraries, written in Python, with web interface.	53.83%
Picalog - a KDE2 image catalog for linux	Picalog is a KDE2 image cataloging application for linux.	53.05%
Cataloging System	Cataloging system written in python. Catalogues files on various file systems (CD, HD, etc.)	

Project Name	Description	Files	All Time Activity %
KameData	KameData is a toolbox for indexing, cataloging and publishing large volumes of digital still camera images supporting both EXIF and RAW formats.		51.67%
Numismatic Cataloging Software	This project attempts to address the lack of free tools with which to maintain a coin research/inventory system. It takes the Scientific Image Database code and attempts to customize it for the purpose of keeping track of numismatic images and info.		49.97%
Project Auburn	This is a comprehensive multimedia asset cataloging solution.		44.77%
Java Library Catalogue	Free OpenSource solution to all your library cataloging woes. Featuring user management, reporting, fines/charges management and more... Get J Library Catalogue for your library!		39.85%
Museolog	Museolog is a web-driven software system for cataloging museum information	▪	37.46%

phpMarcTrack	A web based cataloging import/export-tool for librarians, who want to convert German cataloging data (MAB2 format) to international MARC standard format, written in PHP.	37.29%
Library Manager (VB)	Library Management.Net. This is a Simple Windows Based Library Management Solution written in VS.Net. It allows for the cataloging and tracking of Media and Members with a checkin / checkout and reservation facility.	36.90%
CD Tracker	Cross platform (Linux/Solaris/Win32) CD Cataloging system. To catalog and search CDs that are either Data or Audio.	35.80%
Movie Database	Movie Database that provides a way of cataloging all your movies. Includes and integrated checkout system for keeping track of movies that have been lent out. Integrates with PHP-Nuke, and MYSQL. Based upon Wuff\'s Movie Database. Design ideas taken	35.78%
xmlGehirn	xmlGehirn is a cataloging software. Arbitrary filesystems (CD	34.61%

	-ROMs, hard drives, ...) can be put into a XML-archive. These XML-archives can be processed to other formats like HTML. Plugins provides additional informations (like MP3 ID-tag or dir-size).	
Erasmus Library Server	Erasmus Library Server attempts to create a distributed server environment for library transactions (cataloging, circulation, query, etc.). The database is stored on a central server, which runs the ELS server component (a PHP-based SOAP server).	26.81%
CD Library	This is a simple CD Cataloging system by Title, Actor, Actress, Villain, Director, Year, Language and Rack. It allows you to insert, edit, delete records and search for records. This system will allow CD shop owners to quickly search for the CD location i	26.58%
SharpCollect	SharpCollect is a database programs (utilizing sqlite) for cataloging your personal collection of applications, books, data cds, games and movies. The goal is to replace the applications at www.collectorz.com with	

an opensource
alternative.

الملحق الخامس

مشروع مقترح لبناء نظام آلي متكامل للمكتبات .

إنشاء وتطوير نظام آلي متكامل للمكتبات يسمى نظام المكتبات الآلي المتكامل المصري :
ELIS

Egyptian Library Integrated System

المقدمة : على مدار العشر سنوات الأخيرة أصبحت تكنولوجيا المعلومات من الضروريات بأي مؤسسة تتطلع إلى النجاح والاستمرار في ذلك مع التطور المستمر في خدماتها حتى تتوافق مع مجتمع المستفيدين ، ولقد أصبحت المعلومات مصدرًا للقوة، وفي مصر ـ أصبح للمكتبات شأن آخر ودعم من كافة الجهات الرسمية وغيرها ويكفي الدعم المقدم من حرم رئيس الجمهورية في إنشاء المكتبات وخاصة المحافظات الإقليمية .

ولكن كيفية إتاحة المعلومات للمستفيدين داخل تلك المكتبات يحتاج إلى الكثير من الجهد والمال ، وحتى يكون هناك سعة في الحصول على المعلومات داخل تلك المكتبات يجب استخدام أجهزة الكمبيوتر وملحقاتها، ويدعمه نظام لإدارة مقتنيات ومعلومات المكتبات ، كما يجب أن يكون هذا النظام معياري ومتكامل (نظام آلي متكامل للمكتبات)، وهذه الأنظمة المتكاملة باهظة الثمن وهى إحدى المشكلات التي تواجه المكتبات ذات الميزانية المحدودة؛ وبالتالي لا تستطيع تطبيق الأنظمة الآلية المتكاملة LIS بها . فهل يمكن أن نجد حل لتلك المشكلة ؟ .

وكانت الأنظمة ذات المصادر المفتوحة Open Source هي الحل لتلك المشكلة، لهذا نعتقد أنه يمكن تقديم نظام آلي متكامل يتناسب مع المكتبة ذات الميزانية المحدودة وغيرها من حيث الثمن، ومع هذا يقدم المعايير الأساسية لأنظمة

المكتبات باهظة الثمن، واستخدام أحد هـذه الأنظمة ثم تطويره وتوافقـه مـع اللغـة العربية يعد أمرًا بالغ الأهمية؛ حتى تتشجع المكتبات بما فيها ذات الميزانيـة الكبـيرة والمفتوحـة على استخدام تلك الأنظمة المفتوحة المصدر؛ وبالتالي توفر المكتبات الكثير من نفقاتها على شراء الأنظمة الآلية المغلقة المصدر والباهظة الثمن .

ولكن... كيف نبدأ ؟

في السطور القادمة أضع تصورًا لما يمكن أن يحدث على سـبيل المثـال بمصر، ولكن يمكن تطبيقه بصورة أو بأخرى داخل أي بلد آخر أو الاستفادة من تجربة ناجحة لآخرين، ومـن ثـم يمكن أن يكون للدول العربية جميعًا نظامًا واحدًا تدعمه ويدعم هو كل الـدول فهل يتحقـق الحلم ؟!!

والتصور داخل مصر أن يـتم التعاون بـين وزارة الاتصالات والمعلومات بصفتها الراعيـة لتكنولوجيا المعلومات في مصر وبين ممثلين عن مجتمع المكتبات التي يمكن أن تدعم المشروع معنويًا وفنيًا وماديًا (المكتبة الوطنية : دار الكتب – مكتبة الإسكندرية – مكتبة مبارك العامة – جمعية الرعاية المتكاملة : قطاع المكتبات) .

وبعد؛ نأمل في نجاح هذا المشروع وتقديم نظام آلي متكامل للمكتبات نافع للمكتبات على كافة مستوياتها داخل مصر وخارجها داخل الوطن العربي أو خارجه .

وصف المشروع:

إنشاء وتطوير النظام الآلي المتكامل للمكتبات المصري يتم تنفيـذه بمقر مكتبـة مبـارك العامة؛ حيث حركة العمليات الفنية المكتبيـة كثيرة ومجتمـع المسـتفيدين متعـدد ومختلـف الفئات وليس له سمة خاصة لأنها مكتبة عامة كما لها مكتبـات إقليمية بالمحافظات فيمكن تجربة النظام على أي من هذه المكتبات التابعة لها .

سيتطلب المشروع 7 أفراد يعملون بعض الوقت لمدة عام واحد .

الأهداف:

هناك هدفان رئيسيان :

الهدف الأول :

- إنشاء نظام آلي متكامل يتوافق ويتناسب مع المكتبات ذات الميزانية المحدوة .
- تطبيق النظام بقطاع المكتبات والتدريب على كيفية استخدامه .
- تقديم الدعم للمكتبات العامة بمصر والعالم العربي .
- تدريب المستفيدين وتشجيعهم على كيفية استخدام الفهرس الآلي بالمكتبة .

الهدف الثاني :

- الاستفادة من الخبرات والكفاءات في دعم قطاع المكتبات بمصر .
- الاستفادة من دعم وزارة الاتصالات والمعلومات بالأجهزة والمعدات والاستشارات .
- الاستفادة من خبرات مكتبة مبارك العامة في قطاع خدمات المكتبات، ومكان للتجربة الحقيقية على نظام العمل بالمكتبات .
- تقديم نظام مكتبات آلي سهل الاستخدام وقابل التطبيق .

أعضاء المشروع :

هذا المشروع يعتمد على مجموعتين أساسيتين :

المجموعة الأولى : تتضمن المكتبات العامة والإقليمية منها بمصر .

المجموعة الثانية : تتضمن الخبراء والاستشاريون ووزارة الاتصالات والمعلومات والمتطوعين للعمل.

كل من المجموعتين مهم وأساسي لتكامل وإتمام هذا المشروع .

الخطوات:

الطرق الأساسية للوصول إلى وتحقيق الأهداف كما يلي :

إنشاء نظام آلي متكامل يعد مهمًا وضروريًا لأتمتة المكتبات التي ستستخدم هـذا النظام، وتطوير الأنظمة مفتوحة المصدر لتتوافق مع دعم اللغة العربية في إجراءاتها سيساعد كثير مـن المكتبات في الدول العربية .

- ويضاف إلى ذلك التوثيـق والتخطيط الـدقيق حتى نضـمن جمـع المعلومـات بنظام والحفاظ على مقومات نجاح هذا المشروع .

هيكلة المشروع :

المشروع يحتاج إلى توظيف عدد ثلاثة موظفين بصفة دائمة، وأربعة موظفين بصفة مؤقتة أو بعض الوقت :

- مدير المشروع (وظيفة دائمة):

مسئول عن الهيكل الإداري للمشروع و وضع خطط سير العمل والتطوير، وصياغة العمل وبناء ومتابعة التعاون بين أطراف المشروع سواء وزارة الاتصالات والمعلومات أو مجتمع المكتبات السابق ذكره وتوفير الميزانية .

- منسق المشروع (وظيفة بعض الوقت) :

مسئول من وزارة الاتصالات عن متابعة وجودة العمل، وتقديم التدريب اللازم للعاملين بالمشروع عند الحاجة سواء كانوا موظفين دائمين أو مؤقتين، وكذلك التنسيق بين العاملين .
يجب أن تكون له خبرة بالأنظمة الآلية المتكاملة .

- إدارة الجودة (وظيفة مؤقتة) :

مسئول عن تجميع الآراء عن النظام الآلي المتكامل واقتراح التعديلات .

- مبرمجين (وظيفة دائمة) :

عدد ثلاثة مبرمجين مسئولين عن البناء التقني وصيانة النظام وإعداد التصور المناسب لشاشات النظام .

- مصمم فني جرافيك (وظيفة مؤقتة - بعض الوقت) :

مسئول عن التصميم الفني لشاشات النظام والأيقونات الخاصة به، حيث تكون سهلة الاستخدام ، وكذلك مسئول عن مستندات و أرشيف المشروع ومنشورات ووسائل الدعاية لهذا النظام من الإعلانات وخلافه .

وعلى هؤلاء السبعة الأساسيين يقوم المشروع كل في دوره ، ويمكن فتح الباب لعدد من المتطوعين للعمل بالقطعة داخل المشروع أو بالندب لحل مشكلة ما أو المشورة في أمر ما إداريًّا كان أو فنيًّا، حتى وإن كانوا ليسوا على قوة المشروع لكن سيكون لهم دور فعَّال يأتي في حينه .

مقومات المشروع :

- برمجيات مفتوحة المصدر : (برنامج كوها KOHA - برنامج Open Biblio - برنامج PHP My library قاعدة بيانات My SQL - لغة برمجة Perl-PHP - برنامج خادم ويب Apache) .

- مقر للمشروع ويقترح مكتبة مبارك العامة، وآخر بوزارة الاتصالات .

- معمل حاسبات بالمقر الفني للمشروع يقترح بمكتبة مبارك العامة حيث يكون قريبًا من إمكانية التطبيق والاختبار .

- أثاث وأجهزة حاسبات وملحقاتها ومعدات يتم توفيرها من خلال وزارة الاتصالات .

- وسائل اتصال .

- مقومات التدريب .

احتياجات ومتطلبات المشروع :

موارد بشرية : سبعة عاملين، أهم سماتهم الشخصية الإخلاص والأمانة في العمل.

وسائل تسيير المشروع : تقدم كافة التسهيلات مـن خــلال الأطـراف المشــاركة في المشروع سواء وزارة الاتصالات أو مجتمع المكتبات المشار إليه سابقًا .

الأدوات : تساهم في دورة العمل والاتصال بين أجزاء المشروع المادية والتقنيـة والعاملين به .

Open sources programs : برمجيات مفتوحة المصدر

Library Integrated System (Koha or Open biblio or PHP My Library)
نظام مكتبات آلي مفتوح المصدر

Database Engine (My SQL) محرّك قاعدة بيانات مفتو ح المص در

Operating system (Linux) نظام تشغيل مفتوح المصدر

Web Browsing متصفح إنترنت

Internet Server Apache   خادم ويب مفتوح المصدر

Programming Language Perl or PHP لغة برمجة

4 Computers P4 at least (for preparation ,implement and testing) عدد 6
أربعـة أجهــزة حاسبات بملحقاتها Chairs and desks for three offices ,Chairs and
أثاث مناسـب – tables for a large   classroom/community meeting room
طاولات –كراسي للمعمل وحجرة الاجتماعات والتـدريب Supplies - Paper, Pens pencils,
أقلام - ورق طباعة – أدوات للمشروع and materials preparation

وسائل اتصال بالإنترنت وخط تليفون عـادي وآخـر خـط محمـول , DSL Connection
Telephone and Mobile Line .

الميزانية: إجمالي التكلفة للعام الأول:

إنشاء وإعداد نظام مكتبات آلي متكامل.

Year 1 - Create and develop Library Integrated System named '' ELIS''

Project Director	25000 دولار	وظيفة دائمة - عام كامل	مدير المشروع
Project Coordinator	6000 دولار	وظيفة مؤقتة لبعض الوقت – عام كامل	منسق المشروع
Project Evaluator	8000 دولار	بعض الوقت – عام كامل	الجودة
Programmer	40000 دولار	بعدد ثلاثة – وظيفة دائمة عام كامل	مبرمجون
Graphic Artist	3600 دولار	بعض الوقت – عام كامل	مصمم فني جرافيك

التدريب: 1000 دولار

التنفيذ والتطوير لنظام المكتبات الآلي المصري :

الدعاية والإعلان 5000 دولار

التقييــم : 1000 دولار

إجمالي الميزانية المطلوبة: 82600 +100 +5000 +1000= 89600 دولار

العام الثاني: التشغيل والتطوير لنظام المكتبات الآلي المصري :

إعلانات وعروض تقديمية : 2000 دولار

التقييم : 1000 دولار

إجمالي الميزانية للعام التالي : 3000 دولار

العام الثالث : الانتشــار والتســويق

مؤتمــرات : 3000 دولار

تســـويــق : 3000 دولار

إجمالي الميزانية للعام الثالث : 6000 دولار

إجمالي الميزانية المطلوبة خلال الثلاث سنوات : 89600 + 3000+ 6000 = 98600 دولار

قد تبدو التكلفة كبيرة ولكن إذا ما قيست هذه التكلفـة خـلال ثلاثـة أعـوام ومـن خـلال الجهات المشاركة بالمشروع، وكـذلك بالنسـبة لعـدد المكتبـات التـي سـتنتفع بهـذا النظـام الآلي المتكامل للمكتبات نجد أن التكلفة لا تذكر، ثم إن هذه التكلفة لا تذكر تجـاه تكلفـة أي نظـام آلي متكامل من المصادر المغلقة لتشغيله بمكتبة واحدة فقط .

مراحل المشروع : التشغيل والتطوير والتنفيذ والتقييم :

تقييم المشروع يكـون مـن مسـئوليات جـودة المشـروع وتتكـون مـن مـرحلتين أساسـيتين للتقييم الأولى الداخلية، والثانية الخارجية :

التقييم الداخلي :

التقييم الداخلي للمشروع يتم من خلال العاملين بالمشروع و لجنـة مـن خـبراء في مجـال المكتبات والمعلومات من الأكاديميين وغيرهم . التقييم يتم من خلال التشغيل و الاختبار وإعـداد استبيانات وقوائم مراجعة ، واللجنة ستتابع عمليات التشغيل للنظام و إبداء الآراء حول تطوير ومعالجة النظام من أية أخطاء تكون قد

ظهرت أثناء التشغيل أو التجربة، وكذلك إعداد التقارير الدورية حول النظام تساعد كثيرًا في المتابعة والتعرف على كيفية التطوير والإصلاح .

التقييم الخارجي :

التقييم الخارجي سيبدأ بعد العام الأول من المشروع، وتكون هناك لجنة متطوعة من المتخصصين في مجال المكتبات والمعلومات من خارج مصر .

واللجنة الداخلية و الخارجية ستركز اهتمامها على تحقيق أهداف المشروع كما يلي :

الهدف الأول : إنشاء نظام آلي متكامل يتوافق ويتناسب مع المكتبات ذات الميزانية المحدودة:

الهدف الثاني : الاستفادة من الخبرات والكفاءات في دعم قطاع المكتبات بمصر .

خطة العمل :

الشهر الأول :

- بروتوكول التعاون بين وزارة الاتصالات والمعلومات مع مجتمع المكتبات .
- الإعلان عن التوظيف للمشروع .

الشهر الثاني :

- مقابلة المرشحين للتوظيف بالمشروع .
- الانتهاء من اختيار أنظمة المكتبات مفتوحة المصدر التي سيتم استخدامها للتطوير.
- فرش أثاث المكاتب والمعمل .
- إعداد معمل الحاسبات والأجهزة والمعدات الملحقة به .

الشهر الثالث :

- اختيار العاملين بالمشروع وإعداد الهيكل الإداري وتحديد المسئوليات .

- الانتهاء من إعدادات البرمجيات اللازمة لبدء المشروع .

الشهر الرابع – الشهر السادس :

- تقييم مبدئي لما تم عمله خلال الشهور الماضية .

- اختيار البرامج التدريبية اللازمة لتنفيذ المشروع .

الشهر السابع – الشهر الثاني عشر :

- تجربة النظام عمليًا في أكثر من مكتبة .

- بدء أعمال التقييم الداخلي .

- الانتهاء من التقييم الداخلي ومناقشة تقرير اللجنة .

- بدء أعمال التقييم الخارجي .

- الانتهاء من التقييم الخارجي ومناقشة تقرير اللجنة وتلقي الملاحظات .

مؤهلات العاملين بالمشروع :

1- الوظيفة : مدير المشـروع - العدد : واحد

دكتور جامعي – خبير أكاديمي في قسم المكتبات والمعلومات أو مجالات ذات الصلة.

الخبرة : لا تقل عن عشرين عامًا في المجال منها على الأقل عشرة أعوام في الأنظمـة الآليـة المتكاملة للمكتبات خبرة بإدارة المشروعات .

المهارات : التفاوض – الاتصال – إدارة الوقت .

2- وظيفة المبرمج - العدد : ثلاثة

- مؤهل عالٍ في تكنولوجيا المعلومات تخصص البرمجة .

- يفضل الخبرة بأنظمة المكتبات الآلية المتكاملة .

- لديه قابلية لتعلم لغات البرمجة الحديثة مثل PHP- Perl .

3- وظيفة منسق المشروع :

- يختار من وزارة الاتصالات والمعلومات .

- مؤهل عالٍ مناسب .
- خبرة ببرامج التدريب وإعدادها وتنسيق أعمالها .
- تحديد الاحتياجات ووضع الحلول لعقبات التنفيذ .

4 - موظف الجودة :

- مؤهل عالٍ مناسب .
- خبرة بالأنظمة الآلية .
- خبرة باستقصاء الآراء وإعداد الاستبيانات .

5- موظف فني الجرافيك :

- مؤهل عالٍ مناسب .
- لديه خبرة وحس فني .
- مستخدم جيد لبرامج الكمبيوتر .
- مصمم متميز في الدعاية والإعلان وإعداد المنشورات والمطويات وخلافه .

وبعد؛ نتمنى أن يكون هذا المشروع المقترح قابل للتطبيق، وما هذا إلا رؤية قد يجانبها أو يتجنبها الصواب على أمل أن يتم التنفيذ لمشروع إنشاء نظام مكتبات آلي متكامل عـربي، يمكن للمكتبات العربية أن تعتمد عليه ويوفر لها تكلفة باهظة كانت تتكبدها في يوم ما جرَّاء استخدام أنظمة ذات مصادر مغلقة مما يعرضها أحيانًا للاحتكار ، وقد تم تقديم هـذا المشروع ضمن ورقة بحـث في مؤتمر المكتبات والمعلومات التي تقيمه الجمعية المصرية للمكتبات والمعلومات المنعقد في بورسعيد عام 2005 . وبدأت بالفعل بعض المحاولات للتنفيذ مـع بعض الشركات الخاصة ولكنها باءت جميعًا بالفشل ؛ لأن أطرافها لم تكن مـن مجتمع المكتبات أو المهتمين به ؛ لذا كلنا أمل أن يلقى ذلك صدى بين المهتمين بمجال المكتبات والمعلومات بمصر- والعالم العربي .

T0110784